U0632477

今注本二十四史

漢書

漢 班固 撰 唐 顏師古 注

孫曉 主持校注

中國社會科學出版社

二一 傳〔九〕

漢書　卷七四

魏相丙吉傳第四十四[1]

[1]【今注】案，魏相、丙吉被後人列爲漢唐八大名相。洪邁《容齋隨筆》卷五説："蕭、曹、丙、魏、房、杜、姚、宋爲漢唐名相，不待誦説。"解縉説："漢朝好宰相，以前數蕭何、曹參，以後祇數魏相、丙吉。"文見《永樂大典殘卷·卷四八五》。

　　魏相字弱翁，濟陰定陶人也，[1]徙平陵。[2]少學《易》，爲郡卒史，[3]舉賢良，以對策高第，[4]爲茂陵令。[5]頃之，御史大夫桑弘羊客詐稱御史止傳，[6]丞不以時謁，客怒縛丞。相疑其有姦，收捕，案致其罪，論棄客市，[7]茂陵大治。

　　[1]【顏注】師古曰：説者謂相即魏無知之後，蓋承淺近之書，爲妄深矣。【今注】濟陰：郡名。治定陶（今山東菏澤市定陶區西北）。

　　[2]【今注】平陵：縣名。治所在今陝西咸陽市西北。其地本屬槐里縣，割地以爲漢昭帝修建平陵，因陵爲縣。

　　[3]【今注】郡卒史：漢官府屬吏。武帝時郡太守有卒史二人。常秩百石，故稱百石卒史。唯三輔郡卒史秩二百石。

　　[4]【今注】對策高第：漢時對策一般爲特科察舉。賢良方正

等屬於特科，須行對策。答策出色者，可以評爲高第，得到任用。

［5］【今注】茂陵：漢武帝陵。因置茂陵縣。在今陝西興平市東北。案，《漢書考證》齊召南説：“相對策見《韓廷壽傳》。但彼文云‘以文學對策’，又祇舉褒崇節義一段，亦非全文也。”

［6］【顏注】師古曰：傳謂縣之傳舍。【今注】傳：驛站，古時供出行官吏休息之處所。《戰國策·齊策五》：“昔者趙氏襲衛，車不舍人不休傳。”又，尹灣漢簡《元延二年日記》記述作爲郡吏的墓主在漢成帝元延二年（前11）一年中出行情況及使用傳舍的情況。參見侯旭東《傳舍使用與漢帝國的日常統治》（《中國史研究》2008年第1期）。

［7］【顏注】師古曰：殺之於市。

　　後遷河南太守，[1]禁止姦邪，豪彊畏服。會丞相車千秋死，[2]先是千秋子爲雒陽武庫令，[3]自見失父，而相治郡嚴，恐久獲罪，乃自免去。相使掾追呼之，遂不肯還。相獨恨曰：“大將軍聞此令去官，[4]必以爲我用丞相死不能遇其子。使當世貴人非我，殆矣！”[5]武庫令西至長安，大將軍霍光果以責過相曰：“幼主新立，以爲函谷京師之固，[6]武庫精兵所聚，故以丞相弟爲關都尉，[7]子爲武庫令。今河南太守不深惟國家大策，[8]苟見丞相不在而斥逐其子，何淺薄也！”後人有告相賊殺不辜，事下有司。河南卒戍中都官者二三千人，[9]遮大將軍，自言願復留作一年以贖太守罪。河南老弱萬餘人守關欲入上書，關吏以聞。大將軍用武庫令事，遂下相廷尉獄。[10]久繫踰冬，會赦出。復有詔守茂陵令，遷楊州刺史。[11]考案郡國守相，多所貶退。相與丙吉相善，時吉爲光禄大夫，[12]予相書曰：“朝庭已深知弱翁治行，^[13]方且大用矣。願少慎事自重，臧器于身。"^[14]相心善其言，爲霽威嚴。^[15]居部二歲，徵爲諫大夫，^[16]復爲河南太守。

　　[1]【今注】河南：郡名。治雒陽（今河南洛陽市東北）。案，《漢書考正》宋祁説，浙本"遷"字下有"爲"字。

　　[2]【今注】車千秋：傳見本書卷六六。

　　[3]【今注】武庫令：官名。執金吾屬官，掌京師武庫兵器。洛陽、大將軍等處亦置。案，周壽昌《漢書注校補》説："田千秋子順己嗣侯，此當是其次子。"又，陳直《漢書新證》載："雒陽有武庫，見《史記·外戚世家》。武庫有令，見本傳及封泥（見《封泥考略》卷四、四十五頁，有'雒陽武庫'封泥。漢印文例，僅稱某官署者，皆爲令長用印）。武庫有丞，見元封二年雒陽武庫銅鍾（《陶齋吉金録》卷六、一頁）。又上黨有武庫，見《漢金文録》卷六、十二頁，上黨武庫戟。此外有稱爲庫，而實爲武庫者，如《封泥考略》卷四、四十三至四十六頁，有'上郡庫令'（亦見《河間獻王傳》）'漁陽庫令''成都庫'三封泥。《居延漢簡釋文》卷一、一頁，有酒泉庫令之紀載，據此武庫之設，邊郡多於內郡。"

　　[4]【今注】大將軍：官名。將軍的最高稱謂。位在三公上，卿以下皆拜。後又設大司馬，爲將軍的加官。自漢武帝起，章奏的拆讀與審議，漸轉歸以大將軍爲首的尚書，分丞相權。自霍光以大司馬大將軍的名義當政，大將軍實爲中朝官領袖，權力已逾丞相。

　　[5]【顏注】師古曰：殆，危也。

　　[6]【今注】函谷：函谷關。漢函谷關在今河南新安縣境内，俗稱漢關，也稱漢函谷關。河南考古工作者 2012 年對漢函谷關遺址進行考古調查和發掘，揭露城墻、道路和建築遺址等重要遺迹，關城布局基本明晰。參見王咸秋等《河南新安縣漢函谷關遺址

2012—2013 年考古調查與發掘》（《考古》2014 年第 11 期）。

[7]【今注】關都尉：武官名。掌守備關隘，稽查行人，兼掌稅收。漢武帝時，在函谷關設關都尉，又在敦煌龍勒設有陽關、玉門關，皆設都尉，亦係此官。

[8]【顏注】師古曰：惟，思也。

[9]【顏注】師古曰：來京師諸官府爲戍卒，若今衛士上番分守諸司。

[10]【顏注】師古曰：光心以武庫令事嫌之，而下其賊殺不辜之獄。

[11]【今注】楊州刺史：楊州即“揚州”。揚州刺史部行政長官。全國十三部刺史之一，秩六百石。負責監察郡守行政，巡行郡縣。案，楊，殿本作“揚”。

[12]【今注】光禄大夫：官名。漢武帝太初元年（前104）改中大夫爲光禄大夫，秩比二千石，爲掌議論之官。嗣後，無固定員數大夫之官，遂以光禄大夫最爲顯要。

[13]【今注】案，庭，白鷺洲本、大德本、殿本作“廷”，當據改。下同不注。

[14]【顏注】師古曰：《易》下繫詞云（詞，白鷺洲本、大德本、殿本作“辭”）：“君子藏器於身，待時而動。”言不顯見其材能。

[15]【顏注】蘇林曰：霽音限齊之齊。臣瓚曰：此雨霽字也。霽，止也。師古曰：二說皆是也。音才詣反，又子詣反。

[16]【今注】諫大夫：官名。屬郎中令，秩比八百石，無定員，多至數十人。掌顧問應對，參預謀議，多以名儒宿德爲之。

數年，宣帝即位，徵相入爲大司農，[1]遷御史大夫。[2]四歲，大將軍霍光薨，上思其功德，以其子禹爲右將軍，[3]兄子樂平侯山復領尚書事。[4]相因平恩侯許伯奏封事，言："《春秋》譏世卿，惡宋三世爲大夫，[5]及魯季孫之專權，[6]皆危亂國家。自後元以來，[7]禄去王室，政繇家宰。[8]今光死，子復爲大將軍，[9]兄子秉樞機，昆弟諸壻據權執，在兵官。[10]光夫人顯及諸女皆通籍長信宫，[11]或夜詔門出入，驕奢放縱，恐淩不制。[12]宜有以損奪其權，破散陰謀，以固萬世之基，全功臣之世。"又故事諸上書者皆爲二封，署其一曰副，領尚書者先發副封，[13]所言不善，屏去不奏。相復因許伯白，去副封以防雍蔽。[14]宣帝善之，[15]詔相給事中，[16]皆從其議。霍氏殺許后之謀始得上聞。乃罷其三侯，令就第，[17]親屬皆出補吏。於是韋賢以老病免，[18]相遂代爲丞相，封高平侯，食邑八百户。及霍氏怨相，又憚之，謀矯太后詔，先召斬丞相，然後廢天子。事發覺，伏誅。宣帝始親萬機，厲精爲治，練群臣，[19]核名實，而相總領衆職，甚稱上意。

[1]【今注】大司農：官名。秦及漢初設治粟内史。漢景帝時改名爲大農令。武帝太初元年（前104）改名大司農，簡稱大農。秩中二千石，列位九卿。掌管全國租賦收入和國家財政開支。

[2]【今注】御史大夫：官名。秦置漢沿。三公之一。掌監察百官，並代皇帝接受百官奏章、起草詔命文書等。秩中二千石。宣帝時始重視官吏行政能力，御史大夫的選任，較重視官吏郡國任職資歷。

[3]【今注】右將軍：武官名。漢朝重號將軍之一，與前、左、後將軍並爲上卿，位次大將軍及驃騎、車騎、衛將軍。金印紫綬，職掌京師兵衛，或屯兵邊境。漢不常置。

[4]【顏注】師古曰：山者，去病之孫。今言兄子，此傳誤。

【今注】案，《漢書考證》齊召南説：“依顏注，當如《張敞傳》稱‘兄孫山’，然下文魏相封事曰‘兄子秉樞機’，即説此事，蒙霍禹言之，可稱‘兄子’。《蕭望之傳》亦曰‘光薨，子禹復爲大司馬，兄子山領尚書’，與此文同，非誤也。”

［5］【顏注】師古曰：解在《五行志》。【今注】案，指宋侯娶國内大夫之女事。《公羊傳》僖公二十五年：“宋三世無大夫，三世内娶也。”本書《五行志》曰：“董仲舒以爲宋三世内取，大夫專恣，殺生不中，故蟊先死而至。”

［6］【今注】魯季孫：春秋時魯國卿家貴族。作爲三桓之首，季孫氏凌駕於公室之上，握魯國實權。

［7］【今注】後元：漢武帝年號（前88—前87）。

［8］【顏注】師古曰：繇與由同。【今注】案，周壽昌《漢書注校補》説：“光爲大將軍而稱冢宰。”《論語》“百官總己以聽於冢宰”，《周書》“惟周公位冢宰”，古昔總政者爲冢宰，不必如《周官》冢宰之稱天官也。

［9］【今注】案，何焯《義門讀書記》卷一九説：“‘大’當爲‘右’。”王先謙《漢書補注》説：“《通鑑》作‘右’，足證爲後人傳寫之誤。”

［10］【今注】案，王先謙《漢書補注》説：“‘在’當作‘任’。”

［11］【顏注】師古曰：通籍謂禁門之中皆有名籍，恣出入也。

［12］【顏注】師古曰：濅（白鷺洲本、大德本同，殿本作“寖”），漸也。不制，不可制御也。【今注】案，濅，白鷺洲本、大德本同，殿本作“寖”。

［13］【今注】案，陳直《漢書新證》説：“《御覽》卷二二九《漢雜事》亦引此事，與本文相同。又按，《隸釋》卷一《史晨碑》，奏文上尚書，副本到太傅、太尉、司徒、司空、大司農府治

所部從事。《樊毅復華下民租田口算碑》亦同。蓋正本先上尚書爲東漢時制度，與魏相所説西漢時尚書先發副封體制不同。"

[14]【顏注】師古曰：雍讀曰壅。

[15]【今注】案，何焯《義門讀書記》卷一九説："此一時制霍山之權計，後遂行之。"

[16]【今注】給事中：官名。秦置漢因。爲加官，無定員。加此號得給事宮禁中，常侍皇帝左右，備顧問應對，每日上朝謁見，分平尚書奏事，負責實際政務，爲中朝要職。

[17]【顏注】師古曰：禹及雲、山也。

[18]【今注】案，事在漢宣帝地節三年（前67）。韋賢，傳見本書卷七三。

[19]【今注】案，周壽昌《漢書注校補》説："《禮·月令》'簡練桀俊'。本書《禮樂志》'練時日'，注：'練，選也。'言簡選群臣也。"

元康中，[1]匈奴遣兵擊漢屯田車師者，[2]不能下。上與後將軍趙充國等議，[3]欲因匈奴衰弱，出兵擊其右地，使不敢復擾西域。相上書諫曰："臣聞之，救亂誅暴，謂之義兵，兵義者王；敵加於己，不得已而起者，謂之應兵，兵應者勝；爭恨小故，不忍忿怒者，謂之忿兵，兵忿者敗；利人土地貨寶者，謂之貪兵，兵貪者破；恃國家之大，矜民人之衆，欲見威於敵者，謂之驕兵，兵驕者滅。[4]此五者，非但人事，乃天道也。閒者匈奴嘗有善意，所得漢民輒奉歸之，[5]未有犯於邊境，雖爭屯田車師，不足致意中。今聞諸將軍欲興兵入其地，臣愚不知此兵何名者也。今邊郡困乏，父子共犬羊之裘，食草萊之實，常恐不能自存，難以動兵。^[6]‘軍旅之後，必有凶年’，^[7]言民以其愁苦之氣，傷陰陽之和也。出兵雖勝，猶有後憂，恐災害之變因此以生。今郡國守相多不實選，^[8]風俗尤薄，水旱不時。案今年計，子弟殺父兄、妻殺夫者，凡二百二十二人，臣愚以爲此非小變也。今左右不憂此，^[9]乃欲發兵報纖介之忿於遠夷，殆孔子所謂“吾恐季孫之憂不在顓臾而在蕭牆之内”也。^[10]願陛下與平昌侯、樂昌侯、平恩侯及有識者詳議乃可。”^[11]上從相言而止。^[12]

[1]【今注】元康：漢宣帝年號（前65—前61）。

[2]【今注】車師：原名姑師。西域諸國之一。國都交河（今新疆吐魯番市西北）。東南通敦煌，南通樓蘭（鄯善），西通焉耆，西北通烏孫，東北通匈奴，爲絲路要地。故是時漢有“五爭車師”之舉。

[3]【今注】後將軍：武官名。與前、左、右將軍並爲上卿。金印紫綬，職掌爲典京師兵衞，或屯兵邊境。漢不常置。　趙充國：傳見本書卷六九。

[4]【今注】案，《文子·道德》有“義兵王，應兵勝，忿兵敗，貪兵死，驕兵滅”句。

[5]【今注】案，輒，殿本同，白鷺洲本、大德本作“輙”。

[6]【顏注】師古曰：不可以兵事動之。

[7]【顏注】師古曰：此引老子《道經》之語。

[8]【顏注】師古曰：言不得其人。

[9]【顏注】師古曰：左右謂近臣在天子左右者。

[10]【顏注】師古曰：《論語》季氏將伐顓臾，孔子謂冉有、季路曰：“吾恐季孫之憂不在顓臾而在蕭牆之内。”故相引之。顓臾，魯附庸國。蕭牆，屏牆也，解在《五行志》。【今注】案，語

見《論語·季氏》。

[11]【顏注】師古曰：平昌侯王無故、樂昌侯王武，並帝之舅。平恩侯許伯，皇太子外祖父也。【今注】案，王先謙《漢書補注》說："官本《考證》：蘇轍云：'三人者，非賢于趙充國也，然其與國同憂樂，無徼倖功名之心，則過於充國遠甚。'"

[12]【今注】案，王先謙《漢書補注》說，官本"其"作"相"。帝但遣常惠迎鄭吉，徙車師國民居渠犂，以其故地與匈奴。

相明《易經》，有師法，[1] 好觀漢故事及便宜章奏，[2] 以爲古今異制，方今務在奉行故事而已。數條漢興已來國家便宜行事，及賢臣賈誼、朝錯、董仲舒等所言，[3] 奏請施行之，曰："臣聞明主在上，賢輔在下，則君安虞而民和睦。[4] 臣相幸得備位，不能奉明法，廣教化，理四方，以宣聖德。民多背本趨末，[5] 或有飢寒之色，爲陛下之憂，臣相罪當萬死。臣相知能淺薄，不明國家大體，時用之宜，惟民終始，未得所繇。[6] 竊伏觀先帝聖德仁恩之厚，勤勞天下，垂意黎庶，憂水旱之災，爲民貧窮發倉廩，振乏餧；[7] 遣諫大夫、博士巡行天下，[8] 察風俗，舉賢良，平冤獄，冠蓋交道；[9] 省諸用，寬租賦，弛山澤波池，[10] 禁秣馬酤酒貯積；[11] 所以周急繼困，慰安元元，[12] 便利百姓之道甚備。臣相不能悉陳，昧死奏故事詔書凡二十三事。臣謹案王法必本於農而務積聚，量入制用以備凶災，[13] 亡六年之畜，尚謂之急。[14] 元鼎三年，[15] 平原、勃海、太山、東郡溥被災害，[16] 民餓死於道路。二千石不豫慮其難，使至於此，[17] 賴明詔振捄，乃得蒙更生。[18]

今歲不登，穀暴騰踴，[19]臨秋收斂猶有乏者，至春恐甚，亡以相恤。西羌未平，師旅在外，兵革相乘，臣竊寒心，宜蚤圖其備。[20]唯陛下留神元元，帥繇先帝盛德以撫海内。"[21]上施行其策。

[1]【今注】案，楊樹達《漢書窺管》説："據下文相奏有震司春云云，與孟喜卦氣之説同，蓋治《孟氏易》也。"

[2]【顏注】師古曰：既觀國家故事，又觀前人所奏便宜之章（白鷺洲本、大德本、殿本句末有"也"字）。

[3]【今注】賈誼：傳見本書卷四八。　朝錯：鼂錯。傳見本書卷四九。案，朝錯，白鷺洲本、大德本同，殿本作"鼂錯"。董仲舒：傳見本書卷五六。

[4]【顏注】師古曰：虞與娛同。【今注】案，錢大昭《漢書辨疑》説："此'虞'字與《匡衡傳》'未有游虞弋射之宴'，《揚雄傳》揚雄'《長楊賦》反五帝之虞'同。《孟子》'驩虞如也'，亦此意。"

[5]【顏注】師古曰：本，農業也。末，商賈也。趨讀曰趣。

[6]【顏注】師古曰：惟，思也。繇讀與由同。由，從也，因也。

[7]【顏注】師古曰：餒，餓也，音乃賄反。

[8]【顏注】師古曰：行音下更反。【今注】博士：官名。戰國時置。秦有七十人。漢沿置。秩爲比六百石，屬奉常。漢武帝時，設五經博士，博士成爲專門傳授儒家經學的學官。

[9]【顏注】師古曰：言其往來不絶也。

[10]【顏注】師古曰：弛，放也，言不禁障之也。波音陂。

[11]【顏注】師古曰：秣，以粟米飤馬也（飤，大德本、殿本同，白鷺洲本作"飲"）。酤酒者，糜費深也。貯積者，滯米粟也。

[12]【今注】案，元元，大德本、殿本同，白鷺洲本作“元九”。

[13]【顏注】師古曰：謂視年歲之豐儉。

[14]【顏注】師古曰：畜讀曰蓄。《禮記·王制》云：“國無九年之蓄曰不足，無六年之蓄曰急，無三年之蓄曰國非其國也。”

[15]【今注】元鼎：漢武帝年號（前116—前111）。案，三年，白鷺洲本同，大德本、殿本作“二年”。

[16]【顏注】師古曰：溥與普同。【今注】平原：郡名。治平原（今山東平原縣西南）。 勃海：即渤海。郡名。治浮陽（今河北滄洲市舊州鎮）。案，白鷺洲本、大德本同，殿本作“渤海”

太山：即泰山。郡名。治奉高（今山東泰安市東）。 東郡：治濮陽（今河南濮陽市西南）。

[17]【顏注】師古曰：慮，思也。

[18]【顏注】師古曰：捄，古救字。

[19]【顏注】師古曰：價忽大貴也。

[20]【顏注】師古曰：蚤，古早字也。

[21]【顏注】師古曰：帥，循也。繇與由同。由，從也。

又數表采《易》《陰陽》及《明堂》《月令》奏之，[1]曰：“臣相幸得備員，奉職不修，不能宣廣教化。陰陽未和，災害未息，咎在臣等。臣聞《易》曰：‘天地以順動，故日月不過，四時不忒；聖王以順動，故刑罰清而民服。’[2]天地變化，必繇陰陽，[3]陰陽之分，以日爲紀。日冬夏至，則八風之序立，萬物之性成，各有常職，不得相干。東方之神太昊，乘震執規司春；[4]南方之神炎帝，乘離執衡司夏；[5]西方之神少昊，乘兌執矩司秋；[6]北方之神顓頊，乘坎執權司冬；[7]中央之神黄帝，乘坤艮執繩司下土。[8]兹五帝所司，各有時也。[9]東方之卦不可以治西方，南方之卦不可以治北方。春興兌治則饑，秋興震治則華，冬興離治則泄，[10]夏興坎治則雹。明王謹于尊天，慎于養人，故立羲和之官以乘四時，[11]節授民事。[12]君動静以道，奉順陰陽，則日月光明，風雨時節，寒暑調和。三者得叙，則災害不生，五穀孰，絲麻遂，[13]中木茂，鳥獸蕃，[14]民不夭疾，衣食有餘。若是，則君尊民説，上下亡怨，[15]政教不違，禮讓可興。夫風雨不時，則傷農桑；農桑傷，則民飢寒；飢寒在身，則亡廉恥，寇賊姦宄所繇生也。[16]臣愚以爲陰陽者，王事之本，群生之命，自古賢聖未有不繇者也。天子之義，必純取法天地，而觀於先聖。高皇帝所述書《天子所服》第八[17]曰：'大謁者臣章受詔長樂宮，曰："令群臣議天子所服，以安治天下。"相國臣何、御史大夫臣昌[18]謹與將軍臣陵、太子太傅臣通等議：[19]"春夏秋冬天子所服，當法天地之數，中得人和。故自天子王侯有土之君，下及兆民，能法天地，順四時，以治國家，身亡禍殃，[20]年壽永究，[21]是奉宗廟安天下之大禮也。臣請法之。中謁者趙堯舉春，[22]李舜舉夏，兒湯舉秋，貢禹舉冬，[23]四人各職一時。"大謁者襄章奏，[24]制曰："可。"'孝文皇帝時，以二月施恩惠於天下，賜孝弟力田及罷軍卒，祠死事者，頗非時節。[25]御史大夫朝錯時爲太子家令，[26]奏言其狀。臣相伏念陛下恩澤甚厚，然而災氣未息，竊恐詔令有未合當時者也。願陛下選明經通知陰陽者四人，各主一時，時至明言所職，以和陰陽，天下幸甚！"相數陳便宜，上納用焉。

[1]【顏注】師古曰：表謂標明之（標，白鷺洲本、殿本同，大德本作"摽"）。采，撮取也。【今注】案，後人或以爲《易》與《陰陽》爲一書，作《易陰陽》，誤。下文魏相引《易》，不稱《陰陽》。《明堂》以域言禮，《月令》以時言治。《大戴禮記》與《逸周書》皆有摭拾，獨立成篇。

[2]【顏注】師古曰：《豫卦》象辭也。忒，差也。【今注】案，語見《易·豫卦》象辭。

[3]【顏注】師古曰：繇與由同。【今注】案，《漢書考正》宋祁說："注文'繇'字下當有'讀'字。"

[4]【顏注】張晏曰：木爲仁，仁者生，生者圜，故爲規。

[5]【顏注】張晏曰：火爲禮，禮者齊，齊者平，故爲衡。

[6]【顏注】張晏曰：金爲義，義者成，成者方，故爲矩。

[7]【顏注】張晏曰：水爲智，智者謀，謀者重，故爲權。

[8]【顏注】張晏曰：土爲信，信者誠，誠者直，故爲繩。【今注】案，《漢書考正》宋祁說，浙本無"下"字。

[9]【今注】案，《淮南子·天文訓》說："規生矩殺，衡長權藏，繩居中央，爲四時根。"《淮南子·時則訓》："陰陽大制有六度，天爲繩，地爲准，春爲規，夏爲衡，秋爲矩，冬爲權。"

[10]【顏注】師古曰：天地之氣不閉密也。

[11]【顏注】師古曰：乘，治也。【今注】羲和：即傳說中的古代執掌天文曆法之官羲氏及和氏。

[12]【顏注】師古曰：各依其節而授以事。

[13]【顏注】師古曰：遂，成也。【今注】案，孰，白鷺洲本、大德同，殿本作"熟"。

［14］【顏注】師古曰：屮，古草字。蕃，多也，音扶元反。

［15］【顏注】師古曰：説讀曰悦。

［16］【顏注】師古曰：亂在外爲姦，在内爲宄。縣與由同。其下類此。

［17］【顏注】如淳曰：第八，天子衣服之制也，於施行詔書第八。

［18］【顏注】師古曰：蕭何、周昌也。【今注】昌：周昌。傳見本書卷四二。

［19］【顏注】師古曰：陵，王陵。通，叔孫通。【今注】陵：王陵。傳見本書卷四〇。　通：叔孫通。傳見本書卷四三。

［20］【今注】案，禍，大德本同，白鷺洲本、殿本作“旤”。

［21］【顏注】師古曰：究，竟也。

［22］【顏注】應劭曰：四時各舉所施行政事。服虔曰：主一時衣服禮物朝祭百事也。師古曰：服説是也。【今注】中謁者：官名。爲國君掌傳達。　趙堯：西漢初先後擔任符璽御史、御史大夫。事見《史記》卷九六《張丞相列傳》。案，《漢書考證》齊召南説，此趙堯疑另是一人，必非江邑侯代周昌爲御史大夫者也。上文云“相國臣何、御史大夫臣昌”“將軍臣陵、太子太傅臣通”，其事當在高帝十年（前197）之初。丞相之改稱相國，周昌之出爲趙相，而趙堯之代爲御史大夫，叔孫通之由奉常徙爲太子太傅，皆此年事也。據本書《功臣表》，江邑侯趙堯以漢五年（前198）爲御史，則未嘗爲中謁者矣。

［23］【顏注】師古曰：高帝時自有一貢禹也。兒五奚反（白鷺洲本、大德本、殿本“五”前有“音”字）。

［24］【今注】大謁者：官名。秦置漢因。謁者掌賓贊受事，其長名謁者僕射，亦稱大謁者，比千石。　襄章：二人名。陳直《漢書新證》説，襄，劉襄。章，不知何姓。

［25］【顏注】師古曰：罷軍卒，卒之疲於軍事者也。罷音

疲。一曰新從軍而休罷者也，音薄蟹反。

[26]【今注】案，朝錯，白鷺洲本、大德本同，殿本作“晁錯”。

　　相敕掾史案事郡國及休告從家還至府，[1]輒白四方異聞，或有逆賊風雨災變，郡不上，相輒奏言之。[2]時丙吉爲御史大夫，同心輔政，上皆重之。相爲人嚴毅，[3]不如吉寬。視事九歲，神爵三年薨，[4]謚曰憲侯。子弘嗣，甘露中有罪削爵爲關内侯。[5]

　　[1]【今注】休告：官吏呈請休假。漢有休假制度，五日休假一天，稱“休沐”。冬至、夏至爲例假。又有告假，分予告、賜告。予告是因功（考課上等者）由朝廷依規准予休假；賜告則是因病給假。漢制，請假三個月免官，經賜告者可延長。有喪假，依喪服制度，長者 3 年，短者 36 天。近年出土簡牘，多有休告記述。參見張艷玲《漢代官吏休假制度研究綜述》（《甘肅社會科學》2007 年第 5 期）。
　　[2]【今注】輒：同“輙”。殿本同，白鷺洲本、大德本作“輙”。
　　[3]【今注】案，王先謙《漢書補注》說：“褚《補史記》：‘相好武，令諸吏帶劍前奏事。或有不帶劍者，當入奏事，至乃借劍而後敢入。’”
　　[4]【今注】神爵：漢宣帝年號（前 61—前 58）。
　　[5]【顏注】師古曰：弘坐騎至宗廟下，大不敬也。【今注】關内侯：爵位名。秦漢二十等爵位中第十九等，僅低於徹侯（列侯）。有號無封國。案，本書《外戚恩澤侯表》載：漢宣帝甘露元年（前 53），魏弘坐酎宗廟騎至司馬門，不敬，削爵一級，爲關内侯。又案，王先謙《漢書補注》說：“《史記·傳》云‘坐騎至廟，

不敬’。”周壽昌《漢書注校補》説：“《表》作‘甘露元年，騎至司馬門’，非宗廟下；云‘不敬’，無‘大’字；若大不敬，豈尚能降爲關内侯也！”

　　丙吉字少卿，[1]魯國人也。[2]治律令，爲魯獄史。積功勞，稍遷至廷尉右監。[3]坐法失官，歸爲州從事。[4]武帝末，巫蠱事起，吉以故廷尉監徵，[5]詔治巫蠱郡邸獄。[6]時宣帝生數月，以皇曾孫坐衛太子事繫，吉見而憐之。又心知太子無事實，重哀曾孫無辜，[7]吉擇謹厚女徒，令保養曾孫，置閒燥處。[8]吉治巫蠱事，連歲不決。後元二年，武帝疾，往來長楊、五柞宫，[9]望氣者言長安獄中有天子氣，於是上遣使者分條中都官詔獄繫者，[10]亡輕重一切皆殺之。内者令郭穰夜到郡邸獄，[11]吉閉門拒使者不納，曰：“皇曾孫在。他人亡辜死者猶不可，況親曾孫乎！”相守至天明不得入，穰還以聞，因劾奏吉。武帝亦寤，曰：“天使之也。”因赦天下。郡邸獄繫者獨賴吉得生，恩及四海矣。[12]曾孫病，幾不全者數焉，[13]吉數敕保養乳母加致醫藥，視遇甚有恩惠，以私財物給其衣食。

　　[1]【今注】丙：漢時丙、邴，姓氏通用。陳直《漢書新證》説：“漢代丙邴二字，在姓氏上通用，《漢印文字徵》第十四、十三頁，有‘丙迣’‘丙賢’‘丙子孟’三印。又按，《隸釋》卷六《北海相景君碑》陰有邴鍾題名。《王貢兩龔鮑傳》有邴曼容。《漢印文字徵》第六、二十頁，又有‘邴調’‘邴可’等七印。但丙吉各書皆作丙。”
　　[2]【今注】魯國：漢諸侯王國名。治魯縣（今山東曲阜市）。

[3]【今注】廷尉右監：官名。秦置漢因。廷尉屬官，監分左右，均秩千石。

[4]【今注】州從事：州郡主官幕僚。

[5]【顏注】師古曰：被召詣京師。

[6]【今注】郡邸獄：漢時各郡國在京邸舍臨時設置的羈獄。屬大鴻臚。

[7]【顏注】師古曰：重直用反（白鷺洲本、大德本、殿本“直”前有“音”字）。

[8]【顏注】師古曰：閒讀曰閑。閑，寬静之處也。燥，高敞也。

[9]【顏注】師古曰：長楊、五柞宮並在盩厔，往來二宮之閒。【今注】長楊：宮名。故址在今陝西周至縣東南。《三輔黄圖·秦宮》説，宮中有垂楊數畝，因爲宮名。　五柞宮：宮名。故址位於今陝西周至縣集賢鎮。舊稱宮内有五柞樹，其樹蔭蓋數畝，故稱五柞宮。

[10]【顏注】師古曰：條謂疏録之。

[11]【今注】内者令：官名。即内謁者令。少府屬官。掌宮内卧具帷帳。案，白鷺洲本、大德本、殿本作“内謁者”。

[12]【顏注】師古曰：吉拒閉使者，天子感寤，乃普赦天下。其郡邸繫獄者，既因吉得生，而赦宥之恩遂及四海也。【今注】案，武帝亦寤，大德本、殿本同，白鷺洲本“亦”作“以”。恩及四海，大德本、殿本同，白鷺洲本“恩”作“思”。

[13]【顏注】師古曰：幾鉅依反。數所角反。次下亦同。【今注】案，周壽昌《漢書注校補》説：“宣帝名病已，蓋以此。”

後吉爲車騎將軍市令，[1]遷大將軍長史，[2]霍光甚重之，入爲光禄大夫給事中。[3]昭帝崩，亡嗣，大將軍光遣吉迎昌邑王賀。賀即位，以行淫亂廢，光與車騎

將軍張安世諸大臣議所立，[4]未定。吉奏記光曰：[5]
“將軍事孝武皇帝，受襁褓之屬，任天下之寄，[6]孝昭
皇帝早崩亡嗣，海內憂懼，欲亟聞嗣主，[7]發喪之日以
大誼立後，[8]所立非其人，復以大誼廢之，[9]天下莫不
服焉。方今社稷宗廟群生之命在將軍之壹舉。竊伏聽
於衆庶，察其所言，諸侯宗室在位列者，未有所聞於
民閒也。而遺詔所養武帝曾孫名病已在掖庭外家
者，[10]吉前使居郡邸時見其幼少，至今十八九矣，通
經術，有美材，行安而節和。願將軍詳大議，參以蓍
龜，[11]豈宜褒顯，先使入侍，[12]令天下昭然知之，然
後決定大策，天下幸甚！”光覽其議，[13]遂尊立皇曾
孫，遣宗正劉德與吉迎曾孫於掖庭。宣帝初即位，賜
吉爵關內侯。

[1]【今注】車騎將軍：官名。漢制金印紫綬，次於大將軍及
驃騎將軍，位次上卿，或比三公。統帥戰車，掌征伐背叛，戰時乃
拜官出征，事成後罷官。　市令：此指軍市令。武官名。軍需和軍
中交易場所的主管。案，本書《百官公卿表》序載，漢有“市令”
一官，長安東、西兩市各置市令一人，屬京兆尹。白鷺洲本、大德
本、殿本作“車騎將軍軍市令”，底本應脫一“軍”字。

[2]【今注】長史：官名。秦置漢因。丞相和將軍府主事，爲
掾屬之長，秩千石。

[3]【今注】給事中：加官名。加此號得給事宮禁中，常侍皇
帝左右，備顧問應對，每日上朝謁見。

[4]【今注】張安世：張湯之子。傳見本書卷五九。

[5]【今注】奏記：漢制，下官言事於上級所用文書。

[6]【顏注】師古曰：屬之欲反。

［7］【顏注】師古曰：亟，急也，音居力反。

［8］【顏注】師古曰：雖無嫡嗣，旁立支屬，令宗廟有奉，故云大誼。

［9］【顏注】師古曰：恐危社稷，故廢黜之。

［10］【顏注】蘇林曰：外家猶言外人民家，不在宮中。晉灼曰：出郡邸獄，歸在外家史氏，後入掖庭耳。師古曰：晉說是也。

［11］【今注】蓍龜：占卜。古以蓍草與龜甲占卜凶吉。

［12］【顏注】師古曰：侍太后。【今注】案，錢大昕《廿二史考異・漢書三》說："豈宜者，猶言宜也。古人語急，以'豈不'爲'不'，'不可'爲'可'。此當言'豈不宜'，亦語急而省文耳。朱疑當爲'直'字，非孟堅之旨。"王念孫《讀書雜志・漢書第十二》說："古人無謂'豈不'爲'豈'者，錢說亦未安。余謂豈猶其也。言曾孫有美材如此，其宜褒顯也。《吳語》'天王豈辱裁之'，《燕策》曰'將軍豈有意乎'，《史記・魏公子傳》曰'我豈有所失哉'，'豈'字竝與'其'同義。"

［13］【顏注】師古曰：省納而用之。【今注】案，《漢書考證》齊召南說："此時定策，吉爲首功，不止從前保護曾孫有恩也。傳詳述其奏記云云，見杜延年等勸光立宣帝，其功實在丙吉之下。"

吉爲人深厚，不伐善。自曾孫遭遇，吉絕口不道前恩，[1]故朝廷莫能明其功也。地節三年，立皇太子，吉爲太子太傅，數月，遷御史大夫。及霍氏誅，上躬親政，省尚書事。是時，掖庭宮婢則令民夫上書，自陳嘗有阿保之功。[2]章下掖庭令考問，[3]則辭引使者丙吉知狀。掖庭令將則詣御史府以視吉。[4]吉識，謂則曰："汝嘗坐養皇曾孫不謹督笞，汝安得有功？[5]獨渭城胡組、淮陽郭徵卿有恩耳。"分別奏組等共養勞苦狀。[6]詔吉求組、徵卿，已死，有子孫，皆受厚賞。詔免則爲庶人，賜錢十萬。上親見問，然後知吉有舊恩，而終不言。上大賢之，制詔丞相：“朕微眇時，御史大夫吉與朕有舊恩，厥德茂焉。[7]《詩》不云虖：‘亡德不報。’[8]其封吉爲博陽侯，邑千三百户。”[9]臨當封，吉疾病，上將使人加紼而封之，及其生存也。[10]上憂吉疾不起，太子太傅夏侯勝曰：“此未死也。臣聞有陰德者，必饗其樂以及子孫。[11]今吉未獲報而疾甚，非其死疾也。”後病果瘉。[12]吉上書固辭，自陳不宜以空名受賞。上報曰：“朕之封君，非空名也，而君上書歸侯印，是顯朕之不德也。方今天下少事，君其專精神，省思慮，近醫藥，以自持。”後五歲，代魏相爲丞相。[13]

[1]【顏注】師古曰：遭遇謂升大位也。

[2]【顏注】師古曰：謂未爲宫婢時，有舊夫見在俗間者。【今注】則：宫婢名。

[3]【今注】掖庭令：官名。掌後宫事務。掖庭爲後宫嬪妃、宫女之住處。

[4]【顏注】師古曰：視讀曰示。

[5]【顏注】師古曰：督謂視察之。【今注】案，沈欽韓《漢書疏證》説：“此‘督’字，當如《陳咸傳》作杖罰解。師古説非。《隋書·刑法志》定八等之差，自‘免官，加杖督一百’，至‘杖督一十’，亦可謂之視察乎！”

[6]【顏注】師古曰：共居用反（白鷺洲本、大德本、殿本“居”前有“音”字）。養弋亮反（白鷺洲本、大德本、殿本作“養音弋亮反”）。

[7]【顏注】師古曰：茂，美也。

[8]【顏注】師古曰：《大雅·抑》之詩。【今注】案，語見《詩·大雅·抑》。

[9]【今注】案，王先謙《漢書補注》説："官本《考證》：'案，表作千三百三十户。又案，此詔，《宣帝紀》元康三年，吉與史曾、史玄、許舜、許延壽及張賀子彭祖同日封。'"

[10]【顏注】應劭曰：吉時疾不能起，欲如君視疾，加朝服拖紳，就封之也。師古曰：紼，繫印之組也（白鷺洲本、殿本"也"後有"音弗"二字，大德本"也"後有"音弗也"三字）。

[11]【今注】案，沈欽韓《漢書疏證》説："《列女傳》孫叔敖母曰：'有陰德者陽報之。'《文子·上德篇》：'有陰德者必有陽報，有隱行者必有昭名。'"

[12]【顏注】師古曰：瘳與愈同。

[13]【今注】案，事在漢宣帝神爵三年（前59），見本書《百官公卿表》。又，陳直《漢書新證》説："《風俗通義》載丙吉爲丞相（見嚴可均《全後漢文》輯《風俗通》佚文），斷陳留老父生子事，疑爲丙吉官廷尉正時之事，非官丞相時事。"

吉本起獄法小吏，後學《詩》《禮》，皆通大義。及居相位，上寬大，好禮讓。掾史有罪臧，不稱職，輒予長休告，[1]終無所案驗。客或謂吉曰："君侯爲漢相，姦吏成其私，然無所懲艾。"[2]吉曰："夫以三公之府有案吏之名，吾竊陋焉。"後人代吉，因以爲故事，公府不案吏，自吉始。

[1]【顏注】師古曰：長給休假，令其去職也。【今注】長休告：官吏長期休假，常用作停職或辭職之婉辭。案，輒，大德本、殿本同，白鷺洲本作"輙"。又案，《漢書考正》宋祁説，浙本無

“休”字。

　　[2]【顏注】師古曰：艾讀曰乂。【今注】懲艾：懲戒；懲治。也作“懲乂”“懲刈”。

　　於官屬掾史，務掩過揚善。吉馭吏耆酒，[1]數逋蕩，[2]嘗從吉出，醉歐丞相車上。[3]西曹主吏白欲斥之，[4]吉曰：“以醉飽之失去士，使此人將復何所容？[5]西曹地忍之，[6]此不過汙丞相車茵耳。”[7]遂不去也。此馭吏邊郡人，習知邊塞發犇命警備事，[8]嘗出，適見驛騎持赤白囊，[9]邊郡發奔命書馳來至。[10]馭吏因隨驛騎至公車刺取，[11]知虜入雲中、代郡，[12]遽歸府見吉白狀，[13]因曰：“恐虜所入邊郡，二千石長吏有老病不任兵馬者，宜可豫視。”吉善其言，召東曹案邊長吏，[14]瑣科條其人。[15]未已，詔召丞相、御史，問以虜所入郡吏，吉具對。御史大夫卒遽不能詳知，[16]以得譴讓。[17]而吉見謂憂邊思職，馭吏力也。吉乃歎曰：“士亡不可容，能各有所長。嚮使丞相不先聞馭吏言，何見勞勉之有？”掾史繇是益賢吉。[18]

　　[1]【今注】馭吏：車夫。

　　[2]【顏注】師古曰：逋，亡也。蕩，放也。謂亡其所供之職而游放也。耆讀曰嗜。

　　[3]【顏注】師古曰：歐，吐也，音一口反。【今注】案，王念孫《讀書雜志·漢書第十二》說：“‘車’下有‘茵’字，而今本脫之，則文義不明。後師古注‘茵，蓐也，音因’五字本在此注內，因此文脫去‘茵’字，校書者遂移入後注耳。《御覽·職官部》二、《人事部》一三八、《車部》五引此竝作‘醉歐丞相車茵

上’，《白帖》卷四八作‘歐丞相茵’，《漢紀》作‘醉嘔吐吉車茵’，皆有‘茵’字。”

　　[4]【顏注】師古曰：斥，棄逐（白鷺洲本同，殿本無“逐”字）。【今注】西曹：官名。漢制，丞相、太尉屬吏分曹治事，有西曹。

　　[5]【顏注】師古曰：言無所容身（白鷺洲本、大德本、殿本句末有“也”字）。

　　[6]【顏注】李奇曰：地猶弟也（猶，殿本作“由”；弟，白鷺洲本、大德本、殿本作“第”）。師古曰：地亦但也，語聲之急耳。【今注】案，周壽昌《漢書注校補》説“地”是虛詞。

　　[7]【顏注】師古曰：茵，蓐也，音因。

　　[8]【顏注】師古曰：犇，古奔字也。有命則奔赴之，言應速也。

　　[9]【今注】赤白囊：古遞送緊急情報的文書袋。陳直《漢書新證》説：“《居延漢簡釋文》一二五頁，有簡文云：‘出亼人赤表一北。元康三年□臨渠隧長□昏時四分時，乘胡隧長□，付並山隧長普，函行三時中程。’此爲邊郡追亡之公牘，元康三年與丙吉時代正合，函行三時中程，即所謂奔命書也。可證邊郡公牘，有要事時是用赤白囊。簡文既僅云赤表，似爲赤表白囊。此句歷來無注，今據木簡方能了解當時邊郡之制度。”

　　[10]【今注】奔命書：古緊急文書之稱謂。遞送盛於赤白囊中。

　　[11]【顏注】師古曰：刺謂探候之也。

　　[12]【今注】雲中：郡名。治雲中（今內蒙古呼和浩特市西南）。　代郡：治代縣（今河北蔚縣代王城）。

　　[13]【顏注】師古曰：遽，速也。

　　[14]【今注】東曹：丞相幕府官員。

　　[15]【顏注】張晏曰：瑣，録也。欲科條其人老少及所經

歷，知其本以文武進也。【今注】案，沈欽韓《漢書疏證》説：
"《詩傳》：'瑣瑣，小也。'此爲細科别，不當解瑣爲録。"

[16]【顏注】師古曰：辛讀曰莘。【今注】案，此時黄霸爲
御史大夫。

[17]【顏注】師古曰：讓，責也。

[18]【顏注】師古曰：繇與由同。

　　吉又嘗出，逢清道群鬥者，死傷横道，[1]吉過之不
問，掾史獨怪之。吉前行，逢人逐牛，牛喘吐舌。[2]吉
止駐，使騎吏問："逐牛行幾里矣？"掾史獨謂丞相前
後失問，或以譏吉，吉曰："民鬥相殺傷，長安令、京
兆尹職所當禁備逐捕，歲竟丞相課其殿最，[3]奏行賞罰
而已。宰相不親小事，非所當於道路問也。方春少陽
用事，[4]未可大熱，[5]恐牛近行用暑故喘，此時氣失
節，恐有所傷害也。三公典調和陰陽，職當憂，[6]是以
問之。"掾史乃服，以吉知大體。

　　[1]【顏注】李奇曰：清道時反群鬥也。師古曰：清道，謂
天子當出（天子，大德本、殿本同，白鷺洲本作"太子"），或
有齋祠（齋祠，大德本同，白鷺洲本、殿本作"齋祀"），先令
道路清浄。【今注】案，沈欽韓《漢書疏證》説："丞相出當清道，
反有群鬥者塞道也。師古謂'天子出'，非。《宋史·儀衛志》'一
品鹵簿，中道清道四人'，蓋漢世已然。"

　　[2]【顏注】師古曰：喘，急息，音昌充反。

　　[3]【今注】殿最：古考核政績、軍功，下等稱"殿"，上等
稱"最"。

　　[4]【今注】少陽：春天之神，即東方之神青帝。董仲舒《春

秋繁露》：“春者，少陽之選也。”

[5]【顏注】師古曰：少式邵反（白鷺洲本、大德本、殿本作“少音式邵反”）。

[6]【今注】案，《漢書考正》宋祁説：“‘當’字上疑有‘所’字。”王先謙《漢書補注》説：“《治要》及《北堂書鈔·設官部》、《御覽·職官部》《獸部》引此，皆有‘所’字，《漢紀》《通典》同。”

五鳳三年春，[1]吉病篤。上自臨問吉，曰：“君即有不諱，誰可以自代者？”[2]吉辭謝曰：“羣臣行能，明主所知，愚臣無所能識。”上固問，吉頓首曰：“西河太守杜延年明於法度，[3]曉國家故事，前爲九卿十餘年，今在郡治有能名。廷尉于定國執憲詳平，[4]天下自以不冤。太僕陳萬年事後母孝，[5]惇厚備於行止。此三人能皆在臣右，唯上察之。”上以吉言皆是而許焉。及吉薨，御史大夫黃霸爲丞相，[6]徵西河太守杜延年爲御史大夫，會其年老，乞骸骨，病免。以廷尉于定國代爲御史大夫。黃霸薨，而定國爲丞相，太僕陳萬年代定國爲御史大夫，居位皆稱職，上稱吉爲知人。

[1]【今注】五鳳：漢宣帝年號（前57—前54）

[2]【顏注】師古曰：不諱，言死不可復諱也。

[3]【今注】西河：郡名。治平定（今内蒙古鄂爾多斯市東南）。 杜延年：杜周之子。傳見本書卷六〇。

[4]【今注】于定國：傳見本書卷七一。

[5]【今注】太僕：官名。春秋始置，秦漢沿襲。爲九卿之一。掌皇帝的輿馬和馬政。 陳萬年：傳見本書卷六六。

［6］【今注】黃霸：傳見本書卷八九。

吉薨，諡曰定侯。子顯嗣，甘露中有罪削爵爲關內侯，官至衛尉、太僕。[1]始顯少爲諸曹，嘗從祠高廟，至夕牲日，乃使出取齋衣。[2]丞相吉大怒，謂其夫人曰：“宗廟至重，而顯不敬慎，亡吾爵者必顯也。”夫人爲言，然後乃已。[3]吉中子禹爲水衡都尉。[4]少子高爲中壘校尉。[5]

［1］【今注】案，本書《百官公卿表》記：“（甘露三年）博陽侯丙顯爲太僕，一年爲建章衛尉。”

［2］【顏注】師古曰：未祭一日，其夕展視牲具，謂之夕牲。【今注】案，沈欽韓《漢書疏證》説：“《續輿服志》：‘秦郊祀之服皆以袀玄。漢承秦故，祀宗廟諸祀則冠長冠。’《玉藻》正義：‘鄭云“四命以上，齋、祭異冠”者，諸侯玄冕祭，玄冠齋，孤則爵弁祭，亦玄冠齋，是齋、祭異冠也。其三命以下，大夫則朝服以祭，士則玄端以祭，皆玄冠也。《玉藻》云“玄冠綦組纓，士之齋冠”，是齋、祭同冠也。其天子之祭，玄冕祭，則玄冠齋；絺冕祭，則絺冕齋；以次差之可知也。若助祭於君，則齋、祭同冠。’《雜記》，大夫、士弁而祭於君，齋時服之，祭時亦服之。以此傳‘夕牲乃取齋衣’，則齋衣即祭服也。”

［3］【顏注】師古曰：免其罪罰也。

［4］【今注】水衡都尉：官名。漢武帝置。掌上林苑，兼主稅收和皇室收支及鑄錢。

［5］【今注】中壘校尉：武官名。漢武帝置。八校尉之一，掌北軍壘門之内，而又外掌西域。

元帝時，長安士伍尊上書，[1]言“臣少時爲郡邸小吏，竊見孝宣皇帝以皇曾孫在郡邸獄。[2]是時治獄使者丙吉見皇曾孫遭離無辜，吉仁心感動，涕泣悽惻，選擇復作胡組養視皇孫，[3]吉常從。臣尊日再侍臥庭上。[4]後遭條獄之詔，吉扞拒大難，不避嚴刑峻法。既遭大赦，吉謂守丞誰如，皇孫不當在官，[5]使誰如移書京兆尹，遣與胡組俱送京兆尹，不受，復還。及組日滿當去，皇孫思慕，吉以私錢顧組，令留與郭徵卿並養數月，乃遣組去。後少內嗇夫白吉曰：‘食皇孫亡詔令，’[6]時吉得食米肉，月月以給皇孫。吉即時病，[7]輒使臣尊朝夕請問皇孫，視省席蓐燥濕。候伺組、徵卿，不得令晨夜去皇孫敖盪，[8]數奏甘毳食物。[9]所以擁全神靈，成育聖躬，功德已亡量矣。時豈豫知天下之福，而徼其報哉！[10]誠其仁恩內結於心也。雖介之推割肌以存君，不足以比。[11]孝宣皇帝時，臣上書言狀，幸得下吉，吉謙讓不敢自伐，刪去臣辭，[12]專歸美於組、徵卿。組、徵卿皆以受田宅賜錢，吉封爲博陽侯。臣尊不得比組、徵卿。臣年老居貧，死在旦暮，欲終不言，恐使有功不著。吉子顯坐微文奪爵爲關內侯，臣愚以爲宜復其爵邑，[13]以報先人功德。”先是顯爲太僕十餘年，與官屬大爲姦利，臧千餘萬，司隸校尉昌案劾，[14]罪至不道，奏請逮捕。上曰：“故丞相吉有舊恩，朕不忍絕。”免顯官，奪邑四百戶。後復以爲城門校尉。[15]顯卒，子昌嗣爵關內侯。

[1]【顏注】師古曰：先嘗有爵，經奪免之，而與士卒爲伍，

故稱士伍。其人名尊。

[2]【今注】案,《漢書考正》宋祁説:"景祐本作'孝武',無'以皇'字;涽化本作'孝武',非;江浙本'曾孫'上無'皇'字,《刊誤》據衆本添'皇'字。"

[3]【今注】復作:漢刑律名。亦指按其刑服勞役婦女。犯者不服刑具,刑期一年。

[4]【顏注】師古曰:郡邸之庭也。侍謂參省之也。時皇孫孩弱,常在襁褓,故指言臥也。

[5]【顏注】孟康曰:郡守丞也,來詣京師邸治獄,姓誰名如。言皇孫不當在獄官,宜屬郡縣也。文穎曰:不當在郡邸官也。師古曰:守丞者,守獄官之丞耳,非郡丞也。誰如者,其人名,不作譙字(不,白鷺洲本、殿本作"本"),言姓,又非也。【今注】案,《漢書考正》劉奉世説:"守丞,諸説皆非。蓋郡邸守邸之丞也,與《朱買臣傳》'守丞'同。"

[6]【顏注】師古曰:少内,掖庭主府臧之官也。食讀曰飤。詔令無文,無從得其廩具也。

[7]【顏注】師古曰:有病時也。

[8]【顏注】師古曰:去,離也。敖,游戲也。盪,放也。盪讀與蕩同。

[9]【顏注】師古曰:奏,進也。毳讀與脆同。

[10]【顏注】師古曰:徼,要也,音工堯反。

[11]【顏注】師古曰:《韓詩外傳》云:"晉公子重耳之亡也,過曹,里鳧須以從,因盜其資而逃。重耳無粮,餒不能行,介子推割其股肉以食重耳,然後能行也。"

[12]【顏注】師古曰:删,削也。

[13]【顏注】師古曰:復防目反(白鷺洲本、大德本、殿本作"防"前有"音"字)。

[14]【今注】司隸校尉:官名。簡稱司隸,舊號臥虎。掌察

舉京師及京師近郡犯法者，並領京師所在之州。秩比二千石。

[15]【今注】城門校尉：漢武帝置。統領京師各門屯衛，分八屯。屬官有司馬、城門候（每門一人，共十二人）。

成帝時，修廢功，以吉舊恩尤重，鴻嘉元年制詔丞相御史：[1]“蓋聞襃功德，繼絕統，所以重宗廟，廣賢聖之路也。故博陽侯吉以舊恩有功而封，今其祀絕，朕甚憐之。‘夫善善及子孫，’[2]古今之通誼也，其封吉孫中郎將關內侯昌爲博陽侯，奉吉後。”國絕三十二歲復續云。昌傳子至孫，王莽時乃絕。

[1]【今注】鴻嘉：漢成帝年號（前20—前17）。

[2]【今注】案，語見《公羊傳》昭公二十年。

贊曰：古之制名，必繇象類，[1]遠取諸物，近取諸身。故經謂君爲元首，臣爲股肱，[2]明其一體，相待而成也。是故君臣相配，古今常道，自然之埶也。近觀漢相，高祖開基，蕭、曹爲冠，[3]孝宣中興，丙、魏有聲。是時黜陟有序，[4]衆職修理，公卿多稱其位，[5]海內興於禮讓。覽其行事，豈虛辭哉！[6]

[1]【顏注】師古曰：繇與由同也（大德本無“也”字，白鷺洲本、殿本“與”前有“讀”字）。

[2]【顏注】師古曰：謂《虞書·益稷》云“元首明哉，股肱良哉”也。

[3]【顏注】師古曰：名位在衆臣之上。

[4]【今注】黜陟：提升廢除官職。《尚書·周官》：“諸侯各

朝于方岳，大明黜陟。"

[5]【顏注】師古曰：稱，副也。

[6]【顏注】師古曰：言君明臣賢，所以致治，非徒然也。

漢書　卷七五

眭兩夏侯京翼李傳第四十五^[1]

[1]【今注】案，楊樹達《漢書窺管》云：“諸人皆通術數說災異者。”

　　眭弘字孟，魯國蕃人也。^[1]少時好俠，鬭雞走馬，長乃變節，從嬴公受《春秋》。^[2]以明經爲議郎，^[3]至符節令。^[4]孝昭元鳳三年正月，^[5]泰山萊蕪山南匈匈有數千人聲，^[6]民視之，有大石自立，高丈五尺，大四十八圍，入地深八尺，三石爲足。石立後有白烏數千下集其旁。是時昌邑有枯社木臥復生，^[7]又上林苑中大柳樹斷枯臥地，^[8]亦自立生，有蟲食樹葉成文字，曰“公孫病已立”。

　　[1]【顏注】師古曰：眭，音息隨反。今河朔尚有此姓，音字皆然。而韋昭、應劭並云音“桂”，非也。今有炅姓，乃音“桂”耳。漢之決録又不作“眭”字（《漢書考正》宋祁曰：“決録”，浙本作“炔欽”），寧可混糅將爲一族？又近代學者旁引《炅氏譜》以相附著（引，白鷺洲本、大德本、殿本作“別”）。私譜之文出於閭巷，家自爲說，事非經典，苟引先賢，妄相假託，無所取信，寧足據乎！蕃，音“皮”。【今注】眭：沈欽韓《漢書

疏證》曰：“今鎮江府有睢姓，讀如雎。”王先謙《漢書補注》引葉德輝以爲，本書《儒林傳》許商門人有齊人炔欽，則顏師古注作“決録”者誤。洪邁《隸釋》卷一〇載《陳球碑跋》云：“《姓苑》載炔氏兄弟各分一姓，曰炔、昦、桂、炷，字皆九畫。”按，“圭”字之豎畫爲一筆，故“桂”“炷”字“皆九畫”，若“睢”，則不止九畫矣，故“睢”非“炷”姓可知。陳直《漢書新證》謂，《十六金符齋續百家姓譜》第九頁有“睢臨私印”“睢安世”印，可證睢姓在兩漢尚屬習見。沈欽韓謂今鎮江府有睢姓，讀如“雎”，是。江蘇東臺市睢氏，仍爲著姓，音讀如“須”。　魯國：漢諸侯王國名。治魯縣（今山東曲阜市）。　蕃：縣名。治所在今山東滕州市。

[2]【顏注】師古曰：嬴，姓也。公，長老之號耳。【今注】嬴公：殿本《漢書考證》云：“《儒林傳》，嬴公，東平人，受《公羊春秋》於董仲舒。故弘書稱‘先師董仲舒’。”楊樹達《漢書窺管》云：“弘傳《春秋》於嚴彭祖、顏安樂及貢禹，論學數爲榮廣所困，並見《儒林傳》。”

[3]【今注】議郎：西漢置。高級郎官，職掌顧問應對，參與議政，不入直宿衞。隸光禄勳，秩比六百石。

[4]【今注】符節令：秦稱“符璽令”，掌管皇帝璽印。西漢改名“符節令”，兼保管銅虎符、竹使符，遣使掌授節，職任頗重。有丞，又領尚符璽郎，隸少府。

[5]【今注】元鳳：漢昭帝年號（前80—前74）。

[6]【今注】泰山：郡名。治奉高（今山東泰安市東）。　萊蕪：縣名。治所在今山東淄博市東南。　匈匈：通“恟恟”。喧嘩，吵嚷。

[7]【顏注】師古曰：社木，社主之樹也。【今注】昌邑：諸侯王國名。西漢武帝時改山陽郡置，封皇子劉髆爲昌邑王。治昌邑縣（今山東巨野縣東南）。

[8]【今注】上林苑：在今陝西西安市西南鄠邑區、周至縣

界，渭水以南、終南山以北。秦惠文王時即開始興建。至秦始皇時，先後在上林苑中修建了朝宮和阿房宮前殿等。西漢初荒廢，許民入墾荒。漢武帝收回，復加拓展，周圍擴至二百餘里。

孟推《春秋》之意，以爲："石、柳皆陰類，下民之象。泰山者代宗之嶽，[1]王者易姓告代之處。[2]今大石自立，僵柳復起，[3]非人力所爲，此當有從匹夫爲天子者。枯社木復生，故廢之家公孫氏當復興者也。"孟意亦不知其所在，即説曰："先師董仲舒有言，雖有繼體守文之君，[4]不害聖人之受命。漢家堯後，[5]有傳國之運。漢帝宜誰差天下，求索賢人，[6]禪以帝位，[7]而退自封百里，[8]如殷、周二王後，以承順天命。"孟使友人内官長賜上此書。[9]時昭帝幼，大將軍霍光秉政，惡之，下其書廷尉。[10]奏賜、孟妄設袄言惑衆，大逆不道，皆伏誅。後五年，孝宣帝興於民閒，即位，徵孟子爲郎。

[1]【今注】案，《漢書考正》宋祁疑"泰"字上有"而"字。葉德輝云："德藩本、閩本有'而'字。"代，白鷺洲本、大德本、殿本作"岱"，當據改。

[2]【今注】告代：新王朝取代舊王朝之後，帝王祭告上天以報其功。

[3]【顏注】師古曰：僵，偃也，偃卧於地，音居羊反。

[4]【今注】繼體守文：公羊家謂遵循文王法度之君。後泛指遵循先王法度。《公羊傳》文公九年："繼文王之體，守文王之法度。"《史記》卷四九《外戚世家》："自古受命帝王及繼體守文之君，非獨内德茂也，蓋亦有外戚之助也。"司馬貞《索隱》："守文

猶守法也，謂非受命創制之君，但守先帝法度爲之主耳。"

[5]【今注】漢家堯後：兩漢經師多認爲劉氏爲堯後，同爲"火德"。《左傳》昭公二十九年稱："有陶唐氏既衰，其後有劉累。"《漢書考證》齊召南曰："以漢爲堯後，始見此文。然則弘雖習《公羊》，亦兼通《左氏》矣。其後劉向父子申明其義，而新莽亦因以爲篡竊之本。"王先謙《漢書補注》引葉德輝引《後漢書》卷三六《賈逵傳》逵奏曰："又五經家皆無以證圖讖明劉氏爲堯後者，而《左氏》獨有明文。五經家皆言顓頊代黃帝，而堯不得爲火德。《左氏》以爲少昊代黃帝，即圖讖所謂帝宣也。如令堯不得爲火，則漢不得爲赤。其所發明，補益實多。"楊樹達《漢書窺管》："此謂堯禪舜，漢亦宜然也。"

[6]【顏注】孟康曰：誰，問；差，擇也。問擇天下賢人。

[7]【顏注】師古曰：禮，古"禪"字也。

[8]【今注】案，王先謙《漢書補注》引葉德輝曰："退封百里，如二王後，亦《公羊》家新周故宋之説。"

[9]【顏注】師古曰：內官，署名。《百官表》云："內官長丞，初屬少府，中屬主爵，後屬宗正。"賜者，其長之名。

[10]【今注】廷尉：戰國時秦始置，秦、西漢沿置。西漢時也稱大理，掌司法審判。列位九卿，秩中二千石。

　　夏侯始昌，魯人也。通《五經》，以《齊詩》《尚書》教授。自董仲舒、韓嬰死後，武帝得始昌，甚重之。始昌明於陰陽，先言柏梁臺災日，[1]至期日果災。[2]時昌邑王以少子愛，[3]上爲選師，始昌爲太傅。[4]年老，以壽終。族子勝亦以儒顯名。[5]

[1]【今注】柏梁臺：西漢武帝建。在長安城中北闕內（今陝西西安市西北未央區盧家口村）。《三輔黃圖》卷五引《三輔舊事》

云：“以香柏爲梁也。武帝嘗置酒其上，詔群臣和詩，能七言者乃得上。太初中臺災。”

［2］【今注】案，王先謙《漢書補注》引蘇輿曰：“據《五行志》，在太初元年十一月乙酉。下‘日’字當衍。”楊樹達《漢書窺管》以爲“期日”謂所期約之日，蘇輿説非。《戰國策·趙策》云：“二君即與張孟談陰約三軍，與之期日，夜遣入晉陽。”“期日”謂期約時日，與此義同，而用法微異。《韓非子·十過》云：“至於期日之夜，趙氏殺其守隄之吏。”《後漢書》卷二九《申屠剛傳》李賢注引《烈士傳》云：“角哀夢伯桃曰：‘今月十五日，當大戰以決腔負。’角哀至期日，陳兵馬詣其冢。”與此文用法同。

［3］【今注】昌邑王：劉髆。傳見本書卷六三。

［4］【今注】太傅：王國太傅。皇子封王，其郡爲國，置太傅一人輔王，導王以善，禮如師，不臣。成帝改太傅曰傅，俸二千石。

［5］【今注】案，本傳題名“兩夏侯”，分指何人有爭議。錢大昕《廿二史考異·漢書三》曰：“始昌習《尚書》，名已見《儒林傳》。其説災異，祇有言柏梁臺災事，附見《勝傳》可矣。乃以‘兩夏侯’題其篇目，何也？”朱一新《漢書管見》曰：“班以‘兩夏侯’標題，蓋謂勝及建爲大小夏侯氏學，故以此題其篇，並未數始昌也。今本提行，皆後人分併，非復班舊。錢議過矣。”王先謙《漢書補注》曰：“朱説祖班，然失其叙次列傳微意。且下文‘勝’上冠以‘夏侯’，‘建’上不冠‘夏侯’，明本書《勝傳》提行，與始昌別傳，而建係帶叙，不當謂兩夏侯爲勝、建也。”楊樹達《漢書窺管》以爲王先謙説是：“此以説災異諸人合傳傳，贊語有始昌而無建，其明證也。始昌先知柏梁之災，勝豫言臣下之謀，正與眭弘京房爲類，若建則不類也。若以始昌附見《勝傳》，則合傳之旨不明。錢議爲不知義例，朱説又失其實，皆非也。”

　　夏侯勝字長公。[1]初，魯共王分魯西寧鄉，[2]以封子節侯，別屬大河，[3]大河後更名東平，故勝爲東平人。勝少孤，好學，從始昌受《尚書》及《洪範五行傳》，[4]説災異。後事蕑卿，[5]又從歐陽氏問。[6]爲學精孰，[7]所問非一師也。善説禮服。[8]徵爲博士、光禄大夫。[9]

　　[1]【今注】夏侯勝：《漢書考正》宋祁引《論語序》陸德明《經典釋文》曰："夏，户雅反。勝，音'升'，或式澄反（一作"升澄反"）。"

　　[2]【顏注】師古曰："共"讀如"恭"。恭王名餘，景帝之子也。【今注】魯共王：傳見本書卷五三。《漢書考正》宋祁疑"王"下有"時"字。

　　[3]【今注】大河：郡名。西漢武帝時廢濟東國置，治無鹽縣（今山東東平縣東）。錢大昕《廿二史考異·漢書三》曰："案，魯共王子寧陽侯恬、瑕邱侯政皆謚節侯，此傳所稱'節侯'，蓋寧陽侯也。《地理志》寧陽屬泰山郡，不屬東平，蓋宣帝建東平爲王國，復以寧陽屬它郡。"

　　[4]【今注】洪範五行傳：屬伏生《尚書大傳》（參見馬楠《〈洪範五行傳〉作者補證》，《中國史研究》2013年第1期）。楊樹達《漢書窺管》曰："此云《洪範五行傳》，在劉向《五行傳記》之前。據沈約云：'伏生創記《大傳》，五行之體始詳；劉向廣演《洪範》，休咎之文益備。'又《隋志》云：'伏生之傳，惟劉向父子所著是其本法。'則此《洪範五行傳》乃伏生所記，今見《尚書大傳》中者是也。趙翼以爲始昌所爲，非也。"

　　[5]【顏注】師古曰：姓蕑名卿。蕑，音"姦"。【今注】蕑卿：錢大昭《漢書辨疑》曰："蕑卿，勝同郡人，兒寬門人。蕑，姓，《廣韻》不收。淮南王有中尉蕑忌，小顏以爲從艸，不從竹。"

[6]【今注】歐陽氏：歐陽高。

[7]【今注】孰：通"熟"。

[8]【顏注】師古曰：《禮》之《喪服》也。

[9]【今注】博士：五經博士，漢武帝始置。參與議政、制禮、顧問應對等，掌策試官吏，在太學中教授五經之學，各置弟子員。初秩比四百石，後升比六百石。　光禄大夫：西漢武帝時改中大夫置，掌論議。屬光禄勳，秩比二千石。

會昭帝崩，昌邑王嗣立，[1]數出。[2]勝當乘輿前諫曰：[3]"天久陰而不雨，臣下有謀上者，陛下出欲何之？"[4]王怒，謂勝爲袄言，[5]縛以屬吏。[6]吏白大將軍霍光，光不舉法。是時，光與車騎將軍張安世謀欲廢昌邑王。[7]光讓安世以爲泄語，安世實不言。[8]迺召問勝，勝對言："在《鴻範傳》曰'皇之不極，厥罰常陰，時則下人有伐上者'，[9]惡察察言，[10]故云臣下有謀。"[11]光、安世大驚，以此益重經術士。

[1]【今注】昌邑王：劉賀。傳見本書卷六三。

[2]【顏注】師古曰：每出游戲也。

[3]【今注】案，《漢書考正》宋祁疑"輿"字下有"車"字。王念孫《讀書雜志·漢書第十二》以爲宋祁説是。後人以乘輿即是車，故删去"車"字。不知此乘輿謂天子，乘輿車即天子車。蔡邕《獨斷》卷上："律曰，敢盜乘輿服御物，謂天子所服食者也。天子至尊，不敢渫瀆言之，故託之於乘輿。"本書《百官公卿表上》"奉車都尉掌御乘輿車"、本書卷四〇《周勃傳》"滕公召乘輿車載少帝出"、本書卷六三《武五子傳》"驂奉乘輿車"、本書卷七一《薛廣德傳》"當乘輿車免冠頓首"、本書卷八八《儒林傳》"劍刃

鄉乘輿車"皆其證矣。《資治通鑑》引此無"車"字,則司馬光等所見《漢書》本已誤。《後漢書》卷七九下《儒林傳下》李賢注引此,正作"乘輿車"。

[4]【顏注】師古曰:之,往也。

[5]【今注】祆言:怪誕不經的邪説。

[6]【顏注】師古曰:屬,委也。音之欲反。

[7]【今注】車騎將軍:漢初爲臨時將軍之號,因領車騎士得名,事訖即罷。武帝後常設,地位次於大將軍、驃騎將軍。常典京城、皇宮禁衞軍隊,出征時常總領諸將軍。文官輔政者亦或加此銜,領尚書政務,成爲中朝重要官員。 張安世:傳見本書卷五九。

[8]【今注】案,《漢書考正》宋祁疑"言"字當作"泄"。

[9]【今注】案,沈欽韓《漢書疏證》引《洪範五行傳》鄭注"夏侯勝説'伐'宜爲'代'",以爲此勝語正宜爲"代"。鴻,殿本作"洪"。

[10]【顏注】師古曰:惡,謂忌諱也。察,爲計謀不敢明顯言之也。《五行志》曰"不敢察察言"也。

[11]【今注】案,《漢書考正》劉敞以爲《洪範五行傳》本云"下人伐上",而夏侯勝不便分明道之,故改云"臣下有謀"。

後十餘日,光卒與安世白太后,[1]廢昌邑王,尊立宣帝。光以爲群臣奏事東宮,[2]太后省政,[3]宜知經術,白令勝用《尚書》授太后。遷長信少府,[4]賜爵關内侯,[5]以與謀廢立,[6]定策安宗廟,益千户。[7]

[1]【顏注】師古曰:卒,終也。【今注】案,《漢書考正》宋祁曰:"'白'字上疑有'共'字。"

[2]【今注】東宮:漢長樂宮在東,太后居之,故謂之東宮,

亦謂之東朝。

[3]【顏注】師古曰：省，視也。

[4]【今注】長信少府：漢景帝時更名"長信詹事"置，掌皇太后宮中事務，秩二千石。

[5]【今注】關內侯：秦漢二十等爵制的第十九級，次於列侯。有侯號、封户而無封土，居京畿，有徵收租稅之權。也有特殊者，在關内有封土，食其租稅。

[6]【顏注】師古曰："與"讀曰"豫"。

[7]【今注】益千户：《漢書考正》劉奉世以爲關內侯無國，本無食邑，不當言益。周壽昌《漢書注校補》以爲，漢初封關内侯食邑者多。本書卷四二《申屠嘉傳》云"孝文元年，舉故以二千石從高祖者，悉以爲關内侯，食邑二十四人，而嘉食邑五百户"，本書卷四三《婁敬傳》云"迺封敬二千户，爲關內侯"，是關內侯食邑也，何不可益户乎！

宣帝初即位，欲襃先帝，詔丞相御史曰："朕以眇身，蒙遺德，承聖業，奉宗廟，夙夜惟念。[1]孝武皇帝躬仁誼，厲威武，北征匈奴，單于遠遁，南平氐、羌、昆明、甌駱兩越，[2]東定薉貉、朝鮮，[3]廓地斥境，立郡縣，百蠻率服，款塞自至，[4]珍貢陳於宗廟；協音律，造樂歌，薦上帝，封太山，立明堂，[5]改正朔，易服色；明開聖緒，尊賢顯功，興滅繼絶，襃周後；[6]備天地之禮，廣道術之路。上天報況，[7]符瑞並應，寶鼎出，白麟獲，海效鉅魚，[8]神人並見，山稱萬歲。[9]功德茂盛，不能盡宣，而廟樂未稱，[10]朕甚悼焉。其與列侯、二千石、博士議。"於是群臣大議庭中，[11]皆曰："宜如詔書。"

[1]【顔注】師古曰：惟，思也。

[2]【顔注】師古曰：甌、駱，皆越號。【今注】案，事皆詳見本書卷九五《西南夷兩粤朝鮮傳》。《漢書考正》劉奉世曰："氐、羌不在南，恐誤。"

[3]【顔注】張晏曰：薉也，貉也，在遼東之東。師古曰："薉"字與"穢"同。貉，音莫客反。【今注】薉貉：穢貉。本書卷六《武紀》："東夷薉君南閭等口二十八萬人降，爲蒼海郡。"顔師古注引服虔曰："穢貊在辰韓之北，高句麗沃沮之南，東窮于大海。"又引晉灼注曰："薉，古'穢'字。"

[4]【今注】款塞：叩塞門。謂外族前來通好。《史記》卷一三〇《太史公自序》："海外殊俗，重譯款塞。"裴駰《集解》引應劭曰："款，叩也。皆叩塞門來服從也。"

[5]【今注】明堂：傳爲帝王上通天象、下統萬物、宣明政教的地方。凡朝會、祭祀、慶賞、選士、養老、教學等大典，都在此舉行（參見楊鴻勳《明堂泛論：明堂的考古學研究》，日本京都大學人文科學研究所《東方學報》1998 年 3 月）。

[6]【今注】案，周後，白鷺洲本、大德本、殿本作"周之後"。《漢書考正》宋祁指出越本、邵本無"周後"二字。

[7]【顔注】師古曰：況，賜也。

[8]【顔注】師古曰：效，致也。鉅，大也。

[9]【今注】案，王先謙《漢書補注》曰："事並見《武紀》。又山稱萬歲，泰山、東萊兩見。"

[10]【顔注】師古曰：稱，副也。【今注】案，王先謙《漢書補注》引葉德輝補證引荀悅《漢紀》："本始二年夏四月，詔有司議孝武廟樂。"

[11]【今注】案，白鷺洲本、大德本、殿本作"廷"，當據改。下同不注。

　　長信少府勝獨曰：“武帝雖有攘四夷廣土斥境之功，然多殺士衆，竭民財力，奢泰亡度，天下虛耗，[1]百姓流離，物故者半。[2]蝗蟲大起，赤地數千里，[3]或人民相食，畜積至今未復。[4]亡德澤於民，不宜爲立廟樂。”公卿共難勝曰：“此詔書也。”勝曰：“詔書不可用也。人臣之誼，宜直言正論，非苟阿意順指。議已出口，雖死不悔。”於是丞相義、御史大夫廣明[5]劾奏勝非議詔書，毀先帝，不道，及丞相長史黃霸阿縱勝，[6]不舉劾，俱下獄。有司遂請尊孝武帝廟爲世宗廟，奏《盛德》《文始》《五行》之舞，天下世世獻納，以明盛德。武帝巡狩所幸郡國凡四十九，皆立廟，如高祖、太宗焉。

　　[1]【顏注】師古曰：耗，減也，音呼到反。

　　[2]【顏注】師古曰：物故，謂死也。【今注】案，《漢書考正》宋祁曰：“‘者’字下疑有‘過’字。”

　　[3]【顏注】師古曰：言無五穀之苗。

　　[4]【顏注】師古曰：“畜”讀曰“蓄”。

　　[5]【顏注】師古曰：蔡義、田廣明。【今注】義：蔡義。傳見本書卷六六。　廣明：田廣明。傳見本書卷九〇。

　　[6]【今注】丞相長史：漢文帝置。掌領丞相府事，署理諸曹，並可參與朝議等。員二人，或增爲三人，秩千石。　黃霸：傳見本書卷八九。

　　勝、霸既久繫，霸欲從勝受經，勝辭以罪死。霸曰：“朝聞道，夕死可矣。”[1]勝賢其言，遂授之。繫再更冬，講論不怠。[2]至四年夏，關東四十九郡同日地動，[3]或山崩，壞城郭室屋，殺六千餘人。上乃素服，避正殿，遣使者弔問吏民，賜死者棺錢。下詔曰：“蓋災異者，天地之戒也。朕承洪業，託士民之上，未能和群生。曩者地震北海、琅邪，[4]壞祖宗廟，朕甚懼焉。其與列侯、中二千石博問術士，[5]有以應變，補朕之闕，毋有所諱。”[6]因大赦，勝出爲諫大夫給事中，[7]霸爲楊州刺史。[8]

[1]【顏注】師古曰：《論語》稱孔子曰“朝聞道，夕死可矣”（殿本無“稱”字），故霸引之。【今注】案，語見《論語·里仁》。

[2]【顏注】師古曰：更，歷也，音工衡反。

[3]【今注】關東：函谷關或潼關以東地區。

[4]【今注】案，曩，《漢書考正》宋祁疑當作“迺”字。北海：郡名。治營陵縣（今山東昌樂縣東南）。　琅邪：郡名。治東武縣（今山東諸城市）。

[5]【今注】中二千石：漢官吏秩禄等級。中爲滿之意。中二千石即實得二千石，月俸一百八十斛。其地位在真二千石、二千石、比二千石之上。本書《百官公卿表上》顏師古注：“漢制，三公號稱萬石，其俸月各三百五十斛穀。其稱中二千石者月各百八十斛，二千石者百二十斛，比二千石者百斛，千石者九十斛，比千石者八十斛，六百石者七十斛，比六百石者六十斛，四百石者五十斛，比四百石者四十五斛，三百石者四十斛，比三百石者三十七斛，二百石者三十斛，比二百石者二十七斛，一百石者十六斛。”

[6]【今注】案，錢大昭《漢書辨疑》曰：“此詔已見本紀，可不復載。”

[7]【今注】諫大夫：漢武帝置。掌諫爭、顧問應對，議論朝政。無定員，秩比八百石。　給事中：秦始置。西漢因之，爲加官，掌侍皇帝左右，備顧問應對，每日上朝謁見，分平尚書奏事，負責實際政務。無定員。

[8]【今注】楊州刺史：西漢武帝設全國十三部刺史之一。負責監察郡守等人的行政事務，巡行郡縣，以"六條"問事。秩六百石。楊州轄境當今江蘇、浙江、江西、福建、皖南等地區。楊，殿本作"揚"。

勝爲人質樸守正，簡易亡威儀。見時謂上爲君，[1]誤相字於前，[2]上亦以是親信之。[3]嘗見，出道上語，[4]上聞而讓勝，[5]勝曰："陛下所言善，臣故揚之。堯言布於天下，至今見誦。臣以爲可傳，故傳耳。"朝庭每有大議，上知勝素直，謂曰："先生通正言，無懲前事。"[6]勝復爲長信少府，遷太子太傅。[7]受詔撰《尚書》《論語説》，[8]賜黃金百斤。年九十卒官，賜冢塋，葬平陵。[9]太后賜錢二百萬，爲勝素服五日，以報師傅之恩，儒者以爲榮。始，勝每講授，常謂諸生曰："士病不明經術；經術苟明，其取青紫如俛拾地芥耳。[10]學經不明，不如歸耕。"

[1]【顏注】師古曰：見，見於天子。

[2]【顏注】師古曰：前，天子之前也。君前臣名不當相呼字也。

[3]【顏注】師古曰：知其質樸也。

[4]【顏注】師古曰：入見天子而以其言爲外人道之。

[5]【顏注】師古曰：讓，責也。

　　[6]【顏注】師古曰：通，謂陳道之也。懲，創也。前事，謂坐議廟樂事。

　　[7]【今注】太子太傅：周秦置。西漢初掌保養、監護、輔翼太子，昭、宣以後兼掌教諭訓導。與太子少傅並稱“太子二傅”，秩二千石。

　　[8]【顏注】師古曰：解說其意，若今義疏也。【今注】尚書論語說：王先謙《漢書補注》引葉德輝指出，本書《藝文志》載《尚書》家有大、小《夏侯章句》，大、小《夏侯解故》；《論語》家無夏侯說。

　　[9]【今注】平陵：縣名。治所在今陝西咸陽市西北。

　　[10]【顏注】師古曰：地芥，謂草芥之橫在地上者。俛而拾之，言其易而必得也。青紫，卿大夫之服也。“俛”即“俯”字也。【今注】青紫：公卿綬帶之色。王鳴盛《十七史商榷》卷二六引葉夢得《避暑錄話》卷下云：“漢丞相、太尉皆金印紫綬，御史大夫銀印青綬，此三府官之極崇者。勝云‘青紫’，謂此。顏据當時所見，誤以爲卿大夫之服。漢卿大夫蓋未服青紫也。”王鳴盛以爲葉說是。本書卷八七下《楊雄傳下》“紆青拕紫”，顏注云“青紫，謂綬之色”，與此注相歧。

　　勝從父子建字長卿，[1]自師事勝及歐陽高，左右采獲，[2]又從《五經》諸儒問與《尚書》相出入者，牽引以次章句，[3]具文飾說。勝非之曰：“建所謂章句小儒，破碎大道。”[4]建亦非勝爲學疏略，難以應敵。建卒自顓門名經，[5]爲議郎博士，至太子少傅。勝子兼爲左曹太中大夫，[6]孫堯至長信少府、司農、鴻臚，[7]曾孫蕃郡守、州牧、長樂少府。[8]勝同產弟子賞爲梁內史，[9]梁內史子定國爲豫章太守。[10]而建子千秋亦爲少府、太子少傅。[11]

[1]【顏注】師古曰：從父昆弟之子，名建字長卿。

[2]【顏注】師古曰：言於勝及高兩處采問疑義而得。

[3]【今注】牽引：援引，引薦。

[4]【今注】案，破破，白鷺洲本、大德本、殿本作"破碎"，是。

[5]【顏注】師古曰："顓"與"專"同。專門者，自別爲一家之學。

[6]【今注】左曹：加官。漢武帝時置，加此者每日朝謁，在殿中收受平省尚書奏事，與右曹合稱諸曹。秩二千石。　太中大夫：秦始置。侍從皇帝左右，掌顧問應對、參謀議政、奉詔出使，多以寵臣貴戚充任。秩比千石，無員額。

[7]【今注】司農：大司農。西漢武帝改"大農令"置。掌管全國租賦收入和國家財政開支。秩中二千石，列位九卿。　鴻臚：大鴻臚。秦時稱"典客"，漢景帝改名"大行令"，武帝時改"大鴻臚"。掌諸侯和四方歸降的少數民族。另郊廟祭祀行禮時掌贊導，請求行事；諸王入朝郊迎時掌禮儀；皇子封王，掌贊授印綬；諸侯之子繼位和四方少數民族頭領受封，掌召拜。王死，負責吊祭及拜王嗣。秩中二千石。錢大昕《三史拾遺》卷三以爲本書《百官公卿表下》，元帝永光元年（前43）、成帝元延三年（前10）俱有大司農堯，相距三十三年，恐非一人，未審誰是夏侯堯。其爲大鴻臚，則表失書。

[8]【今注】長樂少府：即長信少府。漢平帝元始四年（4）改。

[9]【今注】梁：諸侯王國名。治睢陽縣（今河南商丘市睢陽區）。　內史：王國內史。漢初置，因其爲王國自署，治國如郡太守、都尉職事。秩二千石。

[10]【今注】豫章：郡名。治南昌縣（今江西南昌市東）。

[11]【今注】案，王先謙《漢書補注》以爲本書《百官公卿表下》無千秋名，蓋是長信少府。

京房字君明，[1]東郡頓丘人也。[2]治《易》，事梁人焦延壽。[3]延壽字贛。[4]贛貧賤，以好學得幸梁王，梁王共其資用，[5]令極意學。既成，爲郡史，[6]察舉補小黃令。[7]以候司先知姦邪，盜賊不得發。[8]愛養吏民，化行縣中。舉最當遷，[9]三老官屬上書願留贛，[10]有詔許增秩留，[11]卒於小黃。贛常曰：“得我道以亡身者，京生也。”其説長於災變，分六十卦，[12]更直日用事，以風雨寒溫爲候，[13]各有占驗。房用之尤精。好鍾律，[14]知音聲。初元四年以孝廉爲郎。[15]

[1]【今注】案，王先謙《漢書補注》引蘇輿曰：“房與夏侯勝復於《儒林》中著小傳以明學派，此班氏創例之精。”楊樹達《漢書窺管》云：“《史記·仲尼弟子傳》中有子貢，復見《貨殖傳》，班氏效法史公，非其創例也。”

[2]【今注】東郡：治濮陽縣（今河南濮陽市西南）。　頓丘：縣名。治所在今河南清豐縣西。

[3]【今注】焦延壽：王先謙《漢書補注》引《資治通鑑》胡注云：“洪适《隸釋》：‘《漢中黃門譙敏碑》云“其先故國師譙贛，傳道與京君房”。’以‘焦’爲‘譙’。《左傳》‘楚師伐陳，取焦夷’，注謂‘焦，今譙縣’。若是，則‘焦’‘譙’可通用。”又《續漢書·律曆志》：“房受學小黃令焦延壽六十律相生之法。”陳直《漢書新證》據《太平御覽》卷二六八引《陳留風俗傳》云：“昭帝時蒙人焦貢爲小黃令，道不拾遺，囹圄空虛。”以爲焦延壽爲梁國蒙縣人。又據《隸釋》卷一一《小黃門譙敏碑》云：“其先故國

師譙贛，深明典隩，讖録圖緯，傳道於京君明。"以爲此焦贛亦作譙贛。則"焦""譙"可通用。

[4]【顏注】師古曰：贛，音"貢"。

[5]【顏注】師古曰："共"讀曰"恭"。【今注】共：楊樹達《漢書窺管》以爲，當讀爲"供"。《説文·人部》云："一曰供給。"是其義。"恭"字爲傳寫之誤。案，白鷺洲本、大德本、殿本"王"上無"梁"字。

[6]【今注】郡史：漢武帝時郡太守有卒史二人。常秩百石，稱百石卒史。唯三輔郡卒史秩二百石。

[7]【今注】小黄：縣名。治所在今河南開封市祥符區東北。

[8]【顏注】師古曰：以其常先知姦邪，故欲爲盜賊者，不敢起發。【今注】案，王先謙《漢書補注》引蘇輿曰："《隋經籍志》有京君明《推偷盜書》一卷，知此亦有術，京氏即傳師法也；又有《太一飛鳥雜決捕盜賊法》一卷，不著撰人，亦傳斯術者。京定課吏法，有盜賊三日不覺准罪之例，亦恃其術以難人耳。"

[9]【顏注】師古曰：以課最而被舉，故欲遷爲他官也。

[10]【今注】三老：西漢縣、鄉掌教化的鄉官。這裏指郡三老，掌教化，參與郡政。

[11]【顏注】師古曰：依許留而增其秩。【今注】增秩留：楊樹達《漢書窺管》以爲《太平御覽》卷二六八引《陳留風俗傳》"昭帝時，蒙人焦貢爲小黄令，路不拾遺，囹圄空虛，詔遷貢。百姓揮涕守闕，求索還貢，天子聽增貢之秩千石"即指此事。

[12]【今注】六十卦：沈欽韓《漢書疏證》引《易緯稽覽圖》"甲子卦氣起中孚，六日八十分之七而從，四時卦"注云："六以候也。八十分爲一日之七者，一卦六日七分也。四時卦者，謂四正卦離、坎、震、兑，四時方伯之卦也。"

[13]【顏注】孟康曰：分卦直日之法，一爻主一日，六十四卦爲三百六十日。餘四卦，震、離、兑、坎，爲方伯監司之官。

所以用震、離、兑、坎者，是二至二分用事之日，又是四時各專王之氣。各卦主時，其占法各以其日觀其善惡也。師古曰：更，工衡反。【今注】案，王先謙《漢書補注》引葉德輝引王充《論衡》云"《易》京氏布六十四卦於一歲中。六日七分，一卦用事。卦有陰陽，氣有升降，陽升則温，陰升則寒，寒温隨卦而至"，又《樊毅修華嶽碑》云"風雨應卦"，以爲亦本京氏説。楊樹達《漢書窺管》引張文虎云："交主一日，則六十卦爲三百六十日，故下文云餘四卦也。注中六十四卦四字衍。今案張説是也。宋本《易林序》引《孟注》無四字。"京房《易》學學説，可參見盧央《京房評傳》（南京大學出版社 1998 年版）、徐芹庭《兩漢京氏陸氏易學研究》（中國書店 2011 年版）、郭彧《京氏易源流》（華夏出版社 2007 年版）。

[14]【今注】鍾律：音律。

[15]【今注】初元：漢元帝年號（前 48—前 44）。　孝廉：漢朝選拔舉薦人才的專案之一。孝指孝悌，廉指廉潔。漢制規定，每年郡國從所屬吏民中推舉孝、廉各一人。

　　永光、建昭閒，[1]西羌反，[2]日蝕，又久青亡光，陰霧不精。[3]房數上疏，先言其將然，[4]近數月，遠一歲，所言屢中，天子説之。[5]數召見問，房對曰："古帝王以功舉賢，則萬化成，瑞應著，[6]末世以毁譽取人，故功業廢而致災異。宜令百官各試其功，災異可息。"詔使房作其事，房奏考功課吏法。[7]上令公卿朝臣與房會議温室，[8]皆以房言煩碎，[9]令上下相司，[10]不可許。上意鄉之。[11]時部刺史奏事京師，[12]上召見諸刺史，令房曉以課事，刺史復以爲不可行。唯御史大夫鄭弘、光禄大夫周堪初言不可，[13]後善之。

[1]【今注】永光：漢元帝年號（前43—前39）。　建昭：漢元帝年號（前38—前34）。

[2]【今注】西羌：中國古代對羌族的稱謂。古代羌族主要活動在西北地方，故稱西羌。《史記·六國年表》記載："故禹興於西羌。"《後漢書》卷八七《西羌傳》載："西羌之本，出自三苗，姜姓之別也。""羌""姜"在甲骨文中經常互用。又清顧祖禹《讀史方輿紀要》卷六五："西羌，舊在陝西、四川塞外。《四夷傳》：'西羌本自三苗，舜徙之三危，今河關西南羌地是也。濱於賜支，至於河首，綿地千里。'……及武帝西逐諸羌，乃渡河、湟，築令居塞，始置護羌校尉。"

[3]【顏注】師古曰：精，謂日光清明也。【今注】精：錢大昭《漢書辨疑》以爲即古"晴"字，《説文》作"姓"。王先謙《漢書補注》引葉德輝據本書《天文志》"天暒而見景星"，孟康注曰："暒，精明也。"以爲"晴""暒""姓"一字。《開元占經》卷九《日占五》引京氏曰"日青益蝕，惟命是争，誅"，又引《春秋感精符》曰"日將蝕，必先青黄不卒，至漸消也"。

[4]【顏注】師古曰：言且欲有此事。

[5]【顏注】師古曰："説"讀曰"悦"。

[6]【顏注】師古曰：萬化，萬機之事，施教化者也。一曰萬物之類也。

[7]【顏注】晉灼曰：令丞尉治一縣，崇教化亡犯法者輒遷。有盜賊滿三日不覺者則尉事也。令覺之，自除，二尉負其二（其二，白鷺洲本、殿本作"其皋"）。率相准如此法。

[8]【顏注】師古曰：温室，殿名也。【今注】温室：西漢皇帝的寢殿，在未央宫（參見陳蘇鎮《未央宫四殿考》，《歷史研究》2016年第5期）。一説在長樂宫。

[9]【今注】煩碎：繁雜，瑣碎。錢大昭《漢書辨疑》以爲猶瑣小也。

[10]【今注】司：王先謙《漢書補注》引蘇輿以爲與"伺"同。

[11]【顏注】師古曰："鄉"讀曰"嚮"。

[12]【今注】部刺史：王先謙《漢書補注》引《資治通鑑》胡注："刺史各部一州，故曰部刺史。"

[13]【今注】鄭弘：傳見本書卷六六。　周堪：傳見本書卷八八。

是時中書令石顯顓權，[1]顯友人五鹿充宗爲尚書令，[2]與房同經，論議相非。[3]二人用事，房嘗宴見，[4]問上曰："幽、厲之君何以危？[5]所任者何人也？"上曰："君不明，而所任者巧佞。"房曰："知其巧佞而用之邪，將以爲賢也？"上曰："賢之。"房曰："然則今何以知其不賢也？"上曰："以其時亂而君危知之。"房曰："若是，任賢必治，任不肖必亂，必然之道也。幽、厲何不覺寤而更求賢，曷爲卒任不肖以至於是？"[6]上曰："臨亂之君各賢其臣，令皆覺寤，天下安得危亡之君？"房曰："齊桓公、秦二世亦嘗聞此君而非笑之，[7]然則任豎刁、趙高，[8]政治日亂，盜賊滿山，何不以幽、厲卜之而覺寤乎？"上曰："唯有道者能以往知來耳。"[9]房因免冠頓首，曰："《春秋》紀二百四十二年災異，以視萬世之君。[10]今陛下即位已來，日月失明，星辰逆行，山崩泉涌，地震石隕，夏霜冬靁，[11]春凋秋榮，隕霜不殺，水旱螟蟲，民人飢疫，盜賊不禁，刑人滿市，《春秋》所記災異盡備。[12]陛下視今爲治邪，亂邪？所任用者誰與？"[13]上曰："然幸其瘉於彼，又以爲不在此人也。"[14]房曰："夫前世之

君亦皆然矣。臣恐後之視今，猶今之視前也。”上良久
廼曰：“今爲亂者誰哉？”房曰：“明主宜自知之。”上
曰：“不知也；如知，何故用之？”[15]房曰：“上最所信
任，與圖事帷幄之中進退天下之士者是矣。”[16]房指謂
石顯，上亦知之，謂房曰：“已諭。”[17]

[1]【顔注】師古曰：“顓”與“專”同。【今注】中書令：
漢武帝時置。由宦者擔任，掌收納尚書奏事、傳達皇帝詔令，成帝
時改“中謁者令”。俸二千石。　石顯：傳見本書卷九三。

[2]【今注】五鹿充宗：字君孟，擅長於梁丘《易》。官至少
府，受元帝寵信，與宦者中書令石顯結爲黨友。元帝令與諸儒論
《易》，他恃其貴幸，長於辯口，諸儒莫能抗。後與朱雲辯論，爲雲
所折。石顯被黜後，左遷玄菟太守。　尚書令：秦始置，漢沿置。
本爲少府屬官，掌章奏文書，武帝後職權漸重。掌凡選署及奏下尚
書曹文書衆事。秩千石。

[3]【今注】案，王先謙《漢書補注》引蘇輿曰：“充宗爲
《梁丘易》，同經異師；又乘貴口辨，務欲陵抗諸家，匪獨師説
異也。”

[4]【顔注】師古曰：以閑宴時而入見天子。

[5]【今注】幽厲：周幽王及周厲王。二人事迹見《史記》卷
四《周本紀》。

[6]【顔注】師古曰：辛，終也。

[7]【今注】案，此君，王念孫《讀書雜志・漢書第十二》以
爲，本作“此二君”。二君，謂幽、厲也。今本脱“二”字，則文
義不明。今本《群書治要》無“二”字，亦後人依誤本《漢書》
删之。《太平御覽》卷六二三《治道部四》引此有“二”字，荀悦
《漢紀》同。

[8]【今注】豎刁：春秋時齊國人。自宮爲宦者，得寵於齊桓

公。管仲以爲非人情之常，應遠斥之。桓公不聽。管仲死，刁與易牙、開方等專權，五公子爭爲太子。桓公卒，刁又與易牙殺群大夫，立公子無虧，太子昭奔宋。齊遂內亂。刁，又作"刀""貂"。

［9］【今注】案，《漢書考正》宋祁曰，江南本云"能以性智求耳"；徐鍇改"往知來"，非。王念孫《讀書雜志・漢書第十二》以爲，"以往知來"正對上文"以幽、屬卜之"而言。江南本作"性智求"者，"智"與"知"同，"往""性"，"來""求"，則字形相似而誤。《世說新語・規箴篇》注及《群書治要》《太平御覽》引此並作"以往知來"，荀悦《漢紀》亦然，則徐鍇改不誤。

［10］【顏注】師古曰："視"讀曰"示"。

［11］【顏注】師古曰：靁，古"雷"字。

［12］【顏注】師古曰：言今皆備有之。

［13］【顏注】師古曰："與"讀曰"歟"。【今注】案，白鷺洲本、大德本、殿本"所任用者誰與"前有"上曰亦極亂耳尚何道房曰今"。《漢書考證》齊召南據司馬光《通鑑考異》卷一云："故資政殿學士邵亢得兩浙錢、王寫本《漢書》，無'亂邪'二字，有'上曰亦極亂耳尚何道房曰今'十二字。"以爲古本無"亂邪"二字。王念孫《讀書雜志・漢書第十二》以爲景祐本作"陛下視今爲治邪，亂邪，所任用者誰與"，無"上曰"以下至"房曰今"十二字，是。下文"上曰'然幸其瘳於彼，又以爲不在此人也'"，云"幸其瘳於彼"是對上文"治邪，亂邪"而言，云"不在此人"是對上文"所任用者誰"而言。故師古曰"言今之災異及政道猶幸勝於往日，又不由所任之人"也。若云"亦極亂耳，尚何道"，則與下文"瘳於彼"之語相背。是"上曰"以下十二字，皆後人所加。《世說新語》注、《群書治要》及荀悦《漢紀》皆無此十二字。

［14］【顏注】師古曰："瘳"與"愈"同。愈猶勝也。言今之災異及政道猶幸勝於往日，又不由所任之人。

[15]【顏注】師古曰：如，若也。

[16]【顏注】師古曰：圖，謀也。

[17]【顏注】師古曰：言已曉此意。

　　房罷出，後上令房上弟子曉知考功課吏事者，[1]欲試用之。房上中郎任良、姚平，[2]“願以爲刺史，試考功法，臣得通籍殿中，[3]爲奏事，以防雍塞”。[4]石顯、五鹿充宗皆疾房，欲遠之，[5]建言宜試以房爲郡守。[6]元帝於是以房爲魏郡太守，[7]秩八百石居，[8]得以考功法治郡。房自請，願無屬刺史，得除用它郡人，[9]自弟吏千石已下，[10]歲竟乘傳奏事。[11]天子許焉。

[1]【今注】令房上：周壽昌《漢書注校補》謂，令房上其弟子名籍也。

[2]【今注】中郎：秦漢皆置。掌守衞宮殿門户，出充車騎。屬郎中令，秩比六百石。

[3]【今注】通籍：謂記名於門籍，可以進出宮門。

[4]【顏注】師古曰：“雍”讀曰“壅”。

[5]【顏注】師古曰：出之，令遠去。

[6]【顏注】師古曰：立議云然也。

[7]【今注】魏郡：治鄴縣（今河北臨漳縣西南）。

[8]【今注】秩八百石：周壽昌《漢書注校補》曰：“漢制，郡太守秩二千石，增秩者中二千石。元帝建元二年，益三河大郡太守秩。魏固大郡也，而其秩八百石者，考《黃霸傳》，霸守京兆尹，以乏軍興等罪連貶秩，以八百石爲潁川太守。房爲郎本六百石，出試爲守，未即真，特爲增損其秩，如宣帝時之制。又成帝時除吏八

百石就六百石，此在元帝時，尚存八百石秩也。”

[9]【今注】案，它，大德本、殿本作“他”。

[10]【顏注】如淳曰：令長屬縣，自課弟殿最。【今注】案，已，殿本作“以”。

[11]【顏注】師古曰：傳，張戀反（白鷺洲本、大德本、殿本“張”前有“音”字）。其下亦同。【今注】歲竟：王先謙《漢書補注》引《資治通鑑》胡三省注：“歲竟，歲終也。”　乘傳：乘坐傳舍提供的馬車。漢初除非遇到緊急情況需要報告，一般祇有郡守和秩在二千石的高級官吏可以乘傳。張家山漢簡《二年律令·置吏律》：“郡守二千石官、縣道官言邊變事急者，及吏遷徙、新爲官，屬尉、佐以上毋乘馬者，皆得爲駕傳。”〔參見張家山二四七號漢墓竹簡整理小組《張家山漢墓竹簡〔二四七號墓〕》（釋文修訂本），文物出版社 2006 年版，第 37 頁〕

房自知數以論議爲大臣所非，內與石顯、五鹿充宗有隙，不欲遠離左右，及爲太守，憂懼。以建昭二年二月朔拜，[1]上封事曰：“辛酉已來，[2]蒙氣衰去，[3]太陽精明，臣獨欣然，以爲陛下有所定也。然少陰倍力而乘消息。[4]臣疑陛下雖行此道，猶不得如意，臣竊悼懼。守陽平侯鳳欲見未得，[5]己卯，[6]臣拜爲太守，此言上雖明下猶勝之效也。[7]臣出之後，恐爲用事所蔽，[8]身死而功不成，故願歲盡乘傳奏事，蒙哀見許。[9]廼辛巳，蒙氣復乘卦，太陽侵色，[10]此上大夫覆陽而上意疑也。[11]己卯、庚辰之閒，必有欲隔絶臣令不得乘傳奏事者。”

[1]【今注】案，大德本、殿本“以”前有“房”字。又，錢

大昕《廿二史考異·漢書三》以爲"二月"當作"三月"。以《三統術》推，該年正月甲午朔，二月甲子朔。房封事所稱"辛酉"者，是正月二十八日；"己卯""庚辰""辛巳"，則分別是二月之十六、十七、十八日。張晏注以辛巳蒙乘，卦爲晉卦、解卦；太陽侵色，爲大壯。考《卦氣圖》，晉、解、大壯皆二月卦，則房上封事必在二月後。

[2]【今注】案，已，大德本、殿本作"以"。

[3]【今注】蒙氣：指包圍地球外面的大氣。

[4]【顏注】孟康曰：房以消卦爲辟。辟，君也。息卦曰太陰（白鷺洲本、大德本、殿本後有"消卦曰太陽"五字）。其餘卦曰少陰少陽，謂臣下也。并力雜卦氣干消息也（干，殿本作"于"）。【今注】案，《漢書考正》宋祁以爲顏注文當作"息卦曰太陽，消卦曰太陰"。沈欽韓《漢書疏證》據《易緯稽覽圖》鄭玄注"太陰謂消也，從否卦至臨爲太陰，雜卦九三爲少陽之效，雜卦九三行於太陰之中，效微溫一辰，其餘皆當隨太陰爲寒，其陰效也。太陽謂息也，從泰卦至遯爲太陽，雜卦六三行於太陽之中，效微寒一辰，其餘皆當隨太陽爲溫。效盡六日七分也"，以爲孟注"消""息"字互倒。王先謙《漢書補注》引葉德輝據《周易·說卦傳》"數往者順，知來者逆"，虞翻注"坤消從午至亥，上下故順也。乾息從子至巳，下上故逆也"，又九家注泰卦曰"陽息而升，陰消而降。陽稱息者，起復終巽。陰言消者，起姤終乾"，以爲息爲"陽"消爲"陰"，合之則爲"辟"。鄭氏注《易緯乾鑿度》曰"辟，天子也"，即本京氏之學。

[5]【今注】案，王先謙《漢書補注》曰："守王鳳欲因以白見而未能。"楊樹達《漢書窺管》引本書卷九七上《外戚傳上》"數守大將軍光，爲丁外人求侯"顏注云："守，求請之。"又引《後漢書》卷二三《竇融傳》"於是日往守萌，圖出河西"李注云"守猶求也"，以爲諸"守"字義同。　鳳：王鳳。字孝卿，西漢

東平陵（今山東濟南市東）人。王禁子，妹爲漢元帝皇后王政君。初爲衞尉，襲父爵陽平侯。成帝即位，以外戚爲大司馬大將軍，領尚書事。輔政十一年。

[6]【今注】案，白鷺洲本、大德本、殿本"己卯"前有"至"字。

[7]【顏注】師古曰：言權臣蔽主之明，故己出爲郡守也。

[8]【今注】案，白鷺洲本、大德本、殿本"恐"後有"必"字。

[9]【今注】案，王先謙《漢書補注》引《資治通鑑》胡三省注曰："言蒙帝憐哀而許之。"

[10]【顏注】張晏曰：晉卦、解卦也。太陽侵色，謂大壯也。【今注】太陽侵色：《漢書考正》劉攽曰："蒙氣起而太陽侵色，則太陽指日也。大壯、解卦可云太陽，而非所侵色也。"錢大昕《廿二史考異·漢書三》曰："以《三統術》推，是年二月二十四日丁亥春分。其前六日辛巳，正當晉卦用事之始，而蒙氣乘之。春分後解卦用事。又六日七分而大壯乃用事，則三月癸巳朔也。大壯消息卦，晉、解皆雜卦。"沈欽韓《漢書疏證》以爲下文云"太陽色日月相薄"，則非大壯卦，劉氏所正是。

[11]【顏注】師古曰：覆，掩蔽也。【今注】案，沈欽韓《漢書疏證》引《乾鑿度》"初爲元士，二爲大夫，三爲公，四爲諸侯，五爲天子，上爲宗廟"，又引《後漢書》卷三〇下《郎顗傳》"《易中孚傳》曰'陽感天，不旋日'"鄭注"陽者，天子"，以爲此言"覆陽"，是以二乘五，大夫蒙蔽天子之象。"上"疑當作"二"。《稽覽圖》注："邪臣謀覆冒其君，先霧從夜昏起，或從夜半，或從平旦。君不覺悟，日中不解，遂成蒙；君復不覺悟，下爲霧也。"

　　房未發，上令陽平侯鳳承制詔房，止無乘傳奏事。[1]房意愈恐，去至新豐，[2]因郵上封事[3]曰："臣前以六月中言遯卦不效，法曰：'道人始去，寒，涌水爲災。'[4]至其七月，涌水出。臣弟子姚平謂臣曰：'房可謂知道，未可謂信道也。房言災異，未嘗不中，涌水已出，[5]道人當逐死，尚復何言？'臣曰：'陛下至仁，於臣尤厚，雖言而死，臣猶言也。'[6]平又曰：'房可謂小忠，未可謂大忠也。[7]昔秦時趙高用事，有正先者，非刺高而死，[8]高威自此成，故秦之亂，正先趣之。'[9]今臣得出守郡，自詭效功，[10]恐未效而死。惟陛下毋使臣塞涌水之異，[11]當正先之死，爲姚平所笑。"

[1]【今注】案，房止，王念孫《讀書雜志・漢書第十二》以爲當依《漢紀》作"止房"。二字倒轉，文義不順。

[2]【今注】新豐：縣名。治所在今陝西西安市臨潼區新豐鎮沙河村南。高帝起自豐縣（今江蘇豐縣），入都關中之後，爲解太上皇思鄉之苦，依照豐縣故里格局改造驪邑，並將豐縣故人遷入，遂改其名爲"新豐"。

[3]【顏注】師古曰：郵，行書者也，若今傳送文書矣。郵，音"尤"。

[4]【顏注】師古曰：道人，有道術之人也。天氣寒而又有水涌出也。【今注】道人：王先謙《漢書補注》引葉德輝補證引《易緯稽覽圖》"有實無貌，詘，道人也；有貌無實，佞人也"，鄭注云："有寒溫，無貌濁清靜，此賢者詘仕于不肖君也；有貌濁清靜，無寒溫，此佞人以便巧仕于世也。"又郎顗上便宜七事，引《易傳》曰："有貌無實，佞人也；有實無貌，道人也。寒溫爲實，清濁爲貌。"

[5]【今注】案，白鷺洲本、大德本、殿本"涌水"前有

"今"字。

[6]【顔注】師古曰：自云不避死也。

[7]【今注】案，王先謙《漢書補注》引《資治通鑑》胡三省注："小忠，謂以諫殺身，而無益於國。大忠，謂諫行言聽，而身與國同休也。"

[8]【顔注】孟康曰：姓正名先，秦博士也。

[9]【顔注】師古曰："趣"讀曰"促"。

[10]【顔注】師古曰：詭，責也。自以爲憂責也。

[11]【顔注】師古曰：塞亦當也。

　　房至陝，復上封事[1]曰："乃丙戌小雨，丁亥蒙氣去，[2]然少陰并力而乘消息，戊子益甚，到五十分，蒙氣復起。[3]此陛下欲正消息，雜卦之黨并力而爭，消息之氣不勝。彊弱安危之機不可不察。己丑夜，有還風，盡辛卯，[4]太陽復侵色，至癸巳，日月相薄，[5]此邪陰同力而太陽爲之疑也。臣前白九年不改，必有星亡之異。[6]臣願出任良試考功，臣得居內，星亡之異可去。議者知如此於身不利，臣不可蔽，[7]故云使弟子不若試師。[8]臣爲刺史又當奏事，故復云爲刺史恐太守不與同心，不若以爲太守，此其所以隔絶臣也。陛下不違其言而遂聽之，此迺蒙氣所以不解，太陽亡色者也。臣去朝稍遠，太陽侵色益甚，唯陛下毋難還臣而易逆天意。[9]邪說雖安于人，天氣必變，[10]故人可欺，天不可欺也。願陛下察焉。"房去月餘，竟徵下獄。

[1]【顔注】師古曰：陝，弘農之縣也，音式冉反。【今注】

陝：縣名。治所在今河南三門峽市西。

[2]【今注】案，錢大昕《廿二史考異·漢書三》曰：“丙戌，四月二十四日。其明日丁亥，直小滿，小畜卦用事，亦雜卦也。”

[3]【顏注】孟康曰：分一日為八十分，分起夜半，是為戊子之日日在巳西而蒙也。蒙常以晨夜，今向中而蒙起，是臣黨盛君不勝也。

[4]【顏注】孟康曰：諸卦氣以寒溫不效後九十一日為還風。還風，暴風也。風為教令，言正令還也。【今注】案，錢大昕《廿二史考異·漢書三》曰：“己丑，四月二十七日；辛卯，二十九日。”王先謙《漢書補注》引葉德輝補證引《易緯稽覽圖》“還風者，善令還也”，鄭注：“還，暴也。君出善令，君弱臣強，還而不行，陽氣逆積，不以時降，後得同類并下，故暴也。故曰令還也。”

[5]【顏注】孟康曰：《京房傳》曰：“雖非日月同宿之時，陰道盛，猶上薄日光如此，但日無光不食也。”【今注】案，錢大昕《廿二史考異·漢書三》曰：“癸巳五月二日，正當乾卦用事之始而有相薄之異，故云‘邪陰同力而太陽為之疑也’。”

[6]【顏注】張晏曰：九，陽數之極也。孟康曰：晝食為既，夜食為盡，而星亡為星不見也。【今注】案，王先謙《漢書補注》引葉德輝補證引《易緯稽覽圖》“晝則為蝕既，暮則為星亡之蝕”，鄭注：“晝不蝕既，暮不星亡，不能成災，為異而已矣。”

[7]【今注】案，王先謙《漢書補注》曰：“議者，謂顯等。房居內不可隔蔽，則於顯等不利。”

[8]【今注】案，王先謙《漢書補注》曰：“弟子，謂良。師，房自謂。”

[9]【顏注】師古曰：易，輕也。音弋豉反（豉，殿本作“豉”）。

[10]【今注】案，王先謙《漢書補注》引《資治通鑑》胡三省注：“言人君雖安其邪說而不之覺，天氣必為之變而失其常。”

　　初，淮陽憲王舅張博從房受學，[1]以女妻房。房與相親，每朝見，輒爲博道其語，[2]以爲上意欲用房議，而群臣惡其害己，故爲衆所排。博曰：“淮陽王上親弟，敏達好政，欲爲國忠。[3]今欲令王上書求入朝，得佐助房。”房曰：“得無不可？”[4]博曰：“前楚王朝薦士，何爲不可？”房曰：“中書令石顯、尚書令五鹿君相與合同，巧佞之人也，事縣官十餘年；[5]及丞相韋侯，皆久亡補於民，可謂亡功矣。[6]此尤不欲行考功者也。淮陽王即朝見，[7]勸上行考功，事善；不然，但言丞相、中書令任事久而不治，可休丞相，以御史大夫鄭弘代之，遷中書令置他官，以鉤盾令徐立代之，[8]如此，房考功事得施行矣。”博具從房記諸所説災異事，因令房爲淮陽王作求朝奏草，[9]皆持東與淮陽王。[10]石顯微司具知之，[11]以房親近，未敢言。及房出守郡，顯告房與張博通謀，非謗政治，歸惡天子，訬誤諸侯王，語在《憲王傳》。初，房見道幽厲事，出爲御史大夫鄭弘言之。房、博皆棄市，弘坐免爲庶人。[12]房本姓李，推律自定爲京氏，[13]死時年四十一。[14]

　　[1]【今注】淮陽憲王：即劉欽。傳見本書卷八〇。

　　[2]【顔注】師古曰：所與天子言，皆具説之。

　　[3]【顔注】師古曰：爲，于僞反（白鷺洲本、大德本“于”前有“音”字；殿本無此注）。

　　[4]【顔注】師古曰：恐不可也。

　　[5]【今注】縣官：指天子、朝廷。《史記》卷五七《絳侯周勃世家》司馬貞《索隱》：“縣官謂天子也。所以謂國家爲縣官者，

《夏官》王畿内縣即國都也。王者官天下，故曰縣官也。"楊振紅
認爲，以"縣官"稱天子、國家的制度始於秦始皇統一中國。意爲
秦從諸侯國君升格爲天子，成爲居住在縣内（王畿）統治天下的官
（參見楊振紅《"縣官"之由來與戰國秦漢時期的"天下"觀》，
《中國史研究》2019 年第 1 期）。

[6]【顏注】師古曰：韋玄成也。【今注】韋侯：韋玄成。傳
見本書卷七三。

[7]【今注】即：王先謙《漢書補注》引蘇輿以爲，猶若也。

[8]【今注】鉤盾令：漢置，屬少府。掌諸近池苑囿游觀之
處。俸六百石。有丞，屬官有永安丞、苑中丞、果丞、鴻池丞、南
園丞、濯龍監、直里監等。《續漢書·百官志三》："宦者。典諸近
池苑囿游觀之處。"

[9]【今注】案，別本"因"有作"固"者，王先謙《漢書
補注》引葉德輝指出，德藩本、閩本"固"作"因"。

[10]【今注】東：王先謙《漢書補注》引《資治通鑑》胡三
省注："淮陽國在關東。"案，《漢書考正》宋祁謂，"與"疑作
"予"，下文同。

[11]【今注】微司：微伺。暗中伺察。

[12]【今注】案，王先謙《漢書補注》引司馬光《通鑑考異》
云："《元紀》及《荀紀》京房死皆在建昭元年末。案，《房傳》二
月朔上封事，去月餘，徵下獄。《百官表》，八月癸亥，匡衡爲御史
大夫。房死必不在歲末也。紀不知月日，故繫之歲末耳。"

[13]【今注】案，沈欽韓《漢書疏證》引《白虎通·姓名
篇》："古者聖人，吹律定姓，以紀其族。人含五常而生正，聲有五
轉而相雜。五五二十五，轉生四時，異氣殊音，故姓有百也。"引
《太平御覽》卷三六二載《易是類謀》曰："黄帝吹律以定姓。"引
《國語·周語》"司商協民姓"，韋昭注云："司商，掌賜族受姓之
官。商金聲清，謂人姓吹律合定其姓名也。"王先謙《漢書補注》
引葉德輝曰，《合璧事類外集》引《古今姓纂》云，李姓徵音，京

姓角音。蓋徵、角微有清濁之別，故吹律重定之。

[14]【今注】案，周壽昌《漢書注校補》引《太平御覽》卷五載謝承《後漢書》"吳郡周敞師事京房。房爲石顯所譖，繫獄，謂敞'吾死後四十日，客星必入天市，即吾無辜之驗也。'房死後果如房言"以爲本書《五行志》元帝初元元年（前48）、二年俱有客星見。此在建昭以後，未書客星，不知何故。

　　翼奉字少君，東海下邳人也。[1]治《齊詩》，與蕭望之、匡衡同師。[2]三人經術皆明，衡爲後進，[3]望之施之政事，而奉惇學不仕，好律曆陰陽之占。元帝初即位，諸儒薦之，徵待詔宦者署，[4]數言事宴見，天子敬焉。時，平昌侯王臨以宣帝外屬侍中，[5]稱詔欲從奉學其術。奉不肯與言，而上封事。

　　[1]【今注】東海：郡名。治郯縣（今山東郯城縣西北）。下邳：縣名。治所在今江蘇邳州市南。

　　[2]【今注】同師：指后蒼。傳見本書卷八八。

　　[3]【今注】後進：後輩。

　　[4]【今注】待詔宦者署：在宦者署等候皇帝詔令，以備顧問。宦者署爲少府屬官宦者令的官署，在未央宮宮門。其署親近皇帝，故在此待詔實爲一種優待。待詔，官名。本是應皇帝徵召隨時待命以備諮詢顧問。因處所不同，有不同名稱。

　　[5]【今注】王臨：漢宣帝舅王無故孫。

　　曰："臣聞之於師，[1]治道要務，在知下之邪正。人誠鄉正，雖愚爲用；[2]若佞懷邪，知益爲害。[3]知下之術，在於六情十二律而已。[4]北方之情，好也；好行貪狼，申子主之。[5]東方之情，怒也；怒行陰賊，亥卯主之。[6]貪狼必待陰賊而後動，陰賊必待貪狼而後用，二陰並行，是以王者忌子卯也。《禮經》避之，《春秋》諱焉。[7]南方之情，惡也；惡行廉貞，寅午主之。[8]西方之情，喜也；喜行寬大，己酉主之。[9]二陽並行，是以王者吉午酉也。[10]《詩》曰：‘吉日庚午。’[11]上方之情，樂也；樂行姦邪，辰未主之。[12]下方之情，哀也；哀行公正，戌丑主之。[13]辰未屬陰，戌丑屬陽，萬物各以其類應。今陛下明聖虛静以待物至，萬事雖衆，何聞而不諭，[14]豈況乎執十二律而御六情！[15]於以知下參實，亦甚優矣，萬不失一，自然之道也。廼正月癸未日加申，有暴風從西南來。未主姦邪，申主貪狼，風以大陰下抵建前，是人主左右邪臣之氣。[16]平昌侯比三來見臣，皆以正辰加邪時。辰爲客，時爲主人。以律知人情，王者之祕道也，[17]愚臣誠不敢以語邪人。”

[1]【今注】案，王先謙《漢書補注》引葉德輝曰：“奉師后蒼。《藝文志》《詩》家有《齊后氏故》《后氏傳》，則此下師說皆后蒼《詩》説也。”

[2]【顏注】師古曰：“鄉”讀曰“嚮”。

[3]【今注】知：智。《漢書考正》宋祁以爲，“知”當讀作去聲。

[4]【今注】六情十二律：沈欽韓《漢書疏證》謂，《白虎通·性情》曰：“情所以六者何？人本含六律五行之氣而生，故内有五藏六府，此情性之所由出入也。”

[5]【顏注】孟康曰：北方水，水生於申，盛於子。水性觸地而行，觸物而潤，多所好故；多好則貪而無厭，故爲貪狼也（《漢書考正》宋祁以爲"故多好"，"多"字可删。可添四字，云"多所好，故爲好；多所好則貪而無厭，故爲貪狼"）。【今注】案，沈欽韓《漢書疏證》引《白虎通·性情》補證："好在北方。……北方陽氣始施，故好。"

[6]【顏注】孟康曰：東方木，木生於亥，盛于卯。木性受水氣而生，貫地而出，故爲怒；以陰氣賊害土，故爲陰賊也。【今注】案，沈欽韓《漢書疏證》引《白虎通·性情》補證："怒在東方。……東方萬物之生，故怒。"

[7]【顏注】李奇曰：北方陰也，卯又陰賊，故爲二陰，王者忌之，不舉樂。《春秋》《禮記》説皆同。賈氏説："桀以乙卯亡，紂以甲子喪，惡以爲戒。"張晏曰：子刑卯，卯刑子，相刑之日，故以爲忌。而云夏以乙卯亡，殷以甲子亡，不推湯武以興，此説非也。師古曰：儒者以爲子卯夏殷亡日，大失之矣。何儒亮以爲學者雖駮云（駮，殿本作"駁"，同），只取夏殷亡日，不論殷周之興，以爲大失，不博考其義。且天人之際，其理相符，有德者昌，無德者亡。以桀紂之暴虐，又遇惡日，其理必亡。以湯武之德，固先天而天不違，所謂德能消殃矣，豈殃能消德也！【今注】案，《漢書考正》劉攽云："'王者忌子卯'，陰陽家言'子卯相刑，午酉自刑'，若相刑可忌，自刑不可忌邪？言夏殷亡日是也。此聖人戒後世，使自儆爾。故當其日，稷食菜羹爲戒也，非以其日凶也。何説湯武興及德勝殃乎！今桀以丙辰滅，紂以乙丑亡，亦用辰丑爲疾日爾。"何焯《義門讀書記》卷一九曰："'忌子卯''吉午酉'相對而言。翼氏專主二陰二陽，與賈氏所云夏殷興亡異義。"王先謙《漢書補注》載葉德輝引《禮記·玉藻》"子卯稷食菜羹"，鄭注："忌日貶也。"《左傳》昭公九年："辰在子卯，謂之疾日。君徹宴樂，學人舍業，爲疾故也。"《禮記》疏引鄭衆注曰："五行子

卯自刑。"陸德明《經典釋文》引賈逵注曰"桀以乙卯日死,紂以甲子日亡,故以爲戒",以爲逵注即李奇引賈說也。當以子卯相刑之說爲長。子卯有亡,午酉固無興也。張、顔說皆非。

[8]【顔注】孟康曰:南方火,火性生於寅,盛於午。火性炎猛,無所容受,故爲惡;其氣精專嚴整,故爲廉貞。【今注】案,沈欽韓《漢書疏證》引《白虎通·性情》補證:"惡在南方。……南方陰氣始起,故惡。"

[9]【顔注】孟康曰:西方金,金生於巳,盛於酉。金之爲物,喜以利刃加於萬物,故爲喜;利刃所加,無不寬大,故曰寬大也。【今注】案,沈欽韓《漢書疏證》引《白虎通·性情》補證:"喜在西方。……西方萬物之成,故喜。"以爲此與董仲舒說"喜,春之答也;怒,秋之答也;樂,夏之答也;哀,冬之答也"又不同。

[10]【今注】案,錢大昭《漢書辨疑》以爲《穆天子傳》云"天子命吉日戊午",又云"吉日辛酉,天子升於昆侖之丘",與翼奉"吉午酉"之說合。

[11]【顔注】師古曰:《小雅·吉日》之詩也。其詩曰"吉日庚午,既差我馬",言以庚午之吉日簡擇車馬以出田也。

[12]【顔注】孟康曰:上方,謂北與東也。陽氣所萌生,故爲上。辰,窮水也。未,窮木也。翼氏《風角》曰"木落歸本,水流歸末",故木利在亥,水利在辰,盛衰各得其所,故樂也。水窮則無隙不入,木上出,窮則旁行,故爲姦邪(錢大昕《廿二史考異·漢書三》以爲"利"當作"刑"。木刑於亥,水刑於辰,火刑於午,金刑於酉,五行家所謂自刑也。亥爲木之生方,故云本;辰爲水之死方,故云末。王先謙《漢書補注》引葉德輝以爲"木利在亥,水利在辰",當云"木刑在亥,水刑在辰"。蕭吉《五行大義》引翼氏說正如此。據《風角》"木落歸本",亥、卯、未,木之本位,是歸本。木亥、水辰皆自刑)。

[13]【顏注】孟康曰：下方，謂南與西也。陰氣所萌生，故爲下。戌，窮火也。丑，窮金也。翼氏《風角》曰“金剛火彊，各歸其鄉”，故火刑於午，金刑千酉（千，白鷺洲本作“于”，大德本、殿本作“於”）。酉午，金火之盛也。盛時而受刑，至窮無所歸，故曰哀也。火性無所私，金性方剛，故曰公正。

[14]【顏注】師古曰：諭，謂曉解之。

[15]【今注】豈況：王先謙《漢書補注》以爲即況。

[16]【顏注】張晏曰：初元二年，歲在甲戌，正月二十二日癸未也，太陰在太歲後。孟康曰：時太陰在未，月建在寅，風從未下至寅南也。建爲主氣，太陰臣氣也，加主氣，是人主左右邪臣驗也。晉灼曰：癸未日風，未辰也，時加申。張說是也。【今注】大陰：吳仁傑《兩漢刊誤補遺》據本書卷八七上《揚雄傳上》“詔招搖與泰陰分”，張晏曰：“太陰，歲後二辰也。”翼奉初元二年（前47）奏封事云“今年太陰建於甲戌”，則是年甲戌歲。四年上疏云“如因丙子孟夏，順太陰以東行”，則是年丙子歲。以奉言推之，太陰即太歲，其說出《淮南子》。孟康乃云“太陰在甲戌，則太歲在子”，張晏亦曰“丙子太陰在甲戌”，是誤以太歲之外別有太陰，且並二年所上疏爲四年事。荀悅《漢紀》又誤以四年所上疏並列於二年。王念孫《讀書雜志·漢書第十二》引王引之以爲此太陰謂太歲。奉上封事在初元元年，元年太歲在癸酉，酉在西方，未與申皆在西南。風從西南來，則在未申之交而當酉下，故曰太陰下。孟康誤以歲後二辰之太陰說之，以爲是年太歲在酉，則太陰後二辰而在未。若此，則未即在西南，風從西南來，正當太陰，不得謂之太陰下。張晏又誤以元年事爲二年事，其意蓋謂太歲在戌，則太陰後二辰而在申，欲以牽合正文之日加申，而忘奉上封事在元年癸酉，其失太甚。太歲亦名太陰，與歲後二辰之太陰迥異。案，大德本、殿本“氣”後有“也”字。

[17]【顏注】張晏曰：平昌侯欲依上來學，爲時邪也。風日

加申（申，白鷺洲本作“甲”），申知祕道也。孟康曰：謂乙丑
之日也。丑爲正日，加未而來爲邪時。晉灼曰：奉以未爲邪時，
占知平昌侯爲邪人，此當言“皆以邪辰加邪時”，字誤作“正”
耳。下言“大邪之見”，辰時俱邪是也。翼氏曰“五行動爲五音，
四刑散爲十二律（刑，大德本、殿本作“時”；十二，大德本作
“十一”）”也。

上以奉爲中郎，召問奉：“來者以善日邪時，孰與
邪日善時？”[1]奉對曰：“師法用辰不用日。[2]辰爲客，
時爲主人。見於明主，侍者爲主人。[3]辰正時邪，見者
正，侍者邪；辰邪時正，見者邪，侍者正。忠正之見，
侍者雖邪，辰時俱正；[4]大邪之見，侍者雖正，辰時俱
邪。[5]即以自知侍者之邪，而時邪辰正，見者反邪；[6]
即以自知侍者之正，而時正辰邪，見者反正。[7]辰爲常
事，時爲一行。[8]辰疏而時精，其效同功，必三五觀
之，[9]然後可知。故曰：察其所繇，省其進退，[10]參之
六合五行，則可以見人性，知人情。難用外察，從中
甚明，故《詩》之爲學，情性而已。五性不相害，六
情更興廢。[11]觀性以歷，[12]觀情以律，[13]明主所宜獨
用，難與二人共也。故曰：‘顯諸仁，臧諸用。’[14]露
之則不神，獨行則自然矣，唯奉能用之，學者莫
能行。”

　　[1]【今注】與：王先謙《漢書補注》以爲猶如也。
　　[2]【顏注】孟康曰：假令甲子日，子爲辰，甲爲日，用子
不用甲也。

[3]【顏注】張晏曰：禮，君燕見臣，則使臣爲主人，故侍者爲主人。

[4]【顏注】孟康曰：大正厭小邪也。凡辰時屬南與西爲正，北與東爲邪。晉灼曰：以上占推之，南方巳午、西方酉戌、東北寅丑爲正，西南申未、北方亥子、東方辰卯爲邪。

[5]【顏注】孟康曰：大邪厭小正也。

[6]【顏注】孟康曰：凡占以見者爲本。今自知侍者邪，而時復邪，則邪無所施，故屬見者。晉灼曰：上言忠正客見（忠正，白鷺洲本作"中正"），侍者雖邪，辰時俱正，然則小邪屬主人矣。何以知之，見者以大正來反我小邪故也。

[7]【顏注】孟康曰：己自知侍者正，而時復正，則正無所施。辰雖邪，而見者更正也。晉灼曰：上言大邪客見，侍者雖正，辰時俱邪，然則小正屬主人矣。以此法占之，即以自知主人之正，而時正辰邪矣。何以知之？見者以大邪來反我小正故也。

[8]【顏注】孟康曰：假令甲子日，則一日一夜爲子。時，十二時也。日加之，行過也。

[9]【今注】三五：同"參伍"，交互錯雜。王先謙《漢書補注》以爲本書"伍"多作"五"。三，大德本、殿本作"參"。

[10]【顏注】師古曰："繇"與"由"同。

[11]【顏注】師古曰：更，工衡反（白鷺洲本、大德本、殿本"工"前有"音"字）。【今注】案，《漢書考正》宋祁疑"興"當作"與"字。

[12]【顏注】張晏曰：性，謂五行也。歷，謂日也。晉灼曰：翼氏《五性》：肝性靜，靜行仁，甲己主之；心性躁，躁行禮，丙辛主之；脾性力，力行信，戊癸主之；肺性堅，堅行義，乙庚主之；腎性智，智行敬，丁壬主之也。【今注】案，沈欽韓《漢書疏證》引《白虎通·性情》曰："五藏，肝仁、肺義、心禮、腎智、脾信也。"其以日配之，又可參見《素問·天元》諸論。王

先謙《漢書補注》引葉德輝據《禮記·中庸》鄭玄注："木神則仁，金神則義，火神則禮，水神則信，土神則智。"蕭吉《五行大義》云與《詩緯》同。《白虎通·性情》引《春秋元命苞》云："肝者木之精，心者火之精，脾者土之精，肺者金之精，腎者水之精。"與鄭氏《禮注》及《詩緯》説異。又《易緯乾鑿度》云："北方陰氣形盛，陽氣含閉，信之類也，故北方爲信。中央所以繩四方行也，智之決也，故中央爲智。"是緯書傳授不同。

[13]【顏注】張晏曰：情，謂廉貞、寬大、公正、姦邪、陰賊、貪狼也。律，十二律也。【今注】案，王先謙《漢書補注》引葉德輝據《初學記》引《樂緯》云："六律，黃鐘十一月，太蔟正月，姑洗三月，蕤賓五月，夷則七月，無射九月。六呂，大呂十二月，夾鐘二月，仲呂四月，林鐘六月，南呂八月，應鐘十月。陽爲律，陰爲呂，總謂之十二月律。"是十二律即十二支，即上云某方之情某支主之。

[14]【顏注】師古曰：《易·上繫》之辭也。道周萬物，故曰"顯諸仁"；日用不知，故曰"藏諸用"也。

　　是歲，關東大水，郡國十一飢，[1]疫尤甚。上廼下詔江海陂湖園池屬少府者以假貧民，[2]勿租税；損大官膳，[3]減樂府員，[4]省苑馬，[5]諸宮館稀御幸者勿繕治；太僕少府減食穀馬，[6]水衡省食肉獸。[7]明年二月戊午，地震。其夏，齊地人相食。七月己酉，[8]地復震。

[1]【今注】案，飢，殿本作"饑"，同。

[2]【今注】少府：秦漢置。掌山海池澤之稅及皇帝飲食起居等，爲皇帝私府，位列九卿。秩中二千石。

[3]【今注】大官：官署名。或作"太官"。戰國秦置，秦漢沿置，掌宮廷膳食。屬少府。

[4]【今注】樂府：官署名。長官爲樂府令，掌管理音樂。

[5]【今注】案，馬，大德本、殿本作"匾"。王念孫《讀書雜志·漢書第十二》以爲作"苑馬"是。本書卷九《元紀》云"初元元年六月，令大官損膳，減樂府員，省苑馬"，是其證。

[6]【今注】太僕：官署名。長官太僕。周置，秦、漢沿置。掌皇帝專用車馬，兼管官府畜牧業。列位九卿，秩中二千石。

[7]【今注】水衡：官署名。主上林，長官爲水衡都尉。凡上林諸機構、庫藏，離宮禁苑農田水池禽獸及供宗廟用牲，均歸其職掌。武帝時禁郡國鑄錢，專令其屬官上林三官鑄錢。與少府並掌帝室財政。少府掌禁錢。水衡都尉有鍾官、辯銅令丞，掌鑄錢。

[8]【今注】案，錢大昕《廿二史考異·漢書三》以爲，以《三統術》推，初元二年（前47）七月己未朔，無己酉日，恐是"乙酉"之誤。

上曰："蓋聞賢聖在位，陰陽和，風雨時，日月光，星辰静，黎庶康寧，考終厥命。[1]今朕共承天地，託于公侯之上，明不能燭，德不能綏，災異並臻，連年不息。乃二月戊午，地大震于隴西郡，[2]毁落太上廟殿壁木飾，[3]壞敗豲道縣[4]城郭官寺及民室屋，[5]厭殺人衆，山崩地裂，水泉涌出。一年地再動，天惟降災，震驚朕躬。[6]治有大虧，咎至於此。夙夜兢兢，不通大變，深懷鬱悼，未知其序。比年不登，元元困乏，不勝飢寒，以陷刑辟，朕甚閔焉。憯怛於心。[7]已詔吏虚倉廩，開府臧，振捄貧民。[8]群司其茂思天地之戒，[9]有可蠲除減省以便萬姓者，各條奏。悉意陳朕過失，靡有所諱。"[10]因赦天下，舉直言極諫之士。[11]奉奏封事曰：

[1]【今注】考終厥命：享盡天年。《尚書·洪範》：“五曰考終命。”孔傳：“各成其短長之命以自終，不橫夭。”

[2]【今注】隴西郡：治狄道縣（今甘肅臨洮縣）。

[3]【今注】案，王先謙《漢書補注》以爲，此及《元紀》皆作“太上皇廟”。然隴西郡非諸侯王國都，有太上皇廟與《高紀》《韋元成傳》不合，當闕疑。楊樹達《漢書窺管》按，《元紀》作“太上皇廟”，此脱“皇”字。景祐本亦脱“皇”字。

[4]【顔注】師古曰：獂，音“桓”。【今注】獂道縣：縣道名。治所在今甘肅隴西縣東南。《漢書考正》劉奉世指出有蠻夷曰“道”，稱“道”則不稱“縣”，此“縣”字衍。《漢書考正》陽夏公據本書《地理志》認爲獂道乃天水部十六縣之一。表云“列侯所食縣曰國，皇太后、公主所食曰邑，有蠻夷曰道”，但道、國、邑皆可謂之“縣”。

[5]【今注】案，王先謙《漢書補注》以爲“壞”至此十三字爲句，顔誤讀。

[6]【今注】案，朕躬，王先謙《漢書補注》以爲《元紀》作“朕師”，是。

[7]【顔注】師古曰：憯，千感反（白鷺洲本、大德本、殿本“千”前有“音”字）。【今注】案，王先謙《漢書補注》指出本書卷九《元紀》“憯”作“憯”，字同。

[8]【顔注】師古曰：捄，古“救”字。

[9]【顔注】師古曰：茂，勉也。

[10]【顔注】師古曰：悉，盡也。

[11]【今注】案，錢大昕《廿二史考異·漢書三》以爲《元帝紀》初元二年三月詔書“舉茂材異等直言極諫之士”，文與此略同；其七月又有詔書，却無舉直言極諫事。此傳誤合兩詔爲一，因添“一年地再動”之語。王先謙《漢書補注》以爲錢説合兩詔爲一，是。“一年中地再動”乃後詔語，非班固所增。

　　臣聞之於師曰，天地設位，懸日月，布星辰，分陰陽，定四時，列五行，以視聖人，名之曰道。[1]聖人見道，然後知王治之象，故畫州土，建君臣，立律曆，陳成敗，以視賢者，名之曰經。賢者見經，然後知人道之務，則《詩》《書》《易》《春秋》《禮》《樂》是也。《易》有陰陽，《詩》有五際，[2]《春秋》有災異，皆列終始，推得失，考天心，以言王道之安危。[3]至秦乃不説，傷之以法，[4]是以大道不通，至於滅亡。今陛下明聖，深懷要道，燭臨萬方，[5]布德流惠，靡有闕遺。罷省不急之用，振救困貧，賦醫藥，賜棺錢，[6]恩澤甚厚。又舉直言，求過失，盛德純備，天下幸甚。

[1]【顔注】師古曰："視"讀曰"示"。下亦類此（殿本無"亦"字）。

[2]【顔注】應劭曰：君臣、父子、兄弟、夫婦、朋友也。孟康曰：《詩内傳》曰："五際，卯、酉、午、戌、亥也（戌，殿本作"戊"）。陰陽終始際會之歲，於此則有變改之政也。"【今注】五際：《漢書考證》齊召南據孔穎達《毛詩正義》云："鄭玄《六藝論》引《春秋緯孔演圖》云：'《詩》含五際六情。'"陳直《漢書新證》曰："孟注所引蓋爲《齊詩内傳》。"

[3]【今注】案，王先謙《漢書補注》引葉德輝曰："列終始，謂列其事之終始。推得失，謂推其事之得失。《五行志》言《春秋》某災應某事皆是，則又左氏家説也。奉諸奏言《春秋》或主《左傳》，以其師后蒼傳左氏學故也。"

[4]【顔注】師古曰：説，音"悦"。言不悦《詩》《書》而

以文法傷文學之人也。

[6]【顏注】師古曰：賦，謂分給之。

　　臣奉竊學《齊詩》，聞五際之要《十月之交篇》，[1]知日蝕地震之效昭然可明，猶巢居知風，穴處知雨，[2]亦不足多，適所習耳。臣聞人氣內逆，則感動天地；天變見於星氣日蝕，地變見於奇物震動。所以然者，陽用其精，陰用其形，猶人之有五藏六體，五藏象天，六體象地。故藏病則氣色發於面，體病則欠申動於貌。今年太陰建於甲戌，[3]律以庚寅初用事，曆以甲午從春。[4]曆中甲庚，律得參陽，性中仁義，情得公正貞廉，[5]百年之精歲也。正以精歲，本首王位，[6]日臨中時接律而地大震，其後連月久陰，雖有大令，猶不能復，[7]陰氣盛矣。古者朝廷必有同姓以明親親，必有異姓以明賢賢，此聖王之所以大通天下也。同姓親而易進，異姓疏而難通，故同姓一，異姓五，迺爲平均。今左右亡同姓，獨以舅后之家爲親，異姓之臣又疏。[8]二后之黨滿朝，非特處位，執尤奢僭過度，呂、霍、上官足以卜之，甚非愛人之道，又非後嗣之長策也。陰氣之盛，不亦宜乎！臣又聞未央、建章、甘泉宮才人各以百數，[9]皆不得天性。[10]若杜陵園，[11]其已御見者，臣子不敢有言，雖然，太皇太后之事也。及諸侯王國，[12]與其後宮，宜爲設員，出其過制者，[13]此損陰氣應天救邪之道也。今異至不應，災將隨之。其法大水，[14]極陰生陽，反爲大旱，甚則有火災，《春秋》宋伯姬是矣。[15]唯陛下財察。[16]

[1]【顏注】師古曰：《小雅》篇名也。【今注】五際之要十月之交篇：沈欽韓《漢書疏證》引《後漢書》卷三〇《郎顗傳》曰：“《詩氾歷樞》曰：‘卯酉爲革政，午亥爲革命，神在天門，出入候聽。’”李賢注引宋均曰：“天門，戌亥之閒。”李賢注前引《詩氾歷樞》曰：“凡推其數皆從亥之仲起，此天地所定位，陰陽氣周而復始，萬物死而復蘇，大統之始。”又孔穎達《毛詩正義》引《氾歷樞》曰：“卯，《天保》也；酉，《祈父》也；午，《采芑》也。亥，《大明》也。然則亥爲革命，一際也；辰又爲天門，出入候聽，二際也；卯爲陰陽交際，三際也；午爲陽謝陰興，四際也；酉爲陰盛陽微，五際也。”沈欽韓以爲翼奉所陳五際，連《十月之交》言之，是據卯爲陰陽交際。鄭玄《毛詩箋》云：“八月朔日，日月交會而日食，陰侵陽，臣侵君之象。日辰之義，日爲君，辰爲臣。辛，金也；卯，木也。又以卯侵辛，故甚惡之。”孔穎達《毛詩正義》引《推度災》曰：“辛者，正秋之王氣；卯者，正春之臣位。日爲君，辰爲臣。八月之日，交卯食辛。辛之爲君，幼弱而不明；卯之爲臣，秉權而爲政。故辛之言新，陰氣盛而陽微，生其君幼弱而任卯臣也。”此《推度災》爲鄭玄所據，釋此詩爲周之十月，與翼奉言卯行陰賊正合。王先謙《漢書補注》引蘇輿以爲初元二年（前67），歲在甲戌，後人因據此以《十月之交篇》爲戌際。其詩云“日有食之”，又曰“百川沸騰，山冢崒崩”，故下云“知日蝕地震之效”。

[2]【顏注】師古曰：巢居，烏鵲之屬也。穴處，狐狸之類也。【今注】案，沈欽韓《漢書疏證》指出，“爰居知風”，見《國語·魯語》。今《毛詩傳》有“將陰雨，則穴處先知之矣”之語，

可與此文相印證。

[3]【今注】案，錢大昕《廿二史考異・漢書三》曰："古法太陰與太歲不同。奉上封事在初元二年，以今法推之，太歲正在甲戌，蓋以太歲爲太陰實自奉始矣。漢初言太歲者，皆用超辰之法，故太初之元，歲在丙子。依此下推，初元二年，歲當在癸酉。而云甲戌者，以《三統歲術》計之，太初元年，歲星在婺女六度，已是星紀之末，則太歲亦在丙子之末，太歲與歲星每年多行一分，至太始二年，歲星已度壽星而入大火，太歲亦超乙酉而在丙戌矣，故算至初元二年，太歲得在甲戌也。"王念孫《讀書雜志・漢書第十二》引王引之曰："錢以太初元年歲在丙子，下推初元二年當在癸酉，故以甲戌爲超辰。不知太初以前，皆以十月爲歲首而終於九月，自太初元年五月改曆，二年以後遂以正月爲歲首。故元年九月以後獨多亥子丑三月，凡十五月。前三月爲丙子年之冬，歲星以建子之月與日同次於丑宮星紀，故太歲應之而在子。後十二月爲丁丑年之春夏秋冬，歲星以建丑之月與日同次於子宮玄枵，故太歲應之而在丑，蔡邕《曆議》所謂太初元用丁丑也。由丁丑下推五十七年而至初元二年，太歲實在甲戌，何待超辰而後爲甲戌乎？太歲超辰之法始於劉歆《三統曆》，而前此無之，不得云漢初言太歲者皆用超辰之法。超辰之期必待百四十四年。自太初元年距初元二年纔五十七年，未及超辰之期，亦不得以爲太歲超辰。且太陰爲太歲之一名。太歲建辰有二法，或應歲星與日隔次而晨見之月，或應歲星與日同次之月，而皆謂之太歲，亦皆謂之太陰，又不得分太陰、太歲爲二也。"

[4]【顏注】孟康曰：太陰在甲戌，則太歲在子。十一月庚寅日，黃鍾律初起用事也。【今注】案，吳仁傑《兩漢刊誤補遺》以爲，翼奉先上封事論暴風，在初元元年，歲在癸酉。次年封事論地震，是初元二年。孟康以後一事爲初元四年，誤。錢大昕《廿二史考異・漢書三》曰："推律自歲前十一月始，依《三統術》推得

初元二年天正癸亥朔，冬至與朔同日，庚寅則月之二十八日也。冬至日黃鍾律始用事，孟云庚寅日黃鍾律初起用事，其法未詳也。又以《三統術》推是年二月四日甲午春分，故云'曆以甲午從春'。又注，案太陰在戌，太歲當在申，孟說非也。"王念孫《讀書雜志·漢書第十二》引王引之曰："此（孟）誤以歲後之太陰當之也。太陰有二：一爲主歲之太陰，即太歲之別名，《淮南·天文篇》所言'太陰在寅'之屬是也；一爲歲後二辰之太陰，張晏注《揚雄傳》曰'太陰，歲後二辰'，今陰陽家所謂歲后也。太初元年，歲在丁丑，五十七年而至初元二年，太歲在甲戌矣。太歲一名太陰，故曰'今年太陰建於甲戌'，其爲主歲之太陰明甚。若以爲歲後二辰之太陰，則太歲在戌，太陰當在申，不得言太陰建於甲戌矣。且是年太歲在戌，而以爲在子，可乎？孟說失之。錢氏謂太陰在戌，太歲當在申，其說亦誤。太陰建於甲戌，即指太歲言之，又豈有在申之太歲乎？"

[5]【顏注】張晏曰：甲庚皆三陽。甲在東方爲仁，庚在西方爲義。戌爲公正，寅午爲廉貞。晉灼曰：木數三。寅在東方，木位之始，故曰參陽也。師古曰：中，音竹仲反。

[6]【顏注】張晏曰：春也。

[7]【顏注】師古曰：大令，謂虛倉廩，開府庫之屬也。復，補也，音扶目反。

[8]【今注】異姓之臣：吳仁傑《兩漢刊誤補遺》卷七據本書卷八六《何武傳》"不宜令異姓大臣持權"顏師古注"異姓，謂非宗室及外戚"及《周禮·司儀》"土揖庶姓，時揖異姓，天揖同姓"以爲同姓謂宗族，異姓謂婚姻甥舅，庶姓則非宗族、非婚姻甥舅者。翼奉乃以外戚爲非異姓，顏注之誤本此。沈欽韓《漢書疏證》據鄭玄"異姓，婚姻也"以爲前言"異姓五"者，指姑姊妹女子子之家及母妻之黨，禮之內宗外宗皆是。翼奉意以異姓五當同姓一，錯雜用之，無偏重之患，故下云"獨以舅后之家爲親"，是

單指母親之黨。

[9]【今注】未央：未央宮。漢高祖七年（前200），蕭何主持興建。遺址在今陝西西安市西北漢長安故城內西南隅。 建章：建章宮。故址在今陝西西安市漢長安故城西。 甘泉宮：在今陝西淳化縣西北甘泉山。一名雲陽宮。 才人：宮中女官。陳直《漢書新證》以爲班固《西都賦》云"窈窕繁華，更盛迭貴，處乎其內者，蓋以百數"與本文正合。本書《藝文志》作"未央材人"。

[10]【顏注】師古曰：言絕男女之好也。

[11]【今注】杜陵：漢宣帝陵墓，在今陝西西安市雁塔區曲江街道辦事處三兆村西北。

[12]【今注】案，國，大德本、殿本作"園"。

[13]【今注】案，何焯《義門讀書記》卷一九曰："貢禹以前，翼奉先言之，以太皇太后詔放先帝園宮人，處置亦得體。按《成帝紀》永始四年，京師火災屢降，出杜陵諸未嘗御者歸家，去奉奏封事時初元二年已三十五年矣。"

[14]【今注】案，王先謙《漢書補注》謂，本書《五行志》言其法云云者下皆有"爲"字。《荀紀》作"其法爲大水"，與下"爲大旱"相應，是也。此"大水"上脫"爲"字。

[15]【顏注】師古曰：伯姬，魯成公女，宋恭公之夫人也。幽居守寡，既久而遇火災，極陰生陽也。【今注】案，王先謙《漢書補注》引葉德輝指出此是《春秋》襄公三十年事。又《公羊》何休注云："伯姬守禮，含悲極思之所生。"《穀梁傳》云："婦人以貞爲行，詳其事，賢伯姬也。"《左傳》云："君子謂宋共姬女而不婦。女待人，婦義事也。"本書《五行志上》："董仲舒以爲伯姬如宋五年，宋共公卒，伯姬憂居守節三十餘年，又憂傷國家之患禍，積陰生陽，故火生災也。劉向以爲先是宋公聽讒而殺太子痤，應火不炎上之罰也。"經傳及諸說不同。《公羊傳》無明文，則何休、董仲舒所據是《公羊》師說，其義略同。劉向《列女傳》則云

"《春秋》詳録其事，爲賢伯姬，以爲婦人以貞爲行者也"，此從《穀梁》説，而與《五行志》異。翼奉本《公羊》家説。

[16]【顏注】師古曰："財"與"裁"同。

明年夏四月乙未，孝武園白鶴館災。[1]奉自以爲中，上疏曰："臣前上五際地震之效，曰極陰生陽，恐有火災。不合明聽，未見省荅，臣竊内不自信。今白鶴館以四月乙未，時加於卯，月宿亢災，[2]與前地震同法。臣奉迺深知道之可信也。不勝拳拳，願復賜間，卒其終始。"[3]上復延問以得失。奉以爲祭天地於雲陽汾陰，[4]及諸寢廟不以親疏迭毀，皆煩費，違古制。又宫室苑囿，奢泰難供，以故民困國虚，亡累年之畜。所繇來久，[5]不改其本，難以末正，迺上疏曰：

[1]【今注】孝武園：茂陵。漢武帝陵墓，位於今陝西興平市東北。陳直《漢書新證》按，白鶴館與《霍光傳》之昭靈、承恩兩館，同在茂陵寢園之内。案，大德本、殿本無"災"字。

[2]【今注】亢：星官名。二十八宿之一，東方蒼龍七宿的第二宿。有星四顆，在室女星座中。

[3]【顏注】師古曰：間，空隙也。卒，盡也。【今注】終始：始末。

[4]【今注】雲陽：縣名。治所在今陝西淳化縣西北。　汾陰：縣名。治所在今山西萬榮縣西南。

[5]【顏注】師古曰："畜"讀曰"蓄"（後"畜"，白鷺洲本、大德本、殿本作"蓄"，是）。"繇"與"由"同（白鷺洲本、殿本"與"前有"讀"字）。

臣聞昔者盤庚改邑以興殷道，聖人美之。[1]竊聞漢德隆盛，在於孝文皇帝躬行節儉，外省繇役。其時未有甘泉、建章及上林中諸離宮館也。未央宮又無高門、武臺、麒麟、凰皇、白虎、玉堂、金華之殿，獨有前殿、曲臺、漸臺、宣室、溫室、承明耳。[2]孝文欲作一臺，度用百金，[3]重民之財，廢而不爲，其積土基，至今猶存，[4]又下遺詔，不起山墳。故其時天下大和，百姓洽足，[5]德流後嗣。如令處於當今，因此制度，必不能成功名。

[1]【顏注】師古曰：盤庚，殷王名也。將遷亳，殷衆庶咸怨，作《盤庚》三篇以告之，遂乃遷都，事見《尚書》也。

[2]【今注】曲臺：俞樾《湖樓筆談》卷四云："曲臺有二。鄒陽《上吳王書》云'秦倚曲臺之宮'，應劭注'秦皇帝所治之處，若漢之未央宮'，此一曲臺也。《翼奉傳》'孝文皇帝時，未央……獨有前殿、曲臺、宣室、溫室、承明耳'，此又一曲臺也。蓋漢之曲臺在未央宮中，《三輔黃圖》所謂'未央宮東有曲臺殿'、《長門賦》所謂'覽曲臺之央央'也。秦之曲臺別在一處，枚乘《上吳王書》'游曲臺，臨上路'，張晏注'曲臺，長安臺，臨道上'，《王尊傳》'正月中行幸曲臺'，當即此也。使即未央宮之曲臺，不得言'行幸'矣。后蒼爲記亦必在此。蓋即秦之故宮而習射，故以爲天子射宮也。"　漸臺：長安宮殿建築。有二。一漢未央宮漸臺，在今陝西西安市西北漢長安城內未央宮西部滄池之中。二在今陝西西安市西北漢長安城西建章宮太液池內。　宣室：未央前殿正室。

[3]【顏注】師古曰：度，計也，音大各反。

[4]【顏注】師古曰：今在新豐縣南，驪山頂上也。

[5]【今注】案，《漢書考正》宋祁謂，“洽”疑作“給”。錢大昭《漢書辨疑》曰，閩本作“給”。

　　天道有常，王道亡常，亡常者所以應有常也。必有非常之主，然後能立非常之功。臣願陛下徙都於成周，[1]左據成皋，[2]右阻黽池，[3]前鄉崧高，後介大河，[4]建滎陽，[5]扶河東，[6]南北千里以爲關，而入敖倉；[7]地方百里者八九，足以自娛；東厭諸侯之權，西遠羌胡之難，[8]陛下共己亡爲，[9]按成周之居，兼盤庚之德，萬歲之後，長爲高宗。[10]漢家郊兆寢廟祭祀之禮多不應古，[11]臣奉誠難宣居而改作，[12]故願陛下遷都正本。衆制皆定，亡復繕治宮館不急之費，歲可餘一年之畜。[13]

[1]【今注】成周：即西周的東都洛邑。故址據傳在今河南洛陽市東郊。

[2]【今注】成皋：地名。在今河南滎陽市西北汜水西。

[3]【今注】黽池：地名。在今河南澠池縣西。

[4]【顏注】師古曰：“鄉”讀曰“嚮”。介，隔也，礙也。【今注】崧高：嵩山。

[5]【今注】滎陽：縣名。治所在今河南鄭州市西北。

[6]【今注】扶：傅。王先謙《漢書補注》引本書《天文志》晉灼注：“扶，附也。”《釋名》：“扶，傅也，傅近之也。”　河東：郡名。治安邑縣（今山西夏縣西北）。

[7]【今注】敖倉：秦代在敖山設置的糧倉，故地位於漢滎陽縣城（今河南鄭州市西邙山上）。案，王先謙《漢書補注》以爲此

處文義不順，當作“建滎陽而入敖倉，扶河東南北千里以爲關”，蓋傳寫誤倒。“建”與“鍵”同。《禮記・樂記》“名之曰建櫜”，鄭玄注：“‘建’讀爲‘鍵’。”《續漢書・地理志》滎陽有敖亭，劉昭注：“秦立爲敖倉。”是滎陽、敖倉即在一地。此言徙都成周，以滎陽之險阨爲鍵閉，而入敖倉於腹地，故曰“建滎陽而入敖倉”。

[8]【顏注】師古曰：厭，抑也。音一葉反。遠，于萬反（大德本、殿本“于”前有“音”字）。

[9]【顏注】師古曰：“共”讀曰“恭”。

[10]【今注】案，李慈銘《越縵堂讀史札記・漢書六》以爲此云“萬歲之後，長爲高宗”，古人無忌諱死。

[11]【今注】郊兆：祭壇外所圍的土界。亦泛指祭壇。

[12]【顏注】如淳曰：亶居猶虛居也。欲徙都乃可更制度也。師古曰：“亶”讀曰“但”。但居，謂依舊都也。【今注】亶：通“坦”。沈欽韓《漢書疏證》據《新書・先醒》“《書》曰：‘大道亶亶，其去身不遠’”以爲“亶”爲平易之義。“亶居”猶平居也。《文子・道原篇》作“大學坦坦，去身不遠”，是“亶”與“坦”通。

[13]【顏注】師古曰：“畜”讀曰“蓄”（殿本無“畜”字）。次下亦同。

　　臣聞三代之祖積德以王，然皆不過數百年而絕。周至成王，[1]有上賢之材，因文武之業，以周召爲輔，[2]有司各敬其事，在位莫非其人。[3]天下甫二世耳，[4]然周公猶作詩書深戒成王，以恐失天下。書則曰：“王毋若殷王紂。”[5]其詩則曰：“殷之未喪師，克配上帝；宜監于殷，駿命不易。”[6]今漢初取天下，起於豐沛，[7]以兵征伐，德化未洽，後世奢侈，國家之費當數代之用，非直費財，又乃費士。孝武之世，暴骨四夷，不可勝數。有天下雖未久，至於陛下八世九主矣，[8]雖有成王之明，然亡周召之佐。[9]

[1]【今注】成王：周成王姬誦。事迹見《史記》卷四《周本紀》。

[2]【顏注】師古曰："召"讀曰"邵"。【今注】召：召公。周文王之子，姬姓，名奭。

[3]【顏注】師古曰：言所任皆得賢材也。

[4]【顏注】師古曰：甫，始也。

[5]【顏注】師古曰：《周書·亡逸篇》也。其書曰周公曰："烏摩！毋若殷王紂之迷亂，酗于酒德哉！"是也。

[6]【顏注】師古曰：《詩·大雅·文王》之詩也。師，衆也。駿，大也。言殷家自帝乙以上，未喪天下之時，皆能配天而行。至紂荒怠，自取敗滅。今宜以殷王賢愚爲鏡，知天之大命甚難也。

[7]【今注】豐：縣名。治所在今江蘇豐縣。　沛：縣名。治所在今江蘇沛縣。

[8]【顏注】如淳曰：呂后爲主，不得爲世，故八世九主矣。

[9]【顏注】師古曰："召"讀曰"邵"。

今東方連年飢饉，加之以疾疫，百姓菜色，或至相食。[1]地比震動，天氣溷濁，日光侵奪。[2]繇此言之，[3]執國政者豈可以不懷怵惕而戒萬分之一乎！[4]故臣願陛下因天變而徙都，所謂與天下更始者也。天道終而復始，窮則反本，故能延長而

亡窮也。今漢道未終，陛下本而始之，於以永世
延祚，不亦優乎！如因丙子之孟夏，順太陰以東
行，[5]到後七年之明歲，必有五年之餘蓄，然後大
行考室之禮，[6]雖周之隆盛，亡以加此。唯陛下留
神，詳察萬世之策。

[1]【顏注】師古曰：人專食菜，故肌膚青黃，爲菜色也。

[2]【顏注】師古曰：比，頻也。涸，汙也，音下頓反。

[3]【顏注】師古曰："繇"與"由"同（殿本"與"前有
"讀"字）。

[4]【今注】怵惕：戒懼；驚懼。《尚書·冏命》："怵惕惟厲，
中夜以興，思免厥愆。"孔傳："言常悚懼惟危，夜半以起，思所以
免其過悔。"　萬分之一：王先謙《漢書補注》曰："謂國祚不永，
不欲斥言之。"

[5]【顏注】張晏曰：如因今丙子四月也（白鷺洲本、大德
本、殿本"四"前有"之"字）。太陰是時在甲戌，當轉在乙亥、
丙子，左旋之也。【今注】案，沈欽韓《漢書疏證》以爲此謂二年
之四月太陰左轉在丙子。《淮南子·天文》："太陰所居，不可背而
可鄉。"

[6]【顏注】李奇曰：凡宮新成，殺牲以釁祭，致其五祀之
神，謂之考室。師古曰：者（者，白鷺洲本、大德本、殿本作
"考"，是），成也，成其禮也。《詩·小雅·斯干》之詩序曰"斯
干（干，白鷺洲本、大德本、殿本作"干"），宣王考室也"，故
奉引之。

書奏，天子異其意，答曰："問奉：今園廟有七，
云東徙，狀何如？"奉對曰："昔成王徙洛，殷庚遷

殷，[1]其所避就，皆陛下所明知也。非有聖明，不能一變天下之道。臣奉愚戀狂惑，唯陛下裁赦。"[2]其後，貢禹亦言當定迭毀禮，[3]上遂從之。及匡衡爲丞相，奏徙南北郊，[4]其議皆自奉發之。奉以中郎爲博士、諫大夫，年老以壽終。子及孫，皆以學在儒官。

[1]【今注】案，殷，白鷺洲本、殿本作"盤"。

[2]【今注】裁赦：裁決赦免。

[3]【今注】迭毀：宗廟制度。天子設七廟，諸侯設五廟。其中始封之君、開國帝王之廟，世世不毀，餘則親過高祖而毀其廟，遷其神主於太廟中。親廟依次而毀。

[4]【今注】南北郊：南郊與北郊。分別爲古代王朝祭天、祭地之處。

李尋字子長，平陵人也。[1]治《尚書》，與張孺、鄭寬中同師。[2]寬中等守師法教授，尋獨好《洪範》災異，[3]又學天文月令陰陽。事丞相翟方進，[4]進亦善爲星曆，[5]除尋爲吏，數爲翟侯事。[6]帝舅曲陽侯王根爲大司馬票騎將軍，[7]厚遇尋。是時多災異，根輔政，數虛己問尋。尋見漢家有中衰阨會之象，[8]其意以爲且有洪水爲災，乃説根曰：

[1]【今注】平陵：縣名。治所在今陝西咸陽市西北。

[2]【今注】張孺：《漢書考證》齊召南以爲即張無故，字子儒。"孺"字誤合"子儒"兩字。本書卷八八《儒林傳》，張山拊事小夏侯建，授同縣李尋、鄭寬中少君、山陽張無故子儒。　鄭寬中：事迹見本書卷八八《儒林傳》。

［3］【今注】案，王先謙《漢書補注》引蘇輿曰："以《洪範》推五行，是今文家法，災異又其旁流耳。"

［4］【今注】翟方進：傳見本書卷八四。

［5］【今注】案，白鷺洲本、大德本、殿本"進"前有"方"字。

［6］【今注】案，白鷺洲本、大德本、殿本"事"前有"言"字。

［7］【今注】王根：字稚卿，西漢東平陵（今山東濟南市東）人。元帝皇后王政君弟。成帝時以帝舅封曲陽侯。後爲大司馬驃騎將軍，繼其兄王商輔政。歷五歲，以老辭職。哀帝立，遣就國。

票騎將軍：驃騎將軍。西漢武帝置爲重號將軍，僅次於大將軍，秩萬石。

［8］【今注】陀會：衆災會合。猶言厄運。

《書》云"天聰明"，[1]蓋言紫宮極樞，通位帝紀，[2]太微四門，廣開大道，[3]五經六緯，尊術顯士，[4]翼張舒布，燭臨四海，[5]少微處士，爲比爲輔，[6]故次帝廷，女宮在後。[7]聖人承天，賢賢易色，取法於此。[8]天官上相上將，皆顓面正朝，[9]憂責甚重，要在得人。得人之效，成敗之機，不可不勉也。昔秦穆公説諓諓之言，任仡仡之勇，身受大辱，社稷幾亡。[10]悔過自責，思惟黃髮，[11]任用百里奚，[12]卒伯西域，德列王道。[13]二者禍福如此，可不慎哉！

［1］【顏注】師古曰：《虞書·皋陶謨》之辭也。天視聽，人君之行不可不畏慎也。

［2］【顏注】孟康曰：紫宮，天之北宮也。極，天之北極星也，樞是其迴轉者也。《天文志》曰："天極其一明者，太一常居

也。"太一，天皇大帝也，與通極爲一體，故曰通位帝紀也。【今注】案，王先謙《漢書補注》以爲，紫宫中有紫微大帝之坐，故名中宫。天極星即北極五星之一。《宋史·天文志》："北極五星在紫微宫中，北辰最尊者也。其紐星爲天樞。"天樞即天極，即此所云"紫宫極樞"。旁三星三公，或曰子屬。後四星，后妃之屬。環以匡衛十五星，藩臣。總爲紫微垣，與人君宫垣列位綱紀消息相通，故曰"通位帝紀"。

[3]【顔注】孟康曰：太微，天之南宫也。四門，太微之四門也。【今注】太微四門：王先謙《漢書補注》以爲，南官爲太微垣，孟注作"宫"，誤。據本書《天文志》，"（太微廷，）中，端門；左右，掖門"，又《晉書·天文志》，東藩有東太陽門、中華東門、東太陰門，西藩有西太陽門、中華西門、西太陰門。此言"四門"，爲約舉之詞，非必四數。

[4]【顔注】孟康曰：六緯，五經與《樂緯》也。張晏曰：六緯，五經就《孝經緯》也。師古曰：六緯者，五經之緯及《樂緯》也。孟説是也。【今注】案，《漢書考正》劉攽以爲文中正言星宿，不能轉説説五經，此謂二十八舍。《漢書考證》云："劉攽駁顔，其論甚合。但所云天文六緯名目，劉亦未嘗指實。"姚鼐《惜抱軒筆記》卷四云："言天文當爲人主所取法。此五經者，五經星也；六緯者，十二次，相向爲六。故人主當法之，以尊五行之術，顯十二州之士耳。與經書讖緯何涉哉？"王先謙《漢書補注》引本書《天文志》："（太微廷）掖門内六星，諸侯。其内五星，五帝坐。"以爲五帝者，《晉書·天文志》"黄帝坐在太微中……四帝星俠黄帝坐"，即五經。六緯者，六諸侯。《史記·天官書》同，是漢世天文家説如此。姚謂五經爲五經星、六緯爲十二次，上下文義不屬，疑非。術，道也。術士，有道之士。

[5]【顔注】張晏曰：翼二十八星，十八度。舒布，張廣也。翼翅夾張，故言也。【今注】翼張：皆二十八宿。翼爲南方朱鳥七

宿中的第六宿，凡二十二星。長又稱鶉尾。朱雀七宿的第五宿，有
星六顆，在長蛇座內。王先謙《漢書補注》引本書《天文志》"張，
喙，爲厨，主觴客。翼爲羽翮，主遠客"，又《晉書·天文志》
"（張六星）主天厨飲食賞賚之事。（翼二十二星，）主外夷遠客、
負海之賓"以爲即"翼張舒布，燭臨四海"。翼、張皆星名，張注
誤。其位皆近太微垣。

[6]【顏注】孟康曰：少微四星在太微西，主處士儒學之官，
爲太微輔佐也。【今注】案，王先謙《漢書補注》引本書《天文
志》"廷藩西有隨星四，名曰少微，士大夫"，《晉書·天文志》
"第一星處士，第二星議士，第三星博士，第四星大夫"，以爲漢置
議郎、博士、諫大夫、大中光禄大夫，象此。少微，士大夫，在太
微星西，故以尊顯言之。

[7]【顏注】孟康曰：言少微四星在太微次。太微爲天帝廷。
女宮，謂軒轅星也。【今注】案，王先謙《漢書補注》引本書《天
文志》："軒轅，前大星，女主象；旁小星，御者後宮屬。南官朱
鳥，權、衡。"

[8]【顏注】師古曰：賢賢，尊上賢人。易色，輕略於色，
不貴之也。易，音弋二反（白鷺洲本、殿本無"音"字）。

[9]【顏注】孟康曰：朝太微宮垣也。西垣爲上將，東垣爲
上相，各專一面而正天之朝事也。【今注】案，王先謙《漢書補
注》據《天文志》"太微，三光之廷。筐衛十二星，藩臣：西，
將；東，相"，《晉書·天文志》"東蕃四星，南第一星曰上相……
第二星曰次相……第三星曰次將……第四星曰上將。西蕃四星，南
第一星曰上將……第二星曰次將……第三星曰次相……第四星曰上
相"以爲此皆面南正列於廷中，故曰"專面正朝"，非謂正天之朝
事。星應官名，故《史記》爲《天官書》。上相、上將又官之尊
者，故以天官冠之。

[10]【顏注】師古曰：諓諓，小善也。仡仡，壯健也。謂聽

杞子、逢孫、楊孫之言，言鄭可襲，乃使孟明視、西乞術、白乙丙帥師伐鄭，遂爲晉襄公所禦而敗於殽，三帥盡獲，匹馬隻輪皆無反者。諓，音"踐"。仡，巨乙反，又牛乞反（大德本、殿本"牛"前有"音"字）。【今注】秦穆公：春秋時期秦國國君。公元前659年至前621年在位。名任好，謚穆。在位三十九年，春秋五霸之一。事迹見《史記》卷五《秦本紀》。　諓諓：淺薄之言。《公羊傳》文公十二年："其爲能變奈何？惟諓諓善竫言，俾君子易怠，而況乎我多有之。"何休解詁："諓諓，淺薄之貌。"王先謙《漢書補注》引葉德輝引《尚書·秦誓》："惟截截善諞言。"陸德明《經典釋文》引馬融本作"戳戳"，注云"戳戳，辭語戳削省要也"；《説文·戈部》引同。馬本是古文《尚書》。　仡（yì）仡：王先謙《漢書補注》引葉德輝以爲馬注云"訖訖，無所省録之貌"；此作"仡仡"，是李尋治《夏侯尚書》今文學。

　[11]【今注】黃髮：老年人。這裏指年高德劭的蹇叔、百里傒等。

　[12]【今注】百里奚：春秋時人，百里氏，一説百氏，名奚，字里。或説字井伯。事虞公爲大夫。晉獻公滅虞，被俘入晉。晉嫁穆姬於秦穆公，爲陪嫁臣。後逃楚國宛地，爲楚人所執。秦穆公用五張牡黑羊皮贖回，爲大夫，世稱"五羖大夫"。與蹇叔、由余等共佐穆公以建霸業。"奚"一作"傒"。

　[13]【顏注】師古曰：謂晉歸三帥之後，穆公自悔，作《秦誓》云："雖則員然（員，殿本作"云"），尚猶詢茲黃髮，則罔所愆（愆，白鷺洲本、殿本作"愆"）。"自言前有云然之過，今庶幾以道謀此黃髮賢老，則行事無所過失矣。百里奚本虞人也，穆公用之，卒成霸業。【今注】德列王道：何焯《義門讀書記》卷一九以爲《秦誓》爲《尚書》一篇，孔子選取，故云"德列王道"。

　　夫士者，國家之大寶，功名之本也。將軍一門九侯，二十朱輪，[1]漢興已來，[2]臣子貴盛，未嘗至此。夫物盛必衰，自然之理，唯有賢友彊輔，庶幾可以保身命，全子孫，安國家。《書》曰"曆象日月星辰"，[3]此言仰視天文，俯察地理，觀日月消息，候星辰行伍，揆山川變動，參人民繇俗，[4]以制法度，考禍福。舉錯誖逆，咎敗將至，徵兆爲之先見。[5]明君恐懼修正，側身博問，轉禍爲福；不可救者，即蓄備以待之，故社稷亡憂。

　　[1]【今注】二十朱輪：古代王侯顯貴所乘的車子。借指禄至二千石之官。

　　[2]【今注】案，已，白鷺洲本、大德本、殿本作"以"。

　　[3]【顏注】師古曰：《虞書·堯典》之辭也。【今注】曆象：推算觀測天體的運行。

　　[4]【顏注】師古曰："繇"讀與"謠"同。繇俗者，謂若童謠及輿人之誦。

　　[5]【顏注】師古曰：誖，乖也，音布内反。【今注】舉錯：同"舉措"。

　　竊見往者赤黃四塞，地氣大發，[1]動土竭民，[2]天下擾亂之徵也。彗星爭明，[3]庶雄爲桀，[4]大寇之引也。[5]此二者已頗效矣。[6]城中訛言大水，奔走上城，朝廷驚駭，女孽入宮，[7]此獨未效。間者重以水泉涌溢，旁宮闕仍出。[8]月、太白入東井，犯積水，缺天淵。[9]日數湛於極陽之色。[10]羽氣乘宮，[11]起風積雲。又錯以山崩地動，河不用其道。[12]盛冬靁電，[13]潛龍爲孽。[14]繼以隕星流彗，[15]維、填上見，[16]日蝕有背鄉。[17]此亦高下易居，洪水之徵也。不憂不改，洪水迺欲盪滌，流彗迺欲埽除；改之，則有年亡期。[18]故屬者頗有變改，小貶邪猾，[19]日月光精，時雨氣應，[20]此皇天右漢亡已也，[21]何況致大改之！[22]

[1]【今注】案，王先謙《漢書補注》曰：“赤黃四塞，即謂建始元年黃霧四塞。《五行志》作‘雲氣赤黃四塞’。此‘地氣大發’，謂徵兆，非謂地震。地動見下也。”

[2]【今注】案，《漢書考正》宋祁指出南本無“動”字。“民”字下疑有“困”字。

[3]【顏注】張晏曰：與日月爭明。【今注】案，沈欽韓《漢書疏證》據《易緯是類謀》“晝視無日，虹蜺煌煌，夜視無月，篲茀將將”及《晉書·天文志》“彗體無光，傅日而爲光，故夕見則東指，辰見則西指”以爲張晏謂“與日月爭明”，非。

[4]【今注】庶雄：庶人爲雄。　爲桀：爲亂。王先謙《漢書補注》以爲此彗星之應。

[5]【顏注】師古曰：將引致大寇也。

[6]【今注】案，王先謙《漢書補注》曰：“鴻嘉元年，徙作昌陵，是動土竭民也。陽朔三年，潁川申屠聖自稱將軍；鴻嘉三年，廣漢鄭躬自稱山君；永始三年尉氏樊並、山陽蘇令等反；是庶雄爲桀也。”

[7]【顏注】應劭曰：謂小女陳持弓也。【今注】女孽入宮：本書《五行志下之上》：“成帝建始三年十月丁未，京師相驚，言大

水至。渭水虒上小女陳持弓年九歲，走入横城門，入未央宫尚方掖門，殿門門衛户者莫見，至句盾禁中而覺得。民以水相驚者，陰氣盛也。小女而入宫殿中者，下人將因女寵而居有宫室之象也。名曰持弓，有似周家檿弧之祥。《易》曰：‘弧矢之利，以威天下。’”

［8］【顔注】李奇曰：旁宫闕而出水也。師古曰：旁，附也。仍，頻也。重，直用反。旁，薄郎反。【今注】案，王先謙《漢書補注》以爲此指建始二年，北宫井水溢出。又“旁”與“傍”意同。但言“仍出”，則不止一次，本書紀、志不見。

［9］【顔注】張晏曰：犯東井，有水災。孟康曰：積水一星在北河北。天淵十星在北斗星東南。缺者，拂其角而過之也。【今注】太白：即金星。又名啓明、長庚。　天淵：王先謙《漢書補注》引本書《天文志》補證：“有星守三淵，天下大水。”《廣雅》：“天淵，謂之三淵。”《開元占經》引《荆州占》云：“太白守天淵，海水出，江河決若海，魚出。”《宋史·天文志》曰“天淵在鼈星東”。又，月、太白入東井，本書紀、志並不載。

［10］【顔注】張晏曰：衆陽之宗，故爲極陽也。色宜明耀（耀，白鷺洲本、大德本、殿本作“燿”），而無光也。【今注】湛：這裏指暗。

［11］【顔注】孟康曰：《天文志》曰西方爲羽。羽，少陰之位。少陰臣氣，乘於君也。晉灼曰：羽，北方水也，水陰爲臣。宫，中央土也，土爲君。今水乘土，言臣氣勝於君也。

［12］【顔注】師古曰：錯，雜也。言河徙流不從故道也。【今注】案，《漢書考正》宋祁以爲“河”字下疑有“決”字。王先謙《漢書補注》謂“不用其道”即是決，宋説非。本書卷一〇《成紀》元延元年前，山崩、地震各二，河決東郡金隄。

［13］【今注】靁：古“雷”字。

［14］【顔注】孟康曰：黑龍冬見。張晏曰：《五行傳》曰：“龍見井中，幽囚之象也。”【今注】案，王先謙《漢書補注》指

出本書《成紀》鴻嘉元年，黃龍見真定；永始二年，詔云“龍見于東萊”。

［15］【今注】案，王先謙《漢書補注》曰：“元延元年四月，有流星頭大如缶，長十餘丈，四面或大如盂，或如鷄子，爚爚如雨下，郡國皆言星隕；又永始二年，星隕如雨；元延元年七月，星孛東井；並見紀、志。”

［16］【顏注】孟康曰：有地維星，有四填星，皆妖星也。晉灼曰：《天文志》四鎮星出四隅（鎮，白鷺洲本、大德本、殿本作“填”，是），去地可四丈，地維藏光亦出四隅，去地可二丈，若月始出，所見下有亂者亡，有德者昌。【今注】案，王先謙《漢書補注》引《開元占經》補證：“《荆州占》云：‘有星出，大而赤，出地二三丈，如月始出，是謂地維藏光。’《黃帝占》曰：‘出東北隅，天下大水。’”“《荆州占》又曰：‘四填星見四隅，皆爲兵起其下。’”

［17］【顏注】師古曰：背，步內反（白鷺洲本、大德本、殿本“步”前有“音”字）。“鄉”讀曰“嚮”。【今注】案，王先謙《漢書補注》指出自成帝即位至元延元年（前12）二十一年間，日蝕九次。又本書《天文志》如淳注：“凡氣食日……在旁如半環向日爲抱，向外爲背。”此“鄉”即“抱”。

［18］【顏注】師古曰：言可延期，得禳災。

［19］【顏注】師古曰：屬者，謂近時也。屬，之欲反（大德本、殿本“之”前有“音”字）。

［20］【顏注】師古曰：精，謂光明也。【今注】案，《漢書考正》宋祁指出，“光”江浙本作“立”字。

［21］【顏注】師古曰：“右”讀曰“祐”。

［22］【今注】致：王先謙《漢書補注》引《後漢書》卷六二《荀爽傳》李注：“致猶盡也，極也。”

　　宜急博求幽隱，[1]拔擢天士，任以大職。[2]諸
闟茸佞諂，[3]抱虛求進，[4]及用殘賊酷虐聞者，[5]
若此之徒，皆嫉善憎忠，壞天文，敗地理，涌趯
邪陰，湛溺太陽，[6]爲主結怨於民，[7]宜以時廢退，
不當得居位。誠必行之，凶災銷滅，子孫之福不
旋日而至。政治感陰陽，猶鐵炭之低卬，見效可
信者也。[8]及諸蓄水連泉，務通利之。修舊隄防，
省池澤稅，以助損邪陰之盛。[9]案行事，考變易，
訛言之效，未嘗不至。請徵韓放，[10]掾周敞、王
望可與圖之。

[1]【今注】幽隱：指隱居未仕的人。

[2]【顏注】李奇曰：天士，知天道者也。晉灼曰：嚴君平
言師於天士。天士，應宿台鼎之臣也。師古曰：李說是也。

[3]【顏注】師古曰：闟，吐臘反（白鷺洲本、大德本、殿
本“吐”前有“音”字）。茸，人勇反（白鷺洲本、大德本、殿
本“人”前有“音”字）。諂，古“諂”字。【今注】闟茸：庸碌
低劣之人。

[4]【今注】抱虛：王先謙《漢書補注》引蘇輿曰：“謂懷挾
虛僞，無實意也。”

[5]【今注】案，《漢書考正》宋祁以爲“聞”字當改作
“閒”。王先謙《漢書補注》以爲“聞”改爲“閒”，則文義上下不
貫。“用”猶以也，言以殘賊酷虐聞者。宋祁屬下讀，誤。

[6]【顏注】師古曰：“趯”字與“躍”同。“湛”讀曰“沈”。

[7]【顏注】師古曰：爲，于僞反（白鷺洲本、大德本、殿
本“于”前有“音”字）。

[8]【顏注】孟康曰：《天文志》云“縣土炭”也，以鐵易土

耳。先冬夏至，縣鐵炭於衡，各一端，令適停。冬，陽氣至，炭仰而鐵低。夏，陰氣至，炭低而鐵仰。以此候二至也。

[9]【今注】邪陰：殿本作"陰邪"。王先謙《漢書補注》引葉德輝指出，"邪陰"，德藩本、閩本作"陰邪"。

[10]【顏注】服虔曰：姓名也，曉水。

　　根於是薦尋。哀帝初即位，召尋待詔黃門，[1]使侍中衞尉傅喜問尋：[2]"閒者水出地動，日月失度，星辰亂行，災異仍重，[3]極言毋有所諱。"[4]尋對曰：

[1]【今注】黃門：官署名。漢朝設黃門官，給事於黃門之内。

[2]【今注】衞尉：戰國秦置，西漢沿置。掌宮門屯衞兵。秩中二千石，列位九卿。　傅喜：傳見本書卷八二。案，王先謙《漢書補注》引司馬光《通鑑考異》云："按《公卿表》，傅喜爲衞尉，二月遷右將軍，十一月，罷。地震在九月，當是時，喜已不爲衞尉矣。"　案，白鷺洲本、大德本、殿本"尋"後有"曰"字，當據補。

[3]【顏注】師古曰：重，直用反（白鷺洲本、大德本、殿本"直"前有"音"字）。

[4]【今注】極言：竭力陳説。

　　陛下聖德，尊天敬地，畏命重民，悼懼變異，不忘疏賤之臣，幸使重臣臨問，愚臣不足以奉明詔。竊見陛下新即位，開大明，除忌諱，博延名士，靡不並進。臣尋位卑術淺，過隨衆賢待詔，[1]食大官，衣御府，[2]久汙玉堂之署。[3]比得召見，亡以自效。[4]復特見延問至誠,[5]自以逢不世出之命,願竭愚心,不敢有所避,庶幾萬分有一可采。唯棄須臾之間,宿留瞽言,[6]考之文理,稽之五經,揆之聖意,以參天心。夫變異之來,各應象而至,臣謹條陳所聞。

[1]【顏注】師古曰:過猶謬也。

[2]【今注】御府:官署名。亦稱"中御府"。漢承秦置,爲皇宮內收藏皇帝金錢財寶及衣物的機構,隸屬少府。

[3]【顏注】師古曰:玉堂殿在未央宮。【今注】玉堂:何焯《義門讀書記》卷一九曰:"漢時待詔於玉堂殿。唐時待詔於翰林院。至宋以後,翰林遂並蒙玉堂之號。"沈欽韓《漢書疏證》補證引《續漢書·百官志》謂玉堂署長,宦者爲之。

[4]【顏注】師古曰:比,頻也。

[5]【今注】案,特,白鷺洲本、殿本作"時"。

[6]【顏注】師古曰:間,謂空隙之時也。宿,先就反(白鷺洲本、大德本、殿本"先"前有"音"字)。留,力救反(白鷺洲本、大德本、殿本"力"前有"音"字)。【今注】宿留:王先謙《漢書補注》以爲,謂存其言於心,以待後時之參驗也。

《易》曰:"縣象著明,莫大乎日月。"[1]夫日者,衆陽之長,煇光所燭,萬里同晷,人君之表也。[2]故日將旦,清風發,群陰伏,君以臨朝,不牽於色。日初出,炎以陽,君登朝,佞不行,忠直進,不蔽障。日中煇光,君德盛明,大臣奉公。日將入,專以壹,君就房,有常節。君不修道,則日失其度,晻昧亡光。[3]各有云爲。[4]其於東方作，日初出時，[5]陰雲邪氣起者，法爲牽於女謁，[6]有所畏難；[7]日出後，爲近臣亂政；日中，爲大臣欺誣；日且入，爲妻妾役使所營。[8]闇者日尤不精，光明侵奪失色，邪氣珥蜺數作。[9]本起於晨，相連至昏，其日出後至日中間差瘉。[10]

[1]【顏注】師古曰：《上繫》之辭也。在天成象，故曰"縣象"也。

[2]【顏注】師古曰：晷，景也。

[3]【顏注】師古曰："晻"與"暗"同，又音烏感反。

[4]【今注】云：所。王先謙《漢書補注》引本書卷七七《諸葛豐傳》"未有云補"，以爲言未有所補也。本文言各有所應，隨時而見。

[5]【顏注】師古曰：作，起也。日出之時，人物皆起。【今注】東方作：王念孫《讀書雜志·漢書第十二》引王引之以爲，如顏師古説，則是"人物作"，非"東方作"。東方作，日未出而光已起，《詩經》之言"明發"，俗語之言"東方發白"。分而言之，則曰"東方作，日初出"；合而言之，則日出亦謂之東方作。故《莊子·外物》"東方作矣"，司馬彪注曰："謂日出也。"

[6]【顏注】服虔曰：謁，請也。

[7]【今注】畏難：王先謙《漢書補注》曰："畏不敢斷，難不敢絕。"

[8]【顏注】師古曰：營，謂繞也。

[9]【今注】珥：日、月兩旁的光暈。王先謙《漢書補注》引葉德輝補證引《開元占經》卷七《日占三》："石氏曰：'氣青赤，曲向外，中有一橫狀如帶鉤，名爲珥。'如淳曰：'日刺日曰珥。珥，決傷也。'" 蜺：虹的一种，亦稱"副虹"。

[10]【顏注】師古曰："瘉"與"愈"同。

小臣不知内事，竊以日視陛下志操，衰於始初多矣。其咎恐有以守正直言而得罪者，傷嗣害世，不可不慎也。唯陛下執乾剛之德，强志守度，毋聽女謁邪臣之態。[1]諸保阿乳母甘言悲辭之託，[2]斷而勿聽。勉强大誼，[3]絶小不忍；良有不得已，可賜以貨財，[4]不可私以官位，誠皇天之禁也。日失其光，則星辰放流。[5]陽不能制陰，陰桀得作。[6]間者太白正晝經天。宜隆德克躬，以執不軌。

[1]【今注】女謁：謂通過宫中嬖寵的女子干求請託。

[2]【今注】保阿乳母：王先謙《漢書補注》以爲保、阿、乳，稱三母。保母，見《禮記·内則》。《説文》：“娿，女師也。從女阿聲。杜林説，加教於女也。讀若阿。”《史記》卷一〇五《扁鵲倉公列傳》作“阿母”，爲轉寫失真，音存字變。本書卷五三《景十三王傳》贊引魯哀公言“生於深宫之中，長於阿保之手”。阿雖女師，而教兼男女，凡幼小者隨事教之。保、阿本二母，後遂爲統稱，即本書卷七四《丙吉傳》“掖庭宫婢則令民夫上書，自陳嘗有阿保之功”。

[3]【今注】勉强：盡力。

[4]【今注】案，貨財，殿本作“財貨”。

[5]【顏注】張晏曰：日夜食則失光，晝立六尺木，不見其景也。日陽失光明，陰得施也。【今注】放流：放光流駛。

[6]【今注】陰桀：喻指狡詐凶暴之人。周壽昌《漢書注校補》以爲言陰本伏於陽，而陽不能制之，故陰特出而得起也。

臣聞月者，衆陰之長，銷息見伏，百里爲品，

千里立表，萬里連紀，[1]妃后大臣諸侯之象也。朔
晦正終始，弦爲繩墨，[2]望成君德，[3]春夏南，秋
冬北。間者，月數以春夏與日同道，[4]過軒轅上后
受氣，[5]入太微帝廷揚光煇，犯上將近臣，[6]列星
皆失色，厭厭如滅，[7]此爲母后與政亂朝，[8]陰陽
俱傷，兩不相便。外臣不知朝事，竊信天文即如
此，近臣已不足杖矣。[9]屋大柱小，可爲寒心。[10]
唯陛下親求賢士，無彊所惡，以崇社稷，尊彊
本朝。[11]

[1]【顏注】孟康曰：品，同也。言百里内數度同也。千里
則當立表度其景，萬里則繼其本所起紀其宿度也（繼，大德本、
殿本作“紀”）。

[2]【今注】弦爲繩墨：沈欽韓《漢書疏證》引《周禮·馮相
氏》鄭注：“春分日在婁，秋分日在角，而月弦於牽牛、東井，亦
以其景知氣至不。”疏云：“案，《通卦驗》云：‘夫八卦氣驗常不在
望，以入月八日不盡八日候諸卦氣。’注云：‘入月八日不盡八日，
陰氣得正而平。’以此而言，明致月景亦用此日矣。若然，春分日
在婁。其月上弦在東井，圓於角，下弦於牽牛；秋分日在角，上弦
於牽牛，圓於婁，下弦於東井。”以爲此即“弦爲繩墨”之義。

[3]【今注】望成君德：王先謙《漢書補注》曰：“月望合朔，
繼日而明，所以助成君德。”

[4]【顏注】孟康曰：房有四星，其間有三道。春夏南行，
南頭第一星裏道也。秋冬北行，北頭第一星裏道也。與日同道者，
謂中央道也。此三道者，日月五星之所由也。【今注】案，王先謙
《漢書補注》引本書《天文志》“月有九行者：黑道二，出黃道北；
赤道二，出黃道南；白道二，出黃道西；青道二，出黃道東。立

春、春分，月東從青道；立秋、秋分，西從白道；立冬、冬至，北從黑道；立夏、夏至，南從赤道。……青赤出陽道，白黑出陰道"，以爲此言"春夏南，秋冬北"者，日行黃道爲中道，月行青赤曰黑道，仍出入於黃道。其極遠者，去黃道六度。月行黃道之内曰陰曆，行黃道之外曰陽曆。北爲内，南爲外。今與日同道，則是失節度而妄行。

[5]【顏注】孟康曰：軒轅南大星爲后。【今注】上后：王先謙《漢書補注》以爲猶言正后。

[6]【今注】近臣：王先謙《漢書補注》以爲謂左右執法謁者三公九卿五諸侯之屬。

[7]【顏注】鄭氏曰：厭，音"厭桑"之"厭"。師古曰：音烏點反。【今注】厭厭：微弱貌。

[8]【顏注】師古曰："與"讀曰"豫"。

[9]【顏注】師古曰：杖，謂倚任也。

[10]【顏注】師古曰：言天下事重大，臣之任當得賢能者。

[11]【顏注】師古曰：邪佞之人誠可賤惡，勿得寵異，令其盛彊也。

臣聞五星者，[1]五行之精，五帝司命，[2]應王者號令爲之節度。歲星主歲事，爲統首，號令所紀，今失度而盛，此君指意欲有所爲，未得其節也。又填星不避歲星者，后帝共政，相留於奎、婁，[3]當以義斷之。營惑往來亡常，[4]周歷兩宮，作態低卬，[5]入天門，上明堂，貫尾亂宫。[6]太白發越犯庫，[7]兵寇之應也。貫黃龍，入帝庭，[8]當門而出，隨熒惑入天門，至房而分，欲與熒惑爲患，不敢當明堂之精。[9]此陛下神靈，故禍亂不成也。

[1]【今注】五星：王先謙《漢書補注》引葉德輝補證引《開元占經》卷一八《五星占》載《荆州占》曰："五星者，五行之精也，五帝之子，天之使者。"又載《春秋緯》曰："天有五帝，五星爲之使。"

[2]【今注】五帝：王先謙《漢書補注》引《淮南·天文訓》補證："東方，木也。其帝太皞，其佐句芒，執規而治春，其神爲歲星。……南方，火也。其帝祝融，其佐朱明，執衡而治夏，其神爲熒惑。……西方，金也。其帝少昊，其佐蓐收，執矩而治秋，其神爲太白。……北方，水也。其帝顓頊，其佐元冥，執權而治冬，其神爲辰星。……中央，土也。其帝黃帝，其佐后土，執繩而治四方，其神爲鎮星。"

[3]【顏注】張晏曰：歲星爲帝，填星爲女主也。【今注】相留：王先謙《漢書補注》疑爲"宿留"之訛。上文"宿留瞀言"即其證。 奎婁：皆屬二十八宿。奎宿，爲西方白虎七宿的第一宿，有星十六顆。婁宿，西方白虎七宿的第二宿。

[4]【今注】案，營，殿本作"熒"。《漢書考正》劉攽曰："營"當作"熒"。

[5]【顏注】張晏曰：兩宮，謂紫微、太微。【今注】案，王先謙《漢書補注》引葉德輝補證引《開元占經》卷三六《熒惑占》載《黃帝占》曰："熒惑東行入太微，東門天下有急兵。"又載《荆州占》曰："熒惑入太微宮，爲天下驚，一日有兵。"又載石氏曰："熒惑入紫微宮中，大臣有謀，兵起宮中。"又載《荆州占》曰："熒惑入紫微，天下大亂。"

[6]【顏注】孟康曰：角兩星爲天門，房爲明堂，尾爲後宮。蘇林曰：常占當從尾北，而今貫之，尾爲後宮之義也。【今注】案，王先謙《漢書補注》引葉德輝補證引《開元占經》卷三一

《熒惑占》載郗萌曰：“熒惑入天門，出復反，天下大亂，守反者事大。”又載郗萌曰：“熒惑以十月守心，期六十日有辱王。一曰皆兵起。”又載郗萌曰：“熒惑入守尾，天下稱兵。”又載《東官候》曰：“熒惑入尾，後宮有憂。后惡之。一曰幸臣亂宮。”又王先謙《漢書補注》引《晉書·天文志》“角二星爲天關，其間天門也，其内天廷也。故黄道經其中，七曜之所行”，以爲心爲明堂，孟説誤。

[7]【顔注】張晏曰：發越，疾貌也。庫，天庫也。孟康曰：奎爲天庫。【今注】案，王先謙《漢書補注》引葉德輝補證引《開元占經》卷五二《太白占》載郗萌曰：“太白入庫樓，三日兵起，尤甚。一曰兵起西北方。”王先謙據本書《天文志》“軫南衆星曰天庫”及《晉書·天文志》“庫樓十星，六大星爲庫，南四星爲樓。……一曰天庫，兵車之府也”，以爲奎非天庫，孟説誤。

[8]【顔注】張晏曰：黄龍，軒轅也。【今注】案，王先謙《漢書補注》引本書《天文志》：“軒轅，黄龍體。”又以爲帝廷即上文“太微帝廷”。

[9]【今注】案，王先謙《漢書補注》曰：“言熒惑入心上明堂，太白至房而分，不入心，是欲與熒惑爲患，不敢當明堂之精也。”

　　熒惑厥弛，[1]佞巧依埶，[2]微言毀譽，進類蔽善。[3]太白出端門，[4]臣有不臣者。[5]火入室，金上堂，[6]不以時解，其憂凶。填、歲相守，又主内亂。[7]宜察蕭牆之内，毋忽親疏之微，[8]誅放佞人，防絶萌牙，以盪滌濁濊，消散積惡，[9]毋使得成禍亂。辰星主正四時，當效於四仲；[10]四時失序，則辰星作異。今出於歲首之孟，天所以譴告陛下也。政急則出蚤，政緩則出晚，政絶不行則伏不

見而爲彗茀。[11]四孟皆出，[12]爲易王命；四季皆
出，星家所諱。今幸獨出寅孟之月，蓋皇天所以
篤右陛下，[13]宜深自改。

[1]【顏注】張晏曰：厥弛，動搖貌。

[2]【今注】埶：通"勢"。

[3]【顏注】師古曰：進其黨類而擁蔽善人。

[4]【顏注】孟康曰：端門，太微正南門。【今注】端門：太
微垣南藩二星，東曰左執法，西曰右執法，左、右執法之間叫"端
門"，爲太微垣的南門。

[5]【今注】案，王先謙《漢書補注》引葉德輝補證引《開元
占經》卷五一《太白占》引《河圖帝覽嬉》曰："太白入太微而出
端門，臣不臣。"

[6]【顏注】張晏曰：熒惑入營室也。孟康曰：火入室，謂
熒惑歷兩宮也。金，謂太白也。上堂，入房星也。

[7]【今注】案，王先謙《漢書補注》引本書《天文志》："歲
與填合則爲內亂。"又以爲自"熒惑厥弛"至"又主內亂"皆引古
占驗之詞。

[8]【顏注】師古曰：微，謂其事微。

[9]【顏注】師古曰："滅"與"穢"同也（白鷺洲本、殿本
無"也"字）。

[10]【今注】四仲：四季中每季第二個月的合稱。即仲春
（二月）、仲夏（五月）、仲秋（八月）、仲冬（十一月）。王先謙
《漢書補注》引本書《天文志》晉灼注："常以二月春分見奎、婁，
五月夏至見東井，八月秋分見角、亢，十一月冬至見牽牛。出以辰
戌，入以丑未，二旬而入。晨候之東方，夕候之西方也。"

[11]【顏注】師古曰："茀"與"孛"同。【今注】案，王先
謙《漢書補注》引葉德輝補證引《開元占經》卷五三《辰星占》

載甘氏曰："辰星政緩則不出，急則不入。"

[12]【今注】四孟：四季中每季第一個月的合稱。即孟春（正月）、孟夏（四月）、孟秋（七月）、孟冬（十月）。王先謙《漢書補注》引葉德輝補證引《開元占經》卷五三《辰星占》載《洪範五行傳》曰："辰星出孟，易王之表也。"又載《海中占》曰："辰星出四孟，爲月食；出四季，彗星則生。"

[13]【顏注】師古曰：篤，厚也。"右"與"祐"同。祐猶助也。【今注】案，大德本、殿本"陛下"後有"也"字。

　　治國故不可以戚戚，[1]欲速則不達。經曰："三載考績，三考黜陟。"[2]加以號令不順四時，既往不咎，來事之師也。[3]間者春三月治大獄，時賊陰立逆，恐歲小收；[4]季夏舉兵法，時寒氣應，恐後有霜雹之災；秋月行封爵，其月土溼奧，[5]恐後有雷雹之變。[6]夫以喜怒賞罰，[7]而不顧時禁，雖有堯舜之心，猶不能致和。善言天者，必有效於人。設上農夫而欲冬田，[8]肉袒深耕，汗出種之，然猶不生者，非人心不至，天時不得也。《易》曰："時止則止，時行則行，動靜不失其時，其道光明。"[9]《書》曰："敬授民時。"[10]故古之王者，尊天地，重陰陽，敬四時，嚴月令。順之以善政，則和氣可立致，猶枹鼓之相應也。[11]今朝庭忽於時月之令，諸侍中尚書近臣宜皆令通知月令之意，設群下請事；若陛下出令有謬於時者，[12]當知爭之，以順時氣。

　　[1]【今注】戚戚：王念孫《讀書雜志·漢書第十二》以爲“戚戚”顏師古未出注。但“戚”當讀爲“蹙”。蹙，急也。故，事也。言治國事不可急。《周禮·考工記》“無以爲戚速也”，鄭玄注：“齊人有名疾爲戚者，《春秋傳》曰‘蓋以操之爲已戚矣’。”今本鄭注“戚”作“蹙”，乃後人依《公羊傳》改。陸德明《經典釋文》：“戚，徐、劉將六反，李音蹙。”

　　[2]【顏注】師古曰：《虞書·舜典》之辭也。言三年一考功績，三考一行黜陟也。

　　[3]【今注】來事：《漢書考正》宋祁以爲“來”字疑作“或”。王先謙《漢書補注》引蘇輿以爲“來事”猶云後事。宋説誤。

　　[4]【今注】小收：少收；欠收。

　　[5]【顏注】張晏曰：違於月令也。師古曰：奥，溫也，音於六反。【今注】溼奥：“溼”同“濕”。王先謙《漢書補注》引蘇輿以爲，言濕則非溫，顏注誤。《釋名·釋天》：“陰，蔭也，氣在内奥蔭也。”《釋名·釋言語》：“懯，優也，言奥優也。”此“奥”字與彼同義，言土氣陰濕。《説文》：“奥，宛也。宛，屈艸自覆也。”氣覆在下，謂之奥。本書卷六四《王襃傳》張晏注“奥，幽也”，義與此近。

　　[6]【今注】案，王先謙《漢書補注》引葉德輝曰：“霜凝於寒，故應寒氣爲災。雷生於濕，故應濕奥爲災。”

　　[7]【今注】案，《漢書考正》宋祁疑“罰”當作“誅”。

　　[8]【今注】案，沈欽韓《漢書疏證》引《吕氏春秋·首時篇》補證：“水凍方固，后稷不種。”

　　[9]【顏注】師古曰：此《艮卦》象辭也。言動止隨時則有光明也。

　　[10]【顏注】師古曰：《虞書·堯典》之辭也。言授下以四時之命，不可不敬也。

[11]【顏注】師古曰：枹，擊鼓之椎也，音“孚”。其字從木也（白鷺洲本、殿本無“也”字）。【今注】案，沈欽韓《漢書疏證》引《呂氏春秋・知士篇》補證：“相得則然後成，譬之若枹之與鼓。”又《韓非子・功名》：“至治之國，君若枹，臣若鼓。”

[12]【今注】若：王先謙《漢書補注》以爲猶及也。楊樹達《漢書窺管》以爲王先謙説非，當訓爲或。

　　臣聞五行以水爲本，其星玄武婺女，天地所紀，終始所生。[1]水爲準平，王道公正修明，則百川理，落脉通；[2]偏黨失綱，則踊溢爲敗。[3]《書》云“水曰潤下”，[4]陰動而卑，不失其道。天下有道，則河出圖，洛出書，故河、洛決溢，所爲最大。今汝、潁畎澮皆川水漂踊，與雨水並爲民害，[5]此《詩》所謂“爗爗震電，不寧不令，百川沸騰”者也。[6]其咎在於皇甫卿士之屬。[7]唯陛下留意詩人之言，少抑外親大臣。

[1]【顏注】孟康曰：婺女，須女也，北方天地之統，陰陽之終始也。【今注】玄武：二十八宿中北方七宿（斗、牛、女、虛、危、室、壁）的合稱。王先謙《漢書補注》曰：“北方，黑帝，其精爲玄武七宿，婺女其一也。”

[2]【顏注】師古曰：落，謂經絡也。

[3]【今注】案，踊，殿本作“涌”。

[4]【顏注】師古曰：《周書・洪範》之辭也。

[5]【顏注】師古曰：畎澮，小流也。許慎説廣尺深尺曰畎，廣二尋深二刃謂之澮（刃，白鷺洲本、殿本作“仞”）。川者，水貫穿而通流也。畎，工犬反（白鷺洲本、大德本、殿本“工”

前有"音"字）。澮，工外反（白鷺洲本、大德本、殿本"工"前有"音"字）。【今注】汝潁：汝水、潁水，皆淮河支流。　畎(quǎn)澮：田間水溝。泛指溪流、溝渠。　案，踊，白鷺洲本、殿本作"涌"。

[6]【顏注】師古曰：《詩·小雅·十月之交》之詩也。爗爗，光貌。寧，安也（殿本無"也"字）；令，善也。言陰陽失和，雷電失序，不安不善，故百川又沸騰。【今注】爗：音yè。

[7]【顏注】師古曰：皇甫卿士，周室女寵之族也。解在《劉向傳》。【今注】皇甫卿士：本書卷三六《劉向傳》顏師古注："皇甫，周卿士字也，周后寵之，故處於盛位，權黨於朝，詩人刺之。事見《小雅·十月之交》篇。"

臣聞地道柔净，[1]陰之常義也。地有上中下，[2]其上位震，應妃后不順，中位應大臣作亂，下位應庶民離畔。震或於其國，國君之咎也。四方中央連國歷州俱動者，其異最大。閒者關東地數震，五星作異，亦未大逆，宜務崇陽抑陰，以救其咎；固志建威，閉絶私路，拔進英雋，退不任職，以彊本朝。[3]夫本彊則精神折衝，本弱則招殃致凶，爲邪謀所陵。[4]聞往者淮南王作謀之時，[5]其所難者，獨有汲黯，[6]以爲公孫弘等不足言也。[7]弘，漢之名相，於今亡比，而尚見輕，何況亡弘之屬乎？

[1]【今注】案，净，白鷺洲本、大德本、殿本作"静"，當據改。

[2]【今注】地有上中下：王先謙《漢書補注》引蘇輿曰，上

中下以地形言之。中，謂中央；上下，謂四方；即下所云"四方中央"。楊泉《物理論》云："西北高，東南下。"馬總《意林》卷三引王充《論衡》云："地最下者，有楊、兗二州。"可爲證。

[3]【今注】本朝：朝廷。

[4]【顏注】師古曰：折衝，言有欲衝突爲害者，則能折挫之。

[5]【今注】淮南王：劉安。傳見本書卷四四。

[6]【今注】汲黯：傳見本書卷五〇。

[7]【今注】公孫弘：傳見本書卷五八。

故曰朝廷亡人，則爲賊亂所輕，其道自然也。天下未聞陛下奇策固守之臣也。語曰，何以知朝廷之衰？人人自賢，不務於通人，故世陵夷。[1]馬不伏歷，不可以趨道；士不素養，不可以重國。[2]《詩》曰"濟濟多士，文王以寧"，[3]孔子曰"十室之邑，必有忠信"，[4]非虛言也。陛下秉四海之衆，曾亡柱幹之固守聞於四境，殆開之不廣，取之不明，勸之不篤。傳曰："土之美者善養禾，君之明者善養士。"[5]人皆可使爲君子。[6]詔書進賢良，赦小過，無求備，以博聚英儁。如近世貢禹，以言事忠切蒙尊榮，當此之時，士屬身立名者多。禹死之後，日日以衰。及京兆尹王章坐言事誅滅，[7]智者結舌，[8]邪僞並興，外戚顓命，[9]君臣隔塞，至絕繼嗣，女宮作亂。[10]此行事之敗，誠可畏而悲也。本在積任母后之家，非一日之漸，往者不可及，來者猶可追也。先帝大聖，深見天意昭然，使陛下奉承天統，欲矯正之也。宜少抑外親，選練左右，舉有德行道術通明之士充備天官，[11] 然後可以輔聖德，保帝位，承大宗。下至郎吏從官，行能亡以異，又不通一蓺，及博士無文雅者，宜皆使就南畝，[12] 以視天下，[13] 明朝廷皆賢材君子，於以重朝尊君，滅凶致安，此其本也。臣自知所言害身，不辟死亡之誅，唯財留神，反覆覆愚臣之言。[14]

[1]【顏注】師古曰：通人，謂薦達賢材也。陵夷，謂頹替也。

[2]【顏注】師古曰：伏歷，謂伏槽歷而秣之也。“趨”讀曰“趣”。【今注】案，楊樹達《漢書窺管》以爲此節文義不連貫，應有錯亂。“語曰”二字似當在“馬不伏歷”上。

[3]【顏注】師古曰：《大雅·文王》之詩也。已解於上。

[4]【顏注】師古曰：《論語》載孔子之言也。【今注】案，語見《論語·公冶長》。

[5]【今注】案，王先謙《漢書補注》引蘇輿曰，《賈山傳》亦有此二語，“土”作“地”，“明”作“仁”。

[6]【顏注】師古曰：言在所以勸厲之。【今注】案，大德本、殿本“人”前有“中”字。

[7]【今注】京兆尹：漢武帝時改右內史置，掌治京師，又得參與朝政。位列九卿，秩中二千石。　王章：傳見本書卷七六。

[8]【顏注】師古曰：不敢出言也。

[9]【顏注】師古曰：“顓”與“專”同（殿本無此注）。

[10]【顏注】師古曰：謂趙飛燕姊妹也（姊，殿本作“姊”）。

[11]【今注】天官：王先謙《漢書補注》曰：“天工人代，故

官曰天官。"

　　[12]【顏注】師古曰：遣歸農業。

　　[13]【顏注】師古曰："視"讀曰"示"。

　　[14]【顏注】師古曰："財"與"裁"同，謂裁量而反思之。
【今注】財留神：王先謙《漢書補注》以爲猶言少留神耳。顏訓裁
量，非。　案，《漢書考正》劉攽以爲衍一"覆"字。王念孫《讀
書雜志・漢書第十二》以爲下"覆"字訓爲察，謂反覆察臣之言
也。本書卷八五《谷永傳》云"唯陛下留神，反覆熟省臣言"，文
義正與此同。《爾雅》："覆，察審也。"《考工記・弓人》"覆之而
角至"，鄭玄注："覆猶察也。"《左傳》定公四年"藏在周府，可
覆視也"，謂可察視。《禮記・月令》"命舟牧覆舟"，謂察舟。《孫
子・行軍》"軍行有險阻、潢井、葭葦、山林、翳薈者，必謹覆索
之"，謂察索之。是下"覆"字訓爲察，與上"覆"字異義。劉攽
説誤。

　　是時哀帝初立，成帝外家王氏未甚抑黜，[1]而帝外
家丁、傅新貴，[2]祖母傅太后尤驕恣，[3]欲稱尊號。丞
相孔光、大司空師丹執政諫爭，[4]久之，上不得已，遂
免光、丹而尊傅太后。語在《丹傳》。上雖不從尋言，
然采其語，每有非常，輒問尋。對屢中，[5]遷黃門侍
郎。[6]以尋言且有水災，故拜尋爲騎都尉，[7]使護河隄。

　　[1]【今注】王氏：指漢元帝后王政君家。

　　[2]【今注】丁傅：指漢哀帝母丁氏族與皇后傅氏族。

　　[3]【今注】傅太后：事迹見本書九七下《外戚傳下》。

　　[4]【今注】孔光：傳見本書卷八一。　師丹：傳見本書卷八
六。　執政：執守。何焯《義門讀書記》卷一九以爲"政"當作

"正"。王先謙《漢書補注》以爲"政""正"字同。

[5]【今注】案，白鷺洲本、大德本、殿本"對"前有"尋"字。

[6]【今注】黄門侍郎：秦和西漢郎官給事於黄闥（宮門）之内者，稱黄門郎或黄門侍郎。侍從皇帝、顧問應對，出則陪乘。多以重臣、外戚子弟、公主婿爲之。

[7]【今注】騎都尉：漢置，掌監羽林騎，後掌駐屯騎兵，領兵征伐。漢宣帝時，一人監羽林騎，一人領西域都護。秩比二千石。

初，成帝時，齊人甘忠可詐造《天官歷》、《包元太平經》十二卷，以言："漢家逢天地之大終，當更受命於天，天帝使真人赤精子，下教我此道。"忠可以教重平夏賀良、容丘丁廣世、[1]東郡郭昌等，中壘校尉劉向奏忠可假鬼神罔上惑衆，[2]下獄治服，未斷病死。賀良等坐挾學忠可書以不敬論，後賀良等復私以相教。哀帝初立，司隸校尉解光亦以明經通災異得幸，[3]白賀良等所挾忠可書。事下奉車都尉劉歆，[4]歆以爲不合五經，不可施行。而李尋亦好之。光曰："前歆父向奏忠可下獄，歆安肯通此道？"時郭昌爲長安令，[5]勸尋宜助賀良等。尋遂白賀良等皆待詔黄門，數召見，陳説："漢歷中衰，當更受命。成帝不應天命，故絶嗣。今陛下久疾，變異屢數，[6]天所以譴告人也。宜急改元易號，乃得延年益壽，皇子生，災異息矣。得道不得行，咎殃且亡，[7]不有洪水將出，災火且起，滌盪民人。"

[1]【顔注】服虔曰：重平，渤海縣也（渤，白鷺洲本、殿

本作"勃")。晉灼曰：容丘，東海縣也。【今注】重平：縣名。治所在今山東陵縣東北。

[2]【今注】中壘校尉：漢武帝時置，掌北軍壘門內，外掌西域。秩二千石。

[3]【今注】司隸校尉：西漢武帝時始置，掌察舉京師及京師近郡犯法者，並領京師所在之州。秩二千石。周壽昌《漢書注校補》據本書《百官公卿表上》以爲，司隸校尉，哀帝復置，稱"司隸"。與此稱"司隸校尉"不合。

[4]【今注】奉車都尉：漢武帝時始置，掌天子車輿，秩比二千石。

[5]【今注】長安令：長安縣縣令。屬京兆尹。

[6]【顏注】師古曰：數，所角反（白鷺洲本、大德本、殿本"所"前有"音"字）。

[7]【顏注】師古曰：言知道不能行之，必有殃咎，將至滅亡。【今注】案，得道不得行，《漢書考正》宋祁以爲下"得"字可刪；《漢書考正》劉攽以爲下"得"字衍文。

哀帝久寢疾，幾其有益，[1]遂從賀良等議。於是詔制丞相御史："蓋聞《尚書》'五曰考終命'，[2]言大運壹終，更紀天元人元，考文正理，推歷定紀，數如甲子也。朕以眇身入繼太祖，承皇天，總百僚，子元元，[3]未有應天心之效。即位出入三年，災變數降，日月失度，星辰錯謬，高下貿易，[4]大異連仍，盜賊並起。[5]朕甚懼焉，戰戰兢兢，唯恐陵夷。[6]惟漢至今二百載，歷紀開元，皇天降非材之右，漢國再獲受命之符，[7]朕之不德，曷敢不通夫受天之元命，必與天下自新。其大赦天下，以建平二年爲太初元年，[8]號曰陳聖劉太平皇帝。[9]漏刻以百二十爲度。布告天下，使明知之。"

[1]【顏注】師古曰："幾"讀曰"冀"。

[2]【顏注】師古曰：《周書·洪範》五福之數也。言得壽考而終其命也。【今注】案，《漢書考正》宋祁指出南本、浙本"命"字上有"厥"字。王先謙《漢書補注》引蘇輿據《毛詩·大雅·既醉》孔穎達《正義》引《洪範》鄭注："考終命。考，成也。終性命，謂皆生佼好以至老也。"鄭意以屬五事之貌，與惡對舉。《説苑·建本篇》引河間獻王云"夫穀者，國家所以昌熾，士女所以佼好"，亦説《書》義，與鄭意合。河間傳古文學，則知鄭是古文説。本書卷九《元紀》載初元二年詔云"黎庶康寧，考終厥命"，五年詔又云"天不終命"，本書《五行志》亦以"考終命"與"凶短折"同屬思心，是據《伏傳》爲説，並今文義。此以"考"爲"考正"，以"終命"爲"運終受命"，則屬今文異説。《易緯乾鑿度》："孔子軌以七百六十爲世軌者，堯以甲子受天元爲推術。"又云："入天元二百七十五萬九千二百八十歲，昌以西伯受命。"又言求日之法"甲子始數立，立算皆爲甲，旁算亦爲甲，以日次次之"。諸所推演，多合斯旨。蓋緯書亦今文家言，故得相通。

[3]【今注】元元：百姓。

[4]【顏注】師古曰：言山崩川竭也。

[5]【顏注】師古曰：仍，頻也。【今注】案，連，《漢書考正》宋祁指出，一本作"逆"字。

[6]【顏注】師古曰：慮漸減亡也。【今注】陵夷：由盛到衰。衰頹，衰落。

[7]【顏注】師古曰："右"讀曰"祐"。祐，助也。帝自言不材而得天助也。【今注】案，《漢書考正》宋祁認爲"今"字上疑有"于"字。"漢"字下疑有"興"字。

[8]【今注】建平：漢哀帝年號（前6—前3）。　太初：指太初元將。漢哀帝年號（前5）。

[9]【今注】案，陳直《漢書新證》按：四字年號始此，陳聖似指陳胡公爲舜後之意，蓋王莽引以自況，顯示有代漢之企圖。

　　後月餘，上疾自若。[1]賀良等復欲妄變政事，大臣爭以爲不可許。賀良等奏言大臣皆不知天命，宜退丞相御史，以解光、李尋輔政。上以其言亡驗，遂下賀良等吏，而下詔曰："朕獲保宗廟，爲政不德，變異屢仍，恐懼戰栗，未知所繇。[2]待詔賀良等建言改元易號，增益漏刻，可以永安國家。朕信道不篤，過聽其言，[3]幾爲百姓獲福。[4]卒無嘉應，久旱爲災。以問賀良等，對當復改制度，皆背經誼，違聖制，不合時宜。夫過而不改，是爲過矣。[5]六月甲子詔書，非赦令也，皆蠲除之。[6]賀良等反道惑衆，姦態當窮竟。"皆下獄，光禄勳平當、光禄大夫毛莫如與御史中丞、廷尉雜治，[7]當賀良等執左道，亂朝政，[8]傾覆國家，誣罔主上，不道。賀良等皆伏誅。尋及解光減死一等，徙敦煌郡。[9]

[1]【顔注】師古曰：自若，言如故也。

[2]【顔注】師古曰："繇"讀與"由"同。

[3]【顔注】師古曰：過，誤也。

[4]【顔注】師古曰：幾幾曰冀（白鷺洲本、大德本、殿本作"幾"讀曰冀，是）。

[5]【今注】案，《漢書考正》宋祁以爲"爲"字當作"謂"。

王先謙《漢書補注》以爲"爲""謂"字同，不誤。

　　[6]【顏注】師古曰：唯赦令不改，餘皆除之。【今注】案，楊樹達《漢書窺管》以爲"也"字當爲"它"，與下"皆蠲除之"五字爲句。顏注"餘"字正釋"它"字，今本誤。又《哀紀》亦載此詔，顏注"也字有作他字者"尤其明證。

　　[7]【今注】光禄勳：秦稱"郎中令"，漢因之，武帝時更名"光禄勳"，掌宮殿掖門户。秩中二千石，位列九卿。　御史中丞：西漢始置，爲御史大夫副貳。主掌爲監察、執法；兼管蘭臺所藏圖籍秘書、文書檔案；外則督諸監郡御史，監察考核郡國行政；内領侍御史，監督殿庭、典禮威儀，受公卿奏事，關通中外朝；考核四方文書計簿，劾按公卿章奏，監察、糾劾百官；參治刑獄，收捕罪犯等。秩千石。　毛莫如：事迹見本書卷八八《儒林傳》。王先謙《漢書補注》以爲"毛"字當爲"屯"。

　　[8]【顏注】師古曰：當，謂處正其罪名。

　　[9]【今注】敦煌郡：治敦煌縣（今甘肅敦煌市七里鎮白馬塔村）。

　　贊曰：幽贊神明，通合天人之道者，莫著乎《易》《春秋》。[1]然子贛猶云，[2]"夫子之文章可得而聞，[3]夫子之言性與天道不可得而聞"已矣。[4]漢興推陰陽言災異者，孝武時有董仲舒、夏侯始昌，昭、宣則眭孟、夏侯勝，元、成則京房、翼奉、劉向、谷永，哀、平則李尋、田終術。[5]此其納説時君著明者也。察其所言，仿佛一端。[6]假經設誼，依託象類，或不免乎"億則屢中"。[7]仲舒下吏，夏侯囚執，眭孟誅戮，李尋流放，此學者之大戒也。京房區區，不量淺深，危言刺譏，構怨彊臣，罪辜不旋踵，亦不密以失身，

悲夫！^[8]

[1]【顏注】師古曰：幽，深；贊，明也。

[2]【今注】子贛：子貢。事迹見《史記》卷六七《仲尼弟子列傳》。

[3]【顏注】師古曰：謂《易辭·文言》及《春秋》之屬是（見，蔡琪本、殿本作"也"）。

[4]【顏注】師古曰：性命玄遠，天道幽深，故孔子不言之也。此皆《論語》述子貢之言也。【今注】案，語見《論語·公冶長》。

[5]【今注】田終術：殿本《漢書考證》云："田終術，見《翟方進》《王莽傳》。"

[6]【顏注】師古曰："仿"讀曰"髣"。"佛"與"髴"同。

[7]【顏注】師古曰：《論語》稱孔子曰"賜不受命，而貨殖焉，億則屢中"，故此贊引之，言仲舒等億度，所言既多，故時有中者耳，非必道術皆通明也。億，於力反。

[8]【顏注】師古曰：《易·上繫辭》曰"君不密則失臣，臣不密則失身"，故贊引之也。

漢書　卷七六

趙尹韓張兩王傳第四十六[1]

[1]【今注】案，本傳所記諸人，皆任職京輔，並稱廉能，爲政有績，然身處是非之地，不量輕重，多失身墮功。由此可見，京輔爲官之不易。

趙廣漢字子都，涿郡蠡吾人也，[1]故屬河閒。[2]少爲郡吏、州從事，[3]以廉絜通敏下士爲名。[4]舉茂材，[5]平準令。[6]察廉爲陽翟令。[7]以治行尤異，遷京輔都尉，[8]守京兆尹。[9]會昭帝崩，而新豐杜建爲京兆掾，[10]護作平陵方上。[11]建素豪俠，賓客爲姦利，廣漢聞之，先風告。不改，[12]於是收案致法。[13]中貴人豪長者爲請無不至，終無所聽。[14]宗族賓客謀欲篡取，[15]廣漢盡知其計議主名、起居，[16]使吏告曰：“若計如此，且并滅家。”令數吏將建棄市，莫敢近者。京師稱之。

[1]【顔注】師古曰：“蠡”音“禮”。【今注】涿郡：治涿縣（今河北涿州市）。　蠡吾：縣名。漢置。治所在今河北博野縣西南。案，《論衡·命禄》：“趙子都明經，階甲科，至郎、博士。”
[2]【顔注】師古曰：言蠡吾舊屬河間，後屬涿郡。【今注】

河閒：郡名。治樂城（今河北獻縣東）。

[3]【今注】州從事：即從吏史，亦稱從事掾。漢刺史的佐吏。漢三公及州郡長官皆自辟僚屬，多以從事爲稱。

[4]【顏注】師古曰：敏謂材識捷疾也。下胡嫁反（白鷺洲本、大德本、殿本“胡”前有“音”字）。

[5]【今注】茂材：漢代察舉科目。原稱“秀才”，避光武帝劉秀之諱改爲“茂材”，或作“茂才”。茂材科主要是選拔奇才異能之士，故常稱茂材異等。西漢時，茂材屬於特舉。

[6]【今注】平準令：官名。漢置，掌平準物價等事，俸六百石。

[7]【今注】陽翟：縣名。治所在今河南禹州市。

[8]【今注】京輔都尉：官名。掌管地方軍隊，護衛京師治安糾察等。京輔，治華陰（今陝西華陰市）。

[9]【今注】守：代理。　京兆尹：官名。亦爲政區名。漢武帝太初元年（前104）改右内史置。分原右内史東半部爲其轄區。職掌與郡太守同。因地屬畿輔，不稱郡。爲三輔之一。

[10]【今注】新豐：縣名。漢置，治所在今陝西西安市臨潼區東北，秦時曰驪邑。　京兆掾：京兆尹掾屬之泛稱。

[11]【顏注】孟康曰：壙臧上也。師古曰：方上解在《張湯傳》（白鷺洲本、大德本、殿本無“解”字）。【今注】護作：主持並監督工程項目。　平陵：漢昭帝陵。在今陝西咸陽市西。　方上：陵體地上部分之稱謂，即墳冢。

[12]【顏注】師古曰：“風”讀曰“諷”。【今注】案，不改，白鷺洲本、大德本、殿本前有“建”字。

[13]【顏注】師古曰：致，至也。令至於罪罰之法。

[14]【顏注】師古曰：中貴人，居中朝而貴者也。豪，豪桀也。長者，有名德之人也（白鷺洲本、殿本此注後有“服虔曰：内臣之貴幸者”）。

[15]【顔注】師古曰：逆取曰篡。

[16]【顔注】師古曰：起居謂居止之處，及欲發起之狀。

是時，昌邑王徵即位，[1]行淫亂，大將軍霍光與群臣共廢王，[2]尊立宣帝。廣漢以與議定策，賜爵關內侯。[3]

[1]【今注】昌邑王：即劉賀（前92—前59），漢武帝孫，漢昭帝之姪。昌邑哀王劉髆之子，西漢第九位皇帝，亦是西漢在位時間最短的皇帝。傳見本書卷六三。劉賀的墓葬，位於今江西南昌市新建區，是已發掘的文物最豐富的漢代列侯等級墓葬，2015年入選中國十大考古新發現。參見江西省文物考古研究所、首都博物館編《五色炫曜：南昌漢代海昏侯國考古成果》（江西人民出版社2016年版）。昌邑王立廢事，或可參見孫筱《從“爲人後者爲之子”談漢廢帝劉賀的立與廢》（《史學月刊》2016年第9期）。

[2]【今注】大將軍：官名。將軍的最高稱謂。位在三公上，卿以下皆拜。後又設大司馬，爲將軍的加官。自漢武帝起，章奏的拆讀與審議漸轉歸以大將軍爲首的尚書，分丞相權。自霍光以大司馬大將軍的名義當政，大將軍實爲中朝官領袖，權力已逾丞相。霍光：傳見本書卷六八。

[3]【顔注】師古曰：“與”讀曰“豫”。【今注】關內侯：爵位名。秦漢二十等爵位的第十九等，僅低於徹侯（列侯，亦稱“通侯”）。封有食邑數户不等，有號無封國。

遷潁川太守。[1]郡大姓原、褚宗族橫恣，[2]賓客犯爲盗賊，前二千石莫能禽制。廣漢既至數月，誅原、褚首惡，郡中震栗。

[1]【今注】潁川：郡名。治陽翟（今河南禹州市）。

[2]【顏注】李奇曰："原"音"元"。師古曰：原、褚，二姓也。原讀如本字。橫，胡孟反（白鷺洲本、大德本、殿本"胡"前有"音"字）。

　　先是，潁川豪桀大姓相與爲婚姻，吏俗朋黨。廣漢患之，屬使其中可用者受記，[1]出有案問，既得罪名，行法罰之，廣漢故漏泄其語，令相怨咎。[2]又教吏爲缿筩，[3]及得投書，削其主名，而託以爲豪桀大姓子弟所言。其後彊宗大族家家結爲仇讎，姦黨散落，風俗大改。吏民相告訐，[4]廣漢得以爲耳目，盜賊以故不發，發又輒得。壹切治理，威名流聞，[5]及匈奴降者言匈奴中皆聞廣漢。

[1]【顏注】服虔曰：受相訟牋記也。師古曰：擇其中可使者，奬屬而使之。

[2]【顏注】師古曰：遣知其事由某人發，故結怨咎也。

[3]【顏注】蘇林曰："缿"音"項"，如瓶，可受投書。孟康曰：筩，竹筩也，如今官受密事筩也（受，白鷺洲本、大德本同，殿本作"授"）。師古曰：缿，若今盛錢臧瓶，爲小孔，可入而不可出。或缿或筩，皆爲此制，而用受書，令投於其中也。筩音同。【今注】缿（xiàng）筩（tǒng）：告密箱。

[4]【顏注】師古曰：面相斥曰訐，音居乂反，又音居謁反。【今注】告訐：告發，責人過失或揭人隱私。

[5]【顏注】師古曰：言諸事皆治理也。治，直吏反（白鷺洲本、大德本、殿本"直"前有"音"字）。一切，解在《平紀》。

本始二年，[1]漢發五將軍擊匈奴，[2]徵遣廣漢以太守將兵，[3]屬蒲類將軍趙充國。[4]從軍還，復用守京兆尹，滿歲爲真。

[1]【今注】本始：漢宣帝年號（前73—前70）。

[2]【今注】五將軍：祁連將軍田廣明、度遼將軍范明友、前將軍韓增、蒲類將軍趙充國、虎牙將軍田順。

[3]【今注】案，白鷺洲本、大德本、殿本無“遣”字。

[4]【今注】趙充國：傳見本書卷六九。

廣漢爲二千石，以和顏接士，其尉薦待遇吏，殷勤甚備。[1]事推功善，歸之於下，曰：“某掾卿所爲，非二千石所及。”行之發於至誠。吏見者皆輸寫心腹，[2]無所隱匿，咸願爲用，[3]僵仆無所避。[4]廣漢聰明，皆知其能之所宜，盡力與否。其或負者，輒先聞知，風諭不改，乃收捕之，[5]無所逃，案之皋立具，即時伏辜。[6]

[1]【顏注】如淳曰：尉亦薦藉也。師古曰：尉薦謂安尉而薦達之。【今注】尉薦：慰藉。案，錢大昭《漢書辨疑》云，薦猶藉也。亦見本書卷七六《韓延壽》、卷九四《匈奴傳》。顏分尉薦爲二義，非。

[2]【今注】寫：同“瀉”。案，錢大昭《漢書辨疑》引《詩·小雅·蓼蕭》“既見君子，我心寫兮”。《毛傳》：“輸寫其心也。”《鄭箋》：“我心寫者，輸其情意，無留恨也。”

[3]【今注】案，大德本、殿本同，白鷺洲本無“用”字。

[4]【顏注】師古曰：僵，偃也。仆，頓也。“僵”音“薑”

（薑，大德本、殿本同，白鷺洲本作"僵"）。"仆"音"赴"。

　　[5]【顏注】師古曰："風"讀曰"諷"。

　　[6]【今注】伏辜：服罪。《詩·小雅·雨無正》："舍彼有罪，既伏其辜。"

　　廣漢爲人彊力，天性精於吏職。見吏民，或夜不寢至旦。尤善爲鉤距，以得事情。[1]鉤距者，設欲知馬賈，則先問狗，[2]已問羊，又問牛，然後及馬，參伍其賈，以類相準，則知馬之貴賤不失實矣。唯廣漢至精能行之，它人效者莫能及。[3]郡中盜賊，閭里輕俠，[4]其根株窟穴所在，及吏受取請求銖兩之姦，[5]皆知之。長安少年數人會窮里空舍謀共劫人，[6]坐語未訖，廣漢使吏捕治具服。富人蘇回爲郎，二人劫之。[7]有頃，廣漢將吏到家，自立庭下，使長安丞龔奢叩堂户曉賊，[8]曰："京兆尹趙君謝兩卿，無得殺質，此宿衞臣也。釋質，束手，得善相遇，幸逢赦令，或時解脱。"[9]二人驚愕，又素聞廣漢名，即開户出，下堂叩頭，廣漢跪謝曰："幸全活郎，甚厚！"送獄，勑吏謹遇，給酒肉。至冬當出死，豫爲調棺，給斂葬具，告語之，[10]皆曰："死無所恨！"

　　[1]【顏注】蘇林曰：鉤得其情，使不得去也。晉灼曰：鉤，致也；距，閉也。使對者無疑，若不問而自知，衆莫覺所由以閉，其術爲距也。師古曰：晉説是也。【今注】鉤距：古代的一種兵器。引申爲輾轉推問，究得情實。

　　[2]【顏注】師古曰："賈"讀曰"價"。

［3］【今注】案，白鷺洲本、大德本、殿本句末有"也"字。

［4］【今注】輕俠：勇於急人之難之人。

［5］【今注】求：即"賕"，賄賂。本書《刑法志》有"吏坐受賕枉法"之說。

［6］【顏注】師古曰：窮里，里中之極隱處。

［7］【顏注】師古曰：劫取其身爲質，令家將財物贖之。

［8］【顏注】師古曰：曉謂喻告之（喻，白鷺洲本、大德本同，殿本作"諭"）。【今注】長安丞：長安縣丞。漢時每縣各置丞一人，以輔佐令長，主要職責是文書。

［9］【顏注】師古曰：若束手自來，雖合處牢獄，當善處遇之，或逢赦令，則得免脫也。脫，吐活反（白鷺洲本、大德本、殿本"吐"前有"音"字）。

［10］【顏注】師古曰：調，辦具之也。棺斂，以棺衣斂尸也。調，徒釣反（白鷺洲本、大德本、殿本"徒"前有"音"字）。棺，工喚反（白鷺洲本、大德本、殿本"工"前有"音"字）。斂，力瞻反（白鷺洲本、大德本、殿本"力"前有"音"字）。

廣漢嘗記召湖都亭長，[1]湖都亭長西至界上，界上亭長戲曰："至府，爲我多問趙君。"[2]亭長既至，廣漢與，[3]問事畢，謂曰："界上亭長寄聲謝我，[4]何以不爲致問？"亭長叩頭服實有之。廣漢因曰："還爲吾謝界上亭長，勉思職事，有以自效，京兆不忘卿厚意。"其發姦擿伏如神，皆此類也。[5]

［1］【顏注】師古曰：爲書記以召之，若今之下符追呼人也。【今注】湖：縣名。漢初置胡縣，武帝建元元年（前140）改作

"湖縣"。治所在今河南靈寶市西北閿鄉縣西南。 都亭長：官名。漢置。縣屬小吏。設在鄉間稱"鄉亭"或"野亭"，設在城内或城郊稱"都亭"。亭長掌治理民事、主捕盜賊，兼管停留旅客等。

[2]【顏注】師古曰：多，厚也，言殷勤，若今人言千萬問訊矣。【今注】案，多問，白鷺洲本、大德本、殿本作"多謝問"。

[3]【今注】案，白鷺洲本、大德本、殿本"與"後有"語"字。

[4]【顏注】師古曰：謝，告也。

[5]【顏注】師古曰：摘謂動發之也，音它狄反。【今注】發姦摘伏：尋找發掘隱藏的壞事。摘，查找，揭發。

廣漢奏請，令長安游徼獄吏秩百石，[1]其後百石吏皆差自重，[2]不敢枉法妄繫留人。京兆政清，吏民稱之不容口。長老傳以爲自漢興治京兆者莫能及。[3]左馮翊、右扶風皆治長安中，[4]犯法者從迹喜過京兆界。[5]廣漢歎曰："亂吾治者，常二輔也！誠令廣漢得兼治之，直差易耳。"[6]

[1]【顏注】師古曰：特增其秩以屬其行。【今注】游徼：鄉官名。原爲泛稱，意爲秩禄官吏中最低級人員。秦末始爲官名，漢沿。掌巡察緝捕之事。

[2]【今注】差：比較。

[3]【今注】長老：對年長者的一種敬稱。 案，白鷺洲本、大德本、殿本"漢興"後有"以來"二字。

[4]【顏注】師古曰：治，直吏反（白鷺洲本、大德本、殿本"直"前有"音"字）。【今注】左馮翊：官名，亦作政區名。漢武帝改左内史置。爲拱衛首都長安的三輔（京兆尹、左馮翊、右扶風）之一。治在長安（今陝西西安市西北）。 右扶風：官名，

亦作政區名。漢代三輔之一。秦置主爵都尉。漢景帝中元六年（前144）更名都尉，武帝太初元年（前104）更名右扶風，取扶助風化之意。轄地在今陝西西安市長安區西，爲拱衞首都長安三輔之一。案，王先謙《漢書補注》曰：“據《公卿表》，元封六年宣免，太初元年爲右扶風，中廢不過數月。”

[5]【顏注】師古曰：“從”讀曰“縱”。喜，許吏反（白鷺洲本、大德本、殿本“許”前有“音”字）。

[6]【今注】案，差，大德本、殿本同，白鷺洲本作“羌”，誤。

初，大將軍霍光秉政，廣漢事光。及光薨後，廣漢心知微指，[1]發長安吏，自將與俱至光子博陸侯禹弟，[2]直突入其門，廋索私屠酤，推破盧罋，斧斬其門關而去。[3]時光女爲皇后，聞之，對帝涕泣。帝心善之，以召問廣漢。廣漢由是侵犯貴戚大臣。所居好用世吏子孫新進年少者，[4]專屬彊壯蠭氣，[5]見事風生，無所回避，[6]率多果敢之計，莫爲持難。廣漢終以此敗。

[1]【顏注】師古曰：識天子意也。

[2]【今注】案，弟，白鷺洲本、殿本作“第”。下同不注。

[3]【顏注】師古曰：“廋”讀與“搜”同，謂入室求之也。盧所以居罋（盧，殿本作“廬”），罋所以盛酒也。盧解在《食貨志》《司馬相如傳》（如，大德本、殿本同，白鷺洲本作“始”，誤）。罋，於耕反（白鷺洲本、大德本、殿本“於”前有“音”字）。【今注】私屠酤：私自屠宰牲畜及私釀賣酒。當時實行榷酒，即酒類專賣制度。　案，推，白鷺洲本、大德本同，殿本作“椎”。

門關：門閂。

[4]【顏注】師古曰：言舊吏家子孫而其人後出求進，又年少也。

[5]【顏注】師古曰："蠭"與"鋒"同，言鋒銳之氣。

[6]【顏注】師古曰：風生，言其速疾不可當也。回，曲也。

初，廣漢客私酤酒長安市，丞相吏逐去。[1]客疑男子蘇賢言之，以語廣漢。使長安丞案賢，[2]尉史禹故劾賢爲騎士屯霸上，[3]不詣屯所，乏軍興。[4]賢父上書訟罪，告廣漢，事下有司覆治。禹坐要斬，請逮捕廣漢。有詔即訊，[5]辭服，會赦，貶秩一等。廣漢疑其邑子榮畜教令，[6]後以它法論殺畜。[7]人上書言之，事下丞相御史，案驗甚急。廣漢使所親信長安人爲丞相府門卒，令微司丞相門内不法事。[8]地節三年七月中，[9]丞相傅婢有過，自絞死。廣漢聞之，疑丞相夫人妒殺之府舍。而丞相奉齋酎入廟祠，[10]廣漢得此，使中郎趙奉壽風曉丞相，[11]欲以脅之，毋令窮正己事。丞相不聽，案驗愈急。廣漢欲告之，先問太史知星氣者，言今年當有戮死大臣，廣漢即上書告丞相罪。制曰："下京兆尹治。"廣漢知事迫切，遂自將吏卒入丞相府，[12]召其夫人跪庭下受辭，[13]收奴婢十餘人去，責以殺婢事。丞相魏相上書自陳："妻實不殺婢。廣漢數犯罪法不伏辜，以詐巧迫脅臣相，幸臣相寬不奏。願下明使者治廣漢所驗臣相家事。"事下廷尉治，[14]實丞相自以過譴笞傅婢，出至外弟乃死，[15]不如廣漢言。司直蕭望之劾奏：[16]"廣漢摧辱大臣，欲以劫持奉公，逆節傷化，不道。"宣帝惡之，下廣漢廷尉獄，又坐賊殺不辜，鞠獄故不以實，擅斥除騎士乏軍興數罪。[17]天子可其奏。吏民守闕號泣者數萬人，或言：“臣生無益縣官，願代趙京兆死，使牧養小民。”[18]廣漢竟坐要斬。廣漢爲京兆尹廉明，[19]威制豪彊，小民得職。[20]百姓追思，歌之至今。[21]

[1]【今注】案，吏，白鷺洲本、大德本、殿本作“史”。

[2]【顏注】師古曰：案，致其罪也。【今注】案，白鷺洲本、大德本、殿本“使”前又有“廣漢”二字。

[3]【今注】案，史，白鷺洲本、殿本作“吏”。

[4]【顏注】文穎曰：尉史，尉部史也。禹，其名。【今注】尉史：漢郡尉之屬官。或參見李迎春《漢代的“尉史”》（《簡帛》第5輯，上海古籍出版社2010年版）。 軍興：此指軍隊法令制度。

[5]【顏注】師古曰：令就問之，不追入獄也。

[6]【顏注】師古曰：蘇賢同邑之子也。令，力成反（白鷺洲本、大德本、殿本“力”前有“音”字）。【今注】邑子：同鄉。 教令：教唆。

[7]【今注】案，它，白鷺洲本、大德本同，殿本作“他”。

[8]【今注】微司：即微伺。暗中伺察。

[9]【今注】地節：漢宣帝年號（前69—前66）。

[10]【顏注】師古曰：將酎祭宗廟而先絜齋也。【今注】齋酎：古祭祀所用醇酒。

[11]【顏注】師古曰：“風”讀曰“諷”。【今注】中郎：官名。郎官的一種。爲皇帝近侍官。秩爲比六百石，屬光禄勳。

[12]【今注】案，白鷺洲本、大德本、殿本“入”前有“突”字。

[13]【顏注】師古曰：受其對辭也。

　　[14]【今注】廷尉：官名。秦漢沿置。景帝中元六年（前144）改名大理，武帝建元四年（前137）復舊。秩中二千石，九卿之一。爲中央最高司法審判機構長官。　案，白鷺洲本、大德本、殿本"治"後有"罪"字。

　　[15]【今注】案，弟，白鷺洲本、大德本、殿本作"第"。下同不注。

　　[16]【今注】司直：官名。指丞相司直，漢武帝始置。幫助丞相檢舉不法。　蕭望之：傳見本書卷七八。

　　[17]【顏注】師古曰：斥除，逐遣之。

　　[18]【今注】案，白鷺洲本、殿本"使"後有"得"字。

　　[19]【今注】案，白鷺洲本、大德本、殿本"廣漢"後有"雖坐法誅"四字。

　　[20]【顏注】師古曰：得職，各得其常所也。

　　[21]【今注】案，周壽昌《漢書注校補》謂，廣漢兄子趙貢爲吏，亦有能名，見本書卷八三《薛宣傳》。

　　尹翁歸字子兄，[1]河東平陽人也，[2]徙杜陵。[3]翁歸少孤，與季父居。爲獄小吏，曉習文法。喜擊劍，人莫能當。[4]是時大將軍霍光秉政，諸霍在平陽，奴客持刀兵入市鬬變，吏不能禁，[5]及翁歸爲市吏，[6]莫敢犯者。公廉不受餽，[7]百賈畏之。

　　[1]【顏注】師古曰："兄"讀曰"況"。【今注】案，陳直《漢書新證》認爲"兄"字雖可通假爲"況"，然在人名上仍應讀作本音，並舉漢印文字爲證。

　　[2]【今注】河東：郡名。治安邑（今山西夏縣北）。　平陽：縣名。治所在今山西臨汾縣南。隋改稱"臨汾"。

　　[3]【今注】杜陵：漢宣帝陵。因陵爲縣，故址在今陝西西安

市雁塔區曲江街道辦事處三兆村西北。

[4]【顏注】師古曰：喜，許吏反（大德本、殿本同，白鷺洲本"許"前有"音"字）。

[5]【顏注】師古曰：變，亂也。【今注】案，王先謙《漢書補注》曰，《功臣表》合陽侯梁喜以平陽大夫告霍徵史、徵史子信等侯。蓋光後族滅，平陽諸霍亦以反誅，而霍氏無遺種矣。

[6]【今注】市吏：管理市場的官吏。

[7]【顏注】師古曰：餧亦饋字也。【今注】案，《漢書考正》宋祁謂，"餧"下有"遺"字。

　　後去吏居家。[1]會田延年爲河東太守，[2]行縣至平陽，悉召故吏五六十人，延年親臨見，令有文者東，有武者西。閱數十人，次到翁歸，獨伏不肯起，對曰："翁歸文武兼備，唯所施設。"[3]功曹以爲此吏倨敖不遜，[4]延年曰："何傷？"[5]遂召上辭問，[6]甚奇其對，除補卒史，[7]便從歸府。案事發姦，窮竟事情，延年大重之，自以能不及翁歸，徙署督郵。[8]河東二十八縣，[9]分爲兩部，閎孺部汾北，翁歸部汾南。[10]所舉應法，得其罪辜，屬縣長吏雖中傷，莫有怨者。舉廉爲緱氏尉，[11]歷守郡中，所居治理，[12]遷補都内令，[13]舉廉爲弘農都尉。[14]

[1]【今注】案，大德本同，白鷺洲本、殿本無"吏"字。

[2]【今注】田延年：傳見本書卷九〇。

[3]【今注】施設：安排，措置。

[4]【顏注】師古曰："敖"讀曰"傲"。

[5]【今注】傷：妨礙。

[6]【顏注】師古曰：爲文辭而問之。

[7]【今注】卒史：官名。秦漢官署中的屬吏。秩一百石。

[8]【今注】署：試爲某官。　督郵：官名。“督郵書掾”“督郵曹掾”的簡稱。漢郡守重要屬吏。代表太守督察縣鄉，宣達政令兼司法等。每郡分若干部，每部設一督郵。

[9]【今注】案，“二十八”或當作“二十四”。《漢書考證》齊召南曰：“《地理志》河東郡統縣二十四，自安邑至騏可數也。此‘八’字當是‘四’字之誤。”周壽昌《漢書注校補》云：“蓋元始時改除四縣入他郡；此宣帝時，猶二十八縣也。《張敞傳》‘山陽郡戶九萬三千，口五十萬’，《地理志》‘山陽郡戶十七萬二千八百四十七，口八十萬一千二百八十八’。《傳》綜宣帝時，《地理》綜元始時之數，故不能齊同。凡此可類推。”

[10]【顏注】師古曰：閎，姓也，音“宏”（白鷺洲本、大德本同，殿本此注位於“閎孺部汾北”後）。【今注】汾：汾河。

[11]【今注】緱（gōu）氏：縣名。治所在今河南偃師市東南府店鎮。

[12]【顏注】師古曰：歷於郡中守丞尉之職也。

[13]【今注】都內令：官名。漢置，簡稱“都內”。屬大司農，掌京師庫藏。

[14]【今注】弘農：郡名。漢武帝時置。治弘農（今河南靈寶市東北）。　都尉：官名。郡守副貳。漢景帝時改尉爲都尉。都尉專管本郡軍事戍防，其治所別立，置官屬，在郡中與太守並重，有時代行太守職務。

徵拜東海太守，[1]過辭廷尉于定國。[2]定國家在東海，欲屬託邑子兩人，[3]令坐後堂待見。定國與翁歸語終日，不敢見其邑子。既去，定國乃謂邑子曰：“此賢將，[4]汝不任事也，又不可干以私。”[5]

[1]【今注】東海：郡名。又名郯郡、東晦郡，郡治在郯縣（今山東郯城縣西北）。

[2]【今注】于定國：傳見本書卷七一。

[3]【顏注】師古曰：邑子，同邑人之子也。屬，之欲反（大德本同，白鷺洲本、殿本“之”前有“音”字）。

[4]【今注】賢將：郡守兼領武事，故稱。

[5]【顏注】師古曰：任，堪也。干，求也。

　　翁歸治東海明察，郡中吏民賢不肖，及姦邪罪名盡知之。縣縣各有記籍。自聽其政，[1]有急名則少緩之；[2]吏民小解，輒披籍。[3]縣縣收取黠吏豪民，案致其罪，高至於死。取人必於秋冬課吏大會中，及出行縣，[4]不以無事時。其有所取也，以一警百，吏民皆服，恐懼改行自新。東海大豪郯許仲孫，[5]為姦猾，亂吏治，郡中苦之。二千石欲捕者，輒以力埶變詐自解，終莫能制。翁歸至，論棄仲孫市，一郡怖栗，莫敢犯禁。東海大治。

[1]【顏注】師古曰：言決斷諸縣姦邪之事，不委令長。

[2]【今注】急名：為政急酷。

[3]【顏注】服虔曰：披有罪者籍也。師古曰：“解”讀曰“懈”。

[4]【顏注】師古曰：於大會之中及行縣時則收取罪人，以警衆也。行，音下更反。【今注】案，白鷺洲本同，大德本、殿本“取”前有“收”字。周壽昌《漢書注校補》云：“漢以冬盡決囚，必於秋冬收取者，使不得展緩逃死。”

[5]【顏注】師古曰：郯縣之豪，姓許名仲孫。【今注】郯：

縣名。治所在今山東郯城縣西北。

以高弟入守右扶風，[1]滿歲爲真。選用廉平疾姦吏以爲右職，[2]接待以禮，好惡與同之；其負翁歸，罰亦必行。治如在東海故迹，姦邪罪名亦縣縣有名籍。盜賊發其比伍中，[3]翁歸輒召其縣長吏，曉告以姦黠主名，教使用類推迹盜賊所過抵，[4]類常如翁歸言，無有遺脱。[5]緩於小弱，急於豪彊。豪彊有論罪，輸掌畜官，[6]使斫莝，[7]責以員程，不得取代。[8]不中程，輒笞督，[9]極者至以鈇自剄而死。[10]京師畏其威嚴，扶風大治，盜賊課常爲三輔最。[11]

[1]【今注】高弟：考績優等。

[2]【今注】右職：重要的職位。漢以右爲尊。

[3]【顏注】師古曰：比謂左右相次者也。五家爲伍，若今五保也。比，頻寐反（白鷺洲本、大德本、殿本"頻"前有"音"字）。【今注】比伍：近鄰。漢時户籍五家爲"伍"。

[4]【顏注】師古曰：抵，歸也。所經過及所歸投也。

[5]【顏注】師古曰：類猶率也。

[6]【顏注】師古曰：論罪，決罪也。扶風畜收所在（收，白鷺洲本、殿本作"牧"），有苑師之屬，故曰掌畜官也。畜，許救反（大德本同，白鷺洲本、大德本、殿本"許"前有"音"字）。【今注】案，豪彊有論罪，白鷺洲本、大德本同，殿本無"豪彊"二字。

[7]【顏注】師古曰：莝，斬芻，音千卧反。【今注】斫莝：鍘草。

[8]【顏注】師古曰：員，數也。計其人及日數爲功程。【今

注】員程：亦作“員呈”。指規定人數、期限之工作指標。

[9]【顏注】師古曰：督，責也。

[10]【顏注】師古曰：鈇，斫莝刃也，音“大夫”之“夫”。使其斫莝，故因以莝刃自剄（刃，大德本、殿本同，白鷺洲本作“刀”）。而說者或謂爲斧，或云劍鈇，皆失之也。

[11]【顏注】師古曰：言發則獲之，無有遺失，故爲最也。
【今注】課：考課。古代官吏分類考核制度，並依考核的結果進行獎懲。

　　翁歸爲政雖任刑，其在公卿之間清絜自守，語不及私，然溫良嗛退，不以行能驕人，[1]甚得名譽於朝廷。視事數歲，元康四年病卒。[2]家無餘財，天子賢之，制詔御史：“朕夙興夜寐，以求賢爲右，[3]不異親疏近遠，務在安民而已。扶風翁歸廉平鄉正，[4]治民異等，早夭不遂，不得終其功業，朕甚憐之。其賜翁歸子黃金百斤，以奉其祭祠。”

[1]【顏注】師古曰：嗛，古以爲“謙”字。
[2]【今注】元康：漢宣帝年號（前65—前61）。
[3]【顏注】師古曰：右猶上也。
[4]【顏注】師古曰：“鄉”讀曰“嚮”。

　　翁歸三子皆爲郡守。少子岑歷位九卿，至後將軍。[1]而閎孺亦至廣陵相，[2]有治名。由是世稱田延年爲知人。

[1]【今注】後將軍：武官名。金印紫綬，位次於上卿。職掌

爲典京師兵衞，或屯兵邊境。不常置。漢末以後，將軍名號繁多，有前、後、左、右之類，後遂漸廢棄。案，本書《百官公卿表》尹岑成帝元延元年（前12）爲右將軍。表傳不一。

［2］【今注】廣陵：漢諸侯王國名。漢武帝第四子劉胥被封爲廣陵王，都廣陵（今江蘇揚州市西北蜀岡上）。

　　韓延壽字長公，燕人也，[1]徙杜陵。少爲郡文學。父義爲燕郎中。[2]刺王之謀逆也，義諫而死，燕人閔之。是時昭帝富於春秋，大將軍霍光持政，徵郡國賢良文學，問以得失。時魏相以文學對策，以爲：“賞罰所以勸善禁惡，政之本也。日者燕王爲無道，[3]韓義出身彊諫，爲王所殺。義無比干之親而蹈比干之節，[4]宜顯賞其子，以示天下，明爲人臣之義。”光納其言，因擢延壽爲諫大夫，[5]遷淮陽太守。[6]治甚有名，徙潁川。

　　［1］【今注】燕：漢諸侯王國名。都薊（今北京市宣武門至和平門一帶）。

　　［2］【今注】郎中：官名。侍從官之通稱。

　　［3］【顏注】師古曰：日者猶言往日也。

　　［4］【顏注】師古曰：殷之比干，紂之諸父，諫紂而死，故以爲喻也。

　　［5］【今注】諫大夫：官名。掌顧問應對、參預謀議。或以爲秦已有，漢初不置，武帝因秦而置之。秩比八百石，無定員，多至數十人。

　　［6］【今注】淮陽：郡名。治陳縣（今河南淮陽縣）。

　　潁川多豪彊，難治，國家常爲選良二千石。先是，

趙廣漢爲太守，患其俗朋黨，[1]故構會吏民，令相告
訐，[2]一切以爲聰明，潁川由是以爲俗，民多怨讎。延
壽欲改更之，教以禮讓，恐百姓不從，乃歷召郡中長
老爲鄉里所信向者數十人，[3]設酒具食，親與相對，接
以禮意，人人問以謠俗，民所疾苦，[4]爲陳和睦親愛銷
除怨咎之路。長老皆以爲便，可施行，因與議定嫁娶
喪祭儀品，略依古禮，不得過法。延壽於是令文學校
官諸生皮弁執俎豆，[5]爲吏民行喪嫁娶禮。百姓遵用其
教，賣偶車馬下里偽物者，棄之市道。[6]數年，徙爲東
郡太守，[7]黃霸代延壽居潁川，[8]霸因其迹而大治。

[1]【今注】案，白鷺洲本、大德本、殿本作"俗多朋黨"。

[2]【顏注】師古曰：構，結也。【今注】構會：聚集。　告
訐：揭發。

[3]【今注】信向：信賴。

[4]【顏注】師古曰：謠俗謂閭里歌謠，政教善惡也。

[5]【顏注】師古曰：校亦學也，音"效"。【今注】皮弁：
古冠名。用白鹿皮製成。古人重視冠帽之禮儀，將其尊爲首服。
俎豆：俎和豆，古祭祀盛肉類等食品的兩種器皿。

[6]【顏注】張晏曰：下里，地下蒿里偽物也。師古曰：偶
謂木土爲之，象真車馬之形也。偶，對也。棄其物於市之道上也。
【今注】下里：人死歸葬之所。

[7]【今注】東郡：治濮陽（今河南濮陽市西南）。

[8]【今注】黃霸：傳見本書卷八九。

延壽爲吏，上禮義，好古教化，所至必聘其賢士，
以禮待用，廣謀議，納諫爭；舉行喪讓財，表孝弟有

行；修治學官，[1]春秋鄉射，[2]陳鍾鼓管絃，[3]盛升降揖讓，及都試講武，設斧鉞旌旗，習射御之事。治城郭，收賦租，先明布告其日，以期會爲大事，吏民敬畏趨鄉之。[4]又置正、五長，[5]相率以孝弟，不得舍姦人。[6]閭里千佰有非常，[7]吏輒聞知，姦人莫敢入界。其始若煩，後吏無追捕之苦，民無箠楚之憂，[8]皆便安之。接待下吏，恩施甚厚而約誓明。或欺負之者，延壽痛自刻責："豈其負之，何以至此？"[9]吏聞者自傷悔，其縣尉至自刺死。及門下掾自剄，人救不殊，因瘖不能言。[10]延壽聞之，對掾史涕泣，遣醫治視，[11]厚復其家。[12]

　　[1]【顏注】師古曰：學官謂庠序之舍也。【今注】案，官，殿本作"宮"。

　　[2]【今注】春秋鄉射：指地方官春秋時於官學以禮會民習射。鄉射，古代射箭飲酒的禮儀。

　　[3]【今注】案，絃，白鷺洲本、大德本、殿本作"弦"。

　　[4]【顏注】師古曰："趨"讀曰"趣"。"鄉"讀曰"嚮"。

　　[5]【顏注】師古曰：正若今之鄉正、里正也。伍長，同伍之中置一人爲長也。

　　[6]【顏注】師古曰：舍，止也。

　　[7]【今注】案，千佰，白鷺洲本作"阡陌"，大德本作"仟佰"，殿本作"阡陌"。

　　[8]【顏注】師古曰：箠，杖也。楚，荊木也，即今之荊子也。箠，止藥反（大德本、白鷺洲本"止"前有"音"字；殿本"止"前有"音"字，"藥"作"藥"）。

　　[9]【顏注】師古曰：言豈我負之邪（邪，白鷺洲本、大德

本同，殿本作"耶"），其人何以爲此事？

[10]【顏注】師古曰：殊，絶也。以人救之，故身首不相絶也。瘖，於今反（白鷺洲本、大德本、殿本"於"前有"音"字）。【今注】瘖：啞。

[11]【顏注】師古曰：遣醫治之而吏護視之。【今注】案，白鷺洲本、大德本、殿本"遣"後有"吏"字。

[12]【顏注】師古曰：復，方目反（白鷺洲本、大德本、殿本"方"前有"音"字）。【今注】復：指免除賦役。

延壽嘗出，臨上車，騎吏一人後至，敕功曹議罰白。[1]還至府門，門卒當車，願有所言。延壽止車問之，卒曰："《孝經》曰：'資於事父以事君，而敬同，故母取其愛，而君取其敬，兼之者父也。'[2]今旦明府早駕，久駐未出，騎吏父來至府門，不敢入。騎吏聞之，趨走出謁，適會明府登車。以敬父而見罰，得毋虧大化乎？"延壽舉手輿中曰："微子，太守不自知過。"[3]歸舍，召見門卒。卒本諸生，聞延壽賢，無因自達，故代卒，[4]延壽遂待用之。其納善聽諫，皆此類也。在東郡三歲，令行禁止，斷獄大減，爲天下最。

[1]【顏注】師古曰：令定其罪名而更白之（令，大德本、殿本同，白鷺洲本作"至"）。【今注】白：回報。案，沈欽韓《漢書疏證》謂，《續漢書·輿服志下》："公以下至二千石，騎吏四人。"

[2]【顏注】師古曰：資，取也。取事父之道以事君，其敬則同也。母則極愛，君則極敬，不如父之兼敬愛（白鷺洲本、大德本、殿本句末有"也"字）。【今注】案，語見《孝經·士章》。

　［3］【顏注】師古曰：微，無也。

　［4］【顏注】師古曰：代人爲卒也。

　　入守左馮翊，滿歲稱職爲真。歲餘，不肯出行縣。[1]丞掾數白：“宜循行郡中，覽觀民俗，考長吏治迹。”延壽曰：“縣皆有賢令長，督郵分明善惡於外，行縣恐無所益，重爲煩擾。”[2]丞掾皆以爲方春月，可壹出勸耕桑。[3]延壽不得已，行縣至高陵，[4]民有昆弟相與訟田自言，延壽大傷之，曰：“幸得備位，爲郡表率，不能宣明教化，至令民有骨肉爭訟，既傷風化，重使賢長吏、嗇夫、三老、孝弟受其恥，[5]咎在馮翊，當先退。”是日移病不聽事，因入臥傳舍，閉閤思過。一縣莫知所爲，令丞、嗇夫、三老亦皆自繫待罪。於是訟者宗族傳相責讓，此兩昆弟深自悔，皆自髡肉袒謝，願以田相移，終死不敢復爭。[6]延壽大喜，開閤延見，內酒肉與相對飲食，屬勉以意告鄉部，有以表勸悔過從善之民。[7]延壽乃起聽事，勞謝令丞以下，引見尉薦。郡中歙然，莫不傳相敕屬，不敢犯。延壽恩信周徧二十四縣，莫復以辭訟自言者。推其至誠，吏民不忍欺紿。[8]

　　［1］【顏注】師古曰：行，下更反（白鷺洲本、大德本、殿本“下”前有“音”字）。其後亦同。

　　［2］【顏注】師古曰：重，直用反（白鷺洲本、大德本、殿本“直”前有“音”字）。

　　［3］【今注】壹：語助詞。

[4]【今注】高陵：縣名。治所在今陝西西安市高陵區。《漢書考證》齊召南謂，案本書《地理志》，高陵雖爲左馮翊首縣，却非其治所。《趙廣漢傳》"左馮翊、右扶風皆治長安中"，故曰"行縣至高陵"也。

[5]【顏注】師古曰：重，直用反（白鷺洲本、大德本、殿本"直"前有"音"字）。【今注】嗇夫：鄉官名。掌管訴訟、賦稅。　三老：鄉官名。掌管教化、推行政令。關於三老有多説，或參見萬義廣《近八十年以來漢代三老問題研究綜述》（載《秦漢研究》第8輯，陝西人民出版社2014年版）。　孝弟：即孝弟力田。鄉官名。掌教民務農。

[6]【顏注】師古曰：移猶傳也。一説兄以讓弟，弟又讓之，故云相移。

[7]【顏注】師古曰：以其悔過從善，故令表顯以示勸勵。

[8]【顏注】師古曰：紿，誑也。

延壽代蕭望之爲左馮翊，而望之遷御史大夫。侍謁者福爲望之道延壽在東郡時放散官錢千餘萬。[1]望之與丞相丙吉議，吉以爲更大赦，不須考。[2]會御史當問東郡，[3]望之因令并問之。[4]延壽聞知，即部吏案校望之在馮翊時廩犧官錢放散百餘萬。[5]廩犧吏掠治急，自引與望之爲姦。延壽劾奏，移殿門禁止望之。望之自奏：[6]"職在總領天下，聞事不敢不問，而爲延壽所拘持。"上由是不直延壽，各令窮竟所考。望之卒無事實，而望之遣御史案東郡，具得其事。延壽在東郡時，試騎士，[7]治飾兵車，畫龍虎朱爵。[8]延壽衣黃紈方領，[9]駕四馬，傅總，建幢棨，[10]植羽葆，[11]鼓車歌車。[12]功曹引車，皆駕四馬，載棨戟。五騎爲伍，分左右部，軍假司馬、千人持幢旁轂。[13]歌者先居射室，[14]望見延壽車，嗷咷楚歌。[15]延壽坐射室，騎吏持戟夾陛列立，騎士從者帶弓鞬羅後。[16]令騎士兵車四面營陳，被甲鞮鍪居馬上，抱弩負蘭。[17]又使騎士戲車弄馬盜驂。[18]延壽又取官銅物，候月蝕鑄作刀劍鉤鐔，放效尚方事。[19]及取官錢帛，私假繇使吏。[20]及治飾車甲三百萬以上。

[1]【今注】侍謁者：掌管傳達的小吏。 放散官錢：挪用官錢，高息牟利。

[2]【顏注】師古曰：更，工衡反（白鷺洲本、大德本、殿本"工"前有"音"字）。

[3]【今注】案，白鷺洲本、大德本、殿本"問"後有"事"字。

[4]【顏注】師古曰：望之以延壽代己為馮翊，而有能名出己之上，故忌害之，欲陷以罪法。

[5]【今注】廩犧：官名。掌供宗廟祭祀的穀物和牲畜。

[6]【今注】案，奏，大德本、殿本同，白鷺洲本作"秦"，誤。

[7]【顏注】師古曰：每歲大試也。

[8]【今注】朱爵：朱雀。

[9]【顏注】晉灼曰：以黃色素作直領也。師古曰：衣，於既反（白鷺洲本、大德本、殿本"於"前有"音"字）。

[10]【顏注】李奇曰：載也。晉灼曰：傅，著也。緫，以緹繒飾鑣鑣也。建，立也。幢（幢，白鷺洲本、大德本、殿本作"橦"），旌幢也。榮，載也（大德本、殿本無"榮載也"三字）。師古曰：幢，麾也。榮，有衣之戟也，其衣以赤黑繒為之。幢，

大江反（白鷺洲本、大德本、殿本"大"前有"音"字）。"棨"
音"啓"。【今注】幢棨：旌旗和棨戟。古大將之車建矛戟幢麾。
用以泛指儀仗。幢，白鷺洲本、大德本、殿本作"幛"。

[11]【顏注】師古曰：植亦立也。羽葆，聚翟尾爲之，亦今
纛之類也。植，常職反（白鷺洲本、大德本、殿本"常"前有
"音"字）。【今注】羽葆：儀仗中以鳥羽聯綴爲飾的華蓋。

[12]【顏注】孟康曰：如今郊駕時車上鼓吹也。師古曰：郊
駕，郊祀時備法駕也。

[13]【顏注】師古曰：旁，步浪反（白鷺洲本、大德本、殿
本"步"前有"音"字）。

[14]【顏注】李奇曰：都試射堂也。

[15]【顏注】服虔曰：噭，音叫呼之叫。咷，音"滌濯"之
"滌"。師古曰：咷，它鈞反（白鷺洲本、大德本、殿本"它"前
有"音"字）。【今注】噭（jiào）咷（tiào）：高聲歌唱。

[16]【顏注】師古曰：韇，弓衣也，音居言反。

[17]【顏注】如淳曰：簘，盛弩箭籠也。師古曰：韇鞪即兜
鍪也。簘，盛弩矢者也，其形如木桶。韇，丁奚反（白鷺洲本、
大德本、殿本"丁"前有"音"字）。鞪，莫侯反（白鷺洲本、
大德本、殿本"莫"前有"音"字）。

[18]【顏注】孟康曰：戲車弄馬之技也。馳盜解驂馬，御者
不見也。【今注】弄馬：玩馬；或指表演騎術。　盜驂：古代考核
騎士御者技藝科目之一。車馬疾行時，暗中解去驂馬，而不使御
者知。

[19]【顏注】師古曰：鉤亦兵器也，似劍而曲，所以鉤殺人
也。鐔，劍喉也。又曰鐔似劍而小陿。鐔，音"淫"，又音
"尋"。【今注】尚方：官署名。製造帝王所用器物。

[20]【顏注】師古曰：假謂顧賃也。"繇"讀與"傜"同
（傜，白鷺洲本、大德本同，殿本作"傜"）。

於是望之劾奏延壽上僭不道，[1]又自陳：“前爲延壽所奏，今復舉延壽罪，衆庶皆以臣懷不正之心，侵冤延壽。願下丞相、中二千石、博士議其罪。”[2]事下公卿，皆以延壽前既無狀，後復誣愬典法大臣，欲以解罪，狡猾不道。天子惡之，延壽竟坐棄市。吏民數千人送至渭城，老小扶持車轂，争奏酒炙。[3]延壽不忍距逆，人人爲飲，計飲酒石餘。使掾史分謝送者：“遠苦吏民，[4]延壽死無所恨。”百姓莫不流涕。

[1]【今注】上僭：越位逾制。

[2]【今注】中二千石：漢官吏秩禄等級。中二千石即爲實得二千石，其地位在真二千石、二千石、比二千石之上。

[3]【顔注】師古曰：奏，進也。

[4]【今注】遠苦：遠送辛苦。

延壽三子皆爲郎吏。且死，屬其子勿爲吏，以己爲戒。[1]子皆以父言去官不仕。至孫威，乃復爲吏至將軍。威亦多恩信，能拊衆，得士死力。威又坐奢僭誅，[2]延壽之風類也。

[1]【顔注】師古曰：屬，之欲反（白鷺洲本、大德本、殿本“之”前有“音”字）。

[2]【今注】奢僭：奢侈逾制。

張敞字子高，本河東平陽人也。祖父孺爲上谷太守，[1]徙茂陵。[2]敞父福事孝武帝，官至光禄大夫。敞後隨宣帝徙杜陵。敞本以鄉有秩補太守卒史，[3]察廉爲甘泉倉長，[4]稍遷太僕丞，杜延年甚奇之。[5]會昌邑王徵即位，動作不由法度，敞上書諫曰：“孝昭皇帝蚤崩無嗣，[6]大臣憂懼，選賢聖承宗廟，東迎之日，唯恐屬車之行遲。[7]今天子以盛年初即位，天下莫不拭目傾耳，觀化聽風。[8]國輔大臣未襃，而昌邑小輦先遷，[9]此過之大者也。”後十餘日王賀廢，敞以切諫顯名，擢爲豫州刺史。[10]以數上事有忠言，宣帝徵敞爲太中大夫，與于定國並平尚書事。以正違忤大將軍霍光，[11]而使主兵車出軍省減用度，[12]復出爲函谷關都尉。[13]宣帝初即位，廢王賀在昌邑，上心憚之，徙敞爲山陽太守。[14]

[1]【今注】上谷：郡名。治沮陽（今河北懷來縣大古城村）。

[2]【今注】茂陵：武帝陵。漢宣帝本始元年（前73），茂陵置茂陵縣（今陝西興平市東北）。

[3]【顏注】師古曰：鄉有秩者，嗇夫之類也。【今注】有秩：鄉官名。掌聽訟收稅等事。

[4]【今注】甘泉倉長：官名。掌管甘泉倉（今陝西淳化縣西北）。

[5]【顏注】師古曰：延年時爲太僕也。

[6]【顏注】師古曰：蚤，古“早”字。

[7]【顏注】師古曰：不欲斥乘輿，故但言屬車耳。屬，之欲反（白鷺洲本、大德本、殿本“之”前有“音”字）。

[8]【顏注】師古曰：言改易視聽，欲急聞見善政化也。拭，音“式”。

[9]【顏注】李奇曰：挽輦小臣也。

[10]【今注】豫州：漢十三刺史部之一。河南爲豫州刺史部。

[11]【顏注】師古曰：守正不阿也。

[12]【顏注】師古曰：令其主節減軍興用度也（白鷺洲本、大德本、殿本"用度"前有"之"字）。

[13]【今注】函谷關：關名。原在今河南靈寶市東北，漢武帝時東移至今河南新安縣東北。

[14]【今注】山陽：郡名。西漢始置，治昌邑（今山東鉅野縣東南）。

　　久之，大將軍霍光薨，宣帝始親政事，封光兄孫山、雲皆爲列侯，以光子禹爲大司馬。頃之，山、雲以過歸第，霍氏諸壻親屬頗出補吏。敞聞之，上封事曰："臣聞公子季友有功於魯，[1]大夫趙衰有功於晉，[2]大夫田完有功於齊，[3]皆疇其庸，[4]延及子孫，終後田氏篡齊，趙氏分晉，季氏顓魯。[5]故仲尼作《春秋》，迹盛衰，[6]譏世卿最甚。[7]廼者大將軍決大計，安宗廟，定天下，功亦不細矣。夫周公七年耳，而大將軍二十歲，海内之命，斷於掌握。方其隆時，感動天地，侵迫陰陽，月朓日蝕，[8]晝冥宵光，[9]地大震裂，火生地中，天文失度，祅祥變怪，不可勝記，皆陰類盛長，臣下顓制之所生也。朝臣宜有明言，曰陛下襃寵故大將軍以報功德足矣。閒者輔臣顓政，貴戚大盛，君臣之分不明，請罷霍氏三侯皆就弟。[10]及衛將軍張安世，[11]宜賜几杖歸休，[12]時存問召見，以列侯爲天子師。明詔以恩不聽，群臣以義固爭而後許，天子必以陛下爲不忘功德，而朝臣爲知禮，霍氏世世無所患苦。

今朝廷不聞直聲,[13]而令明詔自親其文,非策之得者也。[14]今兩侯以出,人情不相遠,以臣心度之,大司馬及其枝屬必有畏懼之心。夫近臣自危,非完計也,臣敝願於廣朝白發其端,直守遠郡,其路無由。[15]夫心之精微口不能言也,言之微眇書不能文也,[16]故伊尹五就桀,五就湯,[17]蕭相國薦淮陰累歲乃得通,[18]況乎千里之外,因書文諭事指哉!唯陛下省察。"上甚善其計,然不徵也。

[1]【今注】公子季友:春秋時魯國大夫。魯桓公之子,魯莊公之弟。因掌中生一"友"字,故稱季友。魯莊公死後,先後擁立公子般、魯閔公和魯僖公爲國君,除掉慶父和叔牙,成爲國相,封邑爲費。

[2]【顏注】師古曰:衰,初爲反(白鷺洲本、大德本、殿本"初"前有"音"字)。【今注】趙衰:即趙成子。春秋時晉國大夫。隨晉文公重耳流亡十九年,終助晉文公創建霸業。其嗣世爲晉卿,後與韓、魏三家分晉。

[3]【今注】田完:即田敬仲,亦稱陳完。春秋時齊國大夫,助齊桓公稱霸有功,其後嗣乃爲世卿,遂有田陳篡齊事。

[4]【今注】疇:報答,酬謝。 庸:功勳。案,皆疇其庸,白鷺洲本、殿本同,大德本"庸"字作"官邑"二字。

[5]【顏注】師古曰:"顓"與"專"同。下皆類此。

[6]【顏注】師古曰:著盛衰之跡。

[7]【今注】譏世卿:《春秋公羊傳》隱公三年:"尹氏者何?天子之大夫也。其稱尹氏何?貶。曷爲貶?譏世卿。世卿,非禮也。"

[8]【今注】月朓:農曆月底月亮出現於西方。

[9]【顔注】師古曰：冥，闇也。宵，夜也。朓，它了反（白鷺洲本、大德本、殿本"它"前有"音"字）。

[10]【今注】霍氏三侯：即博陵侯霍禹、樂平侯霍山、冠陽侯霍雲。　案，弟，白鷺洲本、大德本、殿本作"第"。下同不注。

[11]【今注】衛將軍：武官名。漢文帝初設衛將軍一員，總領京城南北軍，金印紫綬。西漢中後期後與驃騎將軍、車騎將軍皆開府（設將軍府），置官屬，掌握禁兵，預聞政務。　張安世：張湯之子。傳見本書卷五九。

[12]【今注】几杖：坐几和手杖。古常作敬老之物。

[13]【顔注】師古曰：言朝臣不進直言，以陳其事。

[14]【顔注】師古曰：言失計也。

[15]【顔注】師古曰："直"讀曰"值"。

[16]【顔注】師古曰：眇，細也。

[17]【顔注】師古曰：《孟子》云"五就湯五就桀者，伊尹也"，伊尹爲湯臣（白鷺洲本、大德本、殿本"伊尹"前有"言"字），見貢於桀，桀不用而湯復貢之，如此者五也。

[18]【今注】淮陰：指淮陰侯韓信。

久之，勃海、膠東盜賊並起，[1]敞上書自請治之，曰："臣聞忠孝之道，退家則盡心於親，進宦則竭力於君。[2]夫小國中君猶有奮不顧身之臣，況於明天子乎！今陛下遊意於太平，勞精於政事，亹亹不舍晝夜。[3]群臣有司宜各竭力致身。山陽郡戶九萬三千，[4]口五十萬以上，訖計盜賊未得者七十七人，[5]它課諸事亦略如此。臣敞愚駑，既無以佐思慮，久處閒郡，[6]身逸樂而忘國事，非忠孝之節也。伏聞膠東、勃海左右郡歲數不登，[7]盜賊並起，至攻官寺，篡囚徒，搜市朝，劫列侯。吏失綱紀，姦軌不禁。臣敞不敢愛身避死，唯明詔之所處，願盡力摧挫其暴虐，存撫其孤弱。事即有業，所至郡條奏其所由發及所以興之狀。"[8]書奏，天子徵敞，拜膠東相，賜黃金三十斤。敞辭之官，自請治劇郡非賞罰無以勸善懲惡，[9]吏追捕有功效者，願得壹切比三輔尤異。[10]天子許之。

[1]【今注】勃海：即渤海郡，治浮陽（今河北滄州市舊州鎮）。　膠東：漢諸侯王國名。都城在古即墨（今山東平度市古峴鎮大朱毛村一帶）。

[2]【今注】案，宦，大德本、殿本同，白鷺洲本作"官"。

[3]【顏注】師古曰：亹亹言勉强也（强，大德本、殿本同，白鷺洲本作"彊"。下同不注）。舍，息也。亹，音"尾"。

[4]【今注】山陽郡：西漢始置，郡治昌邑（今山東巨野縣東南）。案，是文所載是山陽郡宣帝地節年間口數。本書《地理志》載平帝元始年間，山陽郡戶十七萬二千八百四十七，口八十萬一千二百八十八，自地節至元始，六七十年，山陽郡戶口增加將近一倍。

[5]【顏注】師古曰：訖，盡也。

[6]【顏注】師古曰："間"讀曰"閑"。

[7]【顏注】師古曰：年穀頻不熟也。

[8]【顏注】師古曰：有業，言各得其所。【今注】案，發，大德本、白鷺洲本、殿本作"廢"。

[9]【顏注】師古曰：懲，止也（大德本無此注）。【今注】案，請，大德本、殿本作"謂"。

[10]【顏注】如淳曰：壹切，權時也。趙廣漢奏請令長安游徼獄史秩百石，又《循吏傳》左馮翊有二百石卒史，此之謂尤異

也。【今注】壹切：暫時，權宜。

敞到膠東，明設購賞，[1]開群盜令相捕斬除罪。吏追捕有功，上名尚書調補縣令者數十人。[2]由是盜賊解散，傳相捕斬。吏民歙然，[3]國中遂平。

[1]【今注】購賞：懸賞。
[2]【顏注】師古曰：調，選也，音徒釣反。
[3]【顏注】師古曰：歙，音"翕"。

居頃之，王太后數出游獵，[1]敞奏書諫曰："臣聞秦王好淫聲，葉陽后爲不聽鄭衛之樂；[2]楚嚴好田獵，樊姬爲不食鳥獸之肉。[3]口非惡旨甘，耳非憎絲竹也，所以抑心意，絕耆欲者，[4]將以率二君而全宗祀也。禮，君母出門則乘輜軿，下堂則從傅母，[5]進退則鳴玉佩，內飾則結綢繆。[6]此言尊貴所以自斂制，不從恣之義也。[7]今太后資質淑美，慈愛寬仁，諸侯莫不聞，而少以田獵縱欲爲名，於以上聞，亦未宜也。[8]唯觀覽於往古，全行乎來今，令后姬得有所法則，下臣有所稱誦，敞幸甚！"[9]書奏，太后止不復出。

[1]【今注】王太后：膠東王劉音之母王氏。
[2]【顏注】孟康曰：葉陽，秦昭王后也。師古曰：葉，音式涉反。【今注】鄭衛之樂：先秦鄭、衛兩國的民間音樂。因不同於雅樂，曾被斥爲"亂世之音"。《禮記·樂記》："鄭、衛之音，亂世之音也。"

［3］【顏注】師古曰：樊姬，楚莊王姬也。【今注】樊姬：楚莊王的王后。事又可見劉向《列女傳》卷二。

［4］【顏注】師古曰：耆，讀曰"嗜"。

［5］【顏注】師古曰：輜軿，衣車也。輜，音"菑"，又楚疑反（白鷺洲本、大德本、殿本"楚"前有"音"字）。軿，步千反（白鷺洲本、大德本、殿本"步"前有"音"字），又步丁反（白鷺洲本、大德本、殿本"步"前有"音"字）。【今注】輜軿：泛指有遮罩的車子。　傅母：負責輔導、保育的老年婦人。

［6］【顏注】文穎曰：謂衣衷結束綢繆也。師古曰：組紐之屬，所以自結固也。綢，直留反（白鷺洲本、殿本作"直"前有"音"字，大德本無此句）。繆，亡虯反（白鷺洲本、殿本作"亡"前有"音"字，大德本無此句）。【今注】綢繆：纏縛。

［7］【顏注】師古曰：從謂曰縱。

［8］【顏注】師古曰：上聞，聞於天子也。

［9］【今注】案，白鷺洲本、大德本、殿本"敞"前有"臣"字，當據改。

是時潁川太守黃霸以治行第一入守京兆尹。霸視事數月，不稱，罷歸潁川。於是制詔御史："其以膠東相敞守京兆尹。"自趙廣漢誅後，比更守尹，[1]如霸等數人，皆不稱職。京師凘廢，[2]長安市偷盜尤多，百賈苦之。上以問敞，敞以爲可禁。敞既視事，求問長安父老，偷盜酋長數人，[3]居皆溫厚，出從童騎，閭里以爲長者。[4]敞皆召見責問，因賞其罪，把其宿負，[5]令致諸偷以自贖。[6]偷長曰："今一旦召詣府，恐諸偷驚駭，願壹切受署。"[7]敞皆以爲吏，遣歸休。置酒，小偷悉來賀，且飲醉，偷長以赭汙其衣裾。[8]吏坐里閭閱出者，^[9]汙赭輒收縛之，一日捕得數百人。窮治所犯，或一人百餘發，盡行法罰。由是枹鼓稀鳴，市無偷盜，^[10]天子嘉之。

[1]【顏注】師古曰：比，頻也。更，歷也，音工衡反（大德本無此注）。

[2]【顏注】師古曰：寖，漸也（大德本無此注）。

[3]【顏注】應劭曰：酋長，帥。師古曰：酋，才由反（大德本無此注，白鷺洲本、殿本"才"前有"音"字）。

[4]【顏注】師古曰：溫厚，言富足也。童騎，以童奴爲騎而自從也。【今注】長者：德高望重之人。《韓非子·詭使》："重厚自尊謂之長者。"《史記》卷七《項羽本紀》："陳嬰者，故東陽令史，居縣中，素信謹，稱爲長者。"班彪《王命論》："漢王長者，必得天下。"

[5]【顏注】師古曰：貰，緩也。把，執持也，音布馬反。【今注】貰：赦免。

[6]【顏注】師古曰：致，至也，引至於官府。

[7]【顏注】師古曰：自言願權補吏職也。【今注】壹切：暫且。 受署：接受委任。

[8]【顏注】師古曰：赭，赤土也。

[9]【顏注】師古曰：閭謂里之門也。

[10]【顏注】師古曰：枹，擊鼓椎也，音"桴"，其字從木也。【今注】枹鼓：鼓槌和鼓。此指報警之鼓。

敞爲人敏疾，賞罰分明，見惡輒取，時時越法縱舍，有足大者。^[1]其治京兆，略循趙廣漢之迹。方略耳目，發伏禁姦，不如廣漢，然敞本治《春秋》，以經術自輔，[2]其政頗雜儒雅，往往表賢顯善，不醇用誅罰，以此能自全，竟免於刑戮。

[1]【顏注】如淳曰：有可貴異而大之者也。晉灼曰：越法縱舍，即足大者也。師古曰：晉說是也。【今注】越法縱舍：超越法律，釋放赦免。

[2]【今注】案，周壽昌《漢書注校補》謂："敞蓋治《左氏春秋》，前封事所引公子季友、晉趙衰、齊田完等事，皆與《左傳》合。"

京兆典京師，長安中浩穰，於三輔尤爲劇。[1]郡國二千石以高弟入守，及爲真，久者不過三二年，近者數月一歲，輒毀傷失名，以罪過罷。唯廣漢及敞爲久任職。敞爲京兆，朝廷每有大議，引古今，處便宜，公卿皆服，天子數從之。然敞無威儀，時罷朝會，過走馬章臺街，[2]使御吏驅，自以便面拊馬。[3]又爲婦畫眉，長安中傳張京兆眉憮。[4]有司以奏敞。上問之，對曰："臣聞閨房之內，夫婦之私，有過於畫眉者。"上愛其能，弗備責也。然終不得大位。

[1]【顏注】師古曰：浩，大也。穰，盛也。言人衆之多也。穰，人掌反（大德本無此句，白鷺洲本、殿本"人"前有"音"字）。

[2]【顏注】孟康曰：在長安中。臣瓚曰：在章臺下街也。【今注】章臺街：漢長安城街名，多妓館。在章臺宮下。案，沈欽韓《漢書疏證》云："《古今注》：'京兆尹、執金吾、司隸校尉，皆使人導引傳呼，使行者止，坐者起。四人皆持角弓，違者則射之，

有乘高窺闞者亦射之。' 案，走馬，則舍駕而騎。謝夷吾、鮑宣俱以舍法駕被劾，於此見其無威儀也。"

[3]【顏注】師古曰：便面，所以障面，蓋扇之類也。不欲見人，以此自障面則得其便，故曰便面，亦曰屏面。今之沙門所持竹扇，上裒平而下圓，即古之便面也。音頻面反。【今注】便面：扇子的一種。

[4]【顏注】應劭曰：憮，大也。孟康曰：憮，音"翊"。北方人謂媚好爲翊畜。蘇林曰：憮，音"嫵"。師古曰：本以好媚爲稱，何說於大乎？蘇音是。

　　敞與蕭望之、于定國相善。[1]始敞與定國俱以諫昌邑王超遷。定國爲大夫平尚書事，[2]敞出爲刺史，時望之大行丞。[3]後望之先至御史大夫，定國後至丞相，敞終不過郡守。爲京兆九歲，坐與光禄勳楊惲厚善，後惲坐大逆誅，公卿奏惲黨友，不宜處位，等比皆免，[4]而敞奏獨寢不下。[5]敞使賊捕掾絮舜有所案驗。[6]舜以敞劾奏當免，不肯爲敞竟事，私歸其家。人或諫舜，舜曰："吾爲是公盡力多矣，今五日京兆耳，安能復案事？"[7]敞聞舜語，即部吏收舜繫獄。是時冬月未盡數日，案事吏晝夜驗治舜，竟致其死事。舜當出死，敞使主簿持教告舜曰："五日京兆竟何如？冬月已盡，延命乎？"[8]乃棄舜市。會立春，行冤獄使者出，[9]舜家載尸，并編敞教，[10]自言使者。使者奏敞賊殺不辜。天子薄其罪，[11]欲令敞得自便利，[12]即先下敞前坐楊惲不宜處位奏，免爲庶人。敞免奏既下，詣闕上印綬，便從闕下亡命。[13]

[1]【今注】案，敞，白鷺洲本、大德本、殿本作"敝"。

[2]【今注】案，楊樹達《漢書窺管》謂，"大夫"上疑脱"光禄"二字。

[3]【今注】案，白鷺洲本、大德本、殿本"望之"後有"爲"字。　大行丞：大行令（典客、大鴻臚）副貳，秩三百石，助大行令主諸郎。

[4]【顔注】師古曰：比，例也，音必寐反。

[5]【顔注】師古曰：天子惜敞，故留所奏事不出。

[6]【顔注】李奇曰：絮，音"挐"。師古曰：賊捕掾，主捕賊者也。絮，姓也，音女居反，又人餘反（白鷺洲本、大德本、殿本"人"前有"音"字）。

[7]【今注】案，漢制，冬月行刑。絮舜以冬月剩日不多，張敞被劾，案驗難續，故有此語。

[8]【顔注】師古曰：言汝不欲望延命乎？

[9]【顔注】師古曰：行，下更反（白鷺洲本、大德本、殿本"下"前有"音"字）。

[10]【顔注】師古曰：編，聯也，聯之於章前也。

[11]【顔注】師古曰：以其事爲輕小也。

[12]【顔注】師古曰：從輕法以免也。便，頻面反（白鷺洲本、大德本、殿本"頻"前有"音"字）。

[13]【顔注】師古曰：不還其本縣邑也。

數月，京師吏民解弛，枹鼓數起，[1]而冀州部中有大賊。天子思敞功效，使使者即家在所召敞。[2]敞身被重劾，[3]及使者至，妻子家室皆泣惶懼，而敞獨笑曰："吾身亡命爲民，郡吏當就捕，今使者來，此天子欲用我也。"裝隨使者詣公車，[4]上書曰："臣前幸得備位列卿，待罪京兆，坐殺賊捕掾絮舜。舜本臣敞素所厚吏，數蒙恩貸,[5]以臣有章劾當免,受記考事,[6]便歸臥家,謂臣'五日京兆',背恩忘義,傷薄俗化。[7]臣竊以舜無狀,枉法以誅之。臣敞賊殺無辜,鞫獄故不直,[8]雖伏明法,死無所恨。"天子引見敞,拜爲冀州刺史。敞起亡命,復奉使典州。既到部,而廣川王國群輩不道,[9]賊連發,不得。敞以耳目發起賊主名區處,[10]誅其渠帥。廣川王姬昆弟及王同族宗室劉調等通行爲之囊橐,[11]吏逐捕窮窘,蹤迹皆入王宮。敞自將郡國吏,車數百兩,[12]圍守王宮,搜索調等,果得之殿屋重轑中。[13]敞傅吏皆捕格斷頭,[14]縣其頭王宮門外。因劾奏廣川王。天子不忍致法,削其戶。敞居部歲餘,冀州盜賊禁止。守太原太守,[15]滿歲爲真,太原郡清。[16]

[1]【顏注】師古曰:弛,放也,音式爾反(白鷺洲本、大德本同,殿本此注位於"京師吏民解弛"後)。

[2]【顏注】師古曰:就其所居處而召之。

[3]【顏注】師古曰:謂前有賊殺不辜之事。

[4]【今注】公車:漢官署名。臣民上書、徵召均由公車接待。

[5]【顏注】師古曰:貸,土帶反(白鷺洲本、大德本、殿本"土"前有"音"字)。

[6]【顏注】師古曰:記,書也。若今之州縣爲符教也。

[7]【今注】案,傷薄俗化,白鷺洲本、大德本、殿本、中華本作"傷化薄俗"。

[8]【今注】鞫獄:審案。鞫,通"鞠"。

[9]【今注】廣川王國:漢諸侯王國名。都信都(今河北衡水

市冀州區）。

[10]【顏注】師古曰：區謂居止之所也。

[11]【顏注】師古曰：言容止賊盜，若囊橐之盛物也。

[12]【顏注】師古曰：一乘車爲一兩也。

[13]【顏注】蘇林曰：轑，橑也。重轑，重楶中。師古曰：重楶即今之廊舍也，一邊虛爲兩夏者也。轑，音“老”。楶，扶分反（白鷺洲本、大德本、殿本“扶”前有“音”字）。

[14]【顏注】師古曰：“傅”讀曰“附”。言敞自監護吏而捕之。

[15]【今注】太原：郡名。治晉陽（今山西太原市西南）。

[16]【今注】案，周壽昌《漢書注校補》謂，虞世南《北堂書鈔》引《典録》曰：“張敞爲太原太守，有三人劫郡界，持三人以爲質。敞聞之，自往詣劫所，諭曉之曰：‘釋質，太守釋汝。’乃解印綬以示之，曰：‘大夫不敢欺，願釋質自首。’遂解縱之，遂自劾。詔復其冠履如故。”

頃之，宣帝崩。元帝初即位，待詔鄭朋薦敞先帝名臣，[1]宜傅輔皇太子。上以問前將軍蕭望之，望之以爲敞能吏，任治煩亂，[2]材輕，非師傅之器。天子使使者徵敞，欲以爲左馮翊。會病卒。敞所誅殺太原吏吏家怨敞，隨至杜陵刺殺敞中子璜。敞三子官皆至都尉。

[1]【今注】待詔：官名。漢以才技徵召士，使隨時候皇帝詔，謂之待詔。有“待詔公車”“待詔金馬門”等名目。

[2]【今注】案，任，白鷺洲本、殿本同，大德本作“住”。

初，敞爲京兆尹，而敞弟武拜爲梁相。[1]是時梁王驕貴，[2]民多豪彊，號爲難治。敞問武：“欲何以治梁？”武敬憚兄，謙不肯言。敞使吏送至關，戒吏自問武。武應曰：“馭黠馬者利其銜策，[3]梁國大都，吏民凋敝，且當以柱後惠文彈治之耳。”[4]秦時獄法吏冠柱後惠文，武意欲以刑法治梁。吏還道之，敞笑曰：“審如掾言，[5]武必辨治梁矣。”武既到官，其治有迹，亦能吏也。敞孫竦，王莽時至郡守，封侯，博學文雅過於敞，然政事不及也。竦死，敞無後。

[1]【今注】梁：漢諸侯國名。都睢陽（今河南商丘市睢陽區）。

[2]【今注】梁王：即劉定國。漢文帝子梁孝王劉武之玄孫。

[3]【今注】銜策：馬嚼子與馬鞭。喻指準繩、準則。

[4]【顏注】應劭曰：柱後，以鐵爲柱，今法冠是也，一名惠文冠。晉灼曰：漢注法冠也，一號柱後惠文，以纚裹鐵柱卷。秦制執法服，今御史服之，謂之解廌，一角。今冠兩角，以解廌爲名耳。師古曰：晉說是也。纚即今方目紗也。纚，山爾反（白鷺洲本、大德本、殿本“山”前有“音”字）。卷，去權反（白鷺洲本、大德本、殿本“去”前有“音”字）。【今注】柱後：執法者所戴帽子。又稱“惠文冠”“獬豸冠”。常借指執法官、御史等。　惠文：即惠文冠。常作法冠“柱後惠文”之省稱，因以指代法禁。

[5]【今注】審：確實，果然。

王尊字子贛，[1]涿郡高陽人也。[2]少孤，歸諸父，使牧羊澤中。尊竊學問，能史書。年十三，求爲獄小吏。數歲，給事太守府，問詔書行事，尊無不對。[3]太守奇之，除補書佐，署守屬監獄。[4]久之，尊稱病去，事師郡文學官，[5]治《尚書》《論語》，略通大義。復召署守屬治獄，爲郡決曹史。[6]數歲，以令舉幽州刺史從事。[7]而太守察尊廉，補遼西鹽官長。[8]數上書言便宜事，事下丞相御史。

[1]【顏注】師古曰：贛，音"貢"。

[2]【今注】高陽：縣名。西漢高祖六年（前201）始置，屬涿郡。治所在今河北高陽縣龐口鎮舊城村。

[3]【顏注】師古曰：以施行詔條問之，皆曉其事。

[4]【顏注】師古曰：署爲守屬，令監獄主囚也。監，工銜反（白鷺洲本、大德本、殿本"工"前有"音"字）。

[5]【顏注】師古曰：郡有文學官，而尊事之以爲師也。

[6]【今注】決曹史：官名。郡分職諸曹之一。主罪法事。漢郡之決曹有掾與史。決曹掾見《後漢書》卷四六《郭躬傳》，決曹史見是傳、本書卷五一《路溫舒傳》等。

[7]【顏注】如淳曰：《漢儀》注刺史得擇所部二千石卒史與從事。【今注】幽州：漢武帝置十三刺史部之一。治薊縣（今北京市廣安門附近）。 刺史從事：即從史，亦稱"從事掾"。漢刺史的佐吏。初設刺史時，刺史於秋季查察郡國。郡國遣吏至界上迎接，"自言受命移郡國，與刺史從事"（《漢舊儀》），後因而以"從事"爲刺史屬吏之稱。

[8]【顏注】如淳曰：《地理志》遼西有鹽官。【今注】遼西：郡名。治陽樂（今遼寧義縣西）。 鹽官長：主管鹽務的官員。漢武帝官營鹽業，全國設立鹽官。鹽官多設在濱海地區。

初元中，舉直言，遷虢令，[1]轉守槐里，[2]兼行美陽令事。[3]春正月，美陽女子告假子不孝，[4]曰：“兒常以我爲妻，妒笞我。”尊聞之，遣吏收捕驗問，辭服。尊曰：“律無妻母之法，聖人所不忍書，此經所謂造獄者也。”[5]尊於是出坐廷上，取不孝子縣磔著樹，[6]使騎吏五人張弓射殺之，吏民驚駭。

[1]【顏注】如淳曰：本西虢也，屬右扶風。【今注】虢：縣名。治所在今陝西寶雞市陳倉區西。

[2]【今注】槐里：縣名。治所在今陝西興平市東南。

[3]【今注】美陽：縣名。治所在今陝西扶風縣法門鎮。

[4]【今注】假子：非親生子。沈欽韓《漢書疏證》謂前妻之子也。劉向《列女傳·魏芒慈母》“於假子而不爲，何以異於凡母？其父爲其孤也，而使妾爲其繼母”，頌曰：“慈惠仁義，扶養假子。”《晉書》卷四八《閻纘傳》“家門無祐，三世假親”，案，纘自言繼母也。《武梁祠畫像》題云“閔子騫與假母居”，與此“假子”對也。

[5]【顏注】晉灼曰：歐陽《尚書》有此造獄事也。師古曰：非常刑名，造殺戮之法。

[6]【今注】磔：分裂肢體之刑。案，周壽昌《漢書注校補》謂，漢制，春不行刑。此以非常逆惡，不能緩至冬。即今律之決不待時也。

後上行幸雍，[1]過虢，尊供張如法而辦。[2]以高弟擢爲安定太守。[3]到官，出教告屬縣曰：“令長丞尉奉法守城，爲民父母，[4]抑彊扶弱，宣恩廣澤，甚勞苦矣。太守以今日至府，願諸君卿勉力正身以率下。故行貪鄙，能變更者與爲治。[5]明慎所職，毋以身試法。"又出教敕掾功曹:"各自底屬,助太守爲治。其不中用,趣自避退,毋久妨賢。[6]夫羽翮不修,[7]則不可以致千里;闑內不理,無以整外。[8]府丞悉署吏行能,分別白之。賢爲上,毋以富。賈人百萬,不足與計事。昔孔子治魯,七日誅少正卯,[9]今太守視事已一月矣,五官掾張輔懷虎狼之心,[10]貪汙不軌,[11]一郡之錢盡入輔家,然適足以葬矣。今將輔送獄,直符史詣閤下,從太守受其事。[12]丞戒之戒之!相隨入獄矣!"[13]輔繫獄數日死,盡得其狡猾不道,百萬姦臧。威震郡中,盜賊分散,入傍郡界。豪彊多誅傷伏辜者。坐殘賊免。

[1]【今注】雍:縣名。治所在今陝西鳳翔縣南。

[2]【顏注】師古曰:尊雖行美陽令,而就號供張也。供,居用反(白鷺洲本、大德本、殿本"居"前有"音"字)。張,竹亮反(白鷺洲本、大德本、殿本"竹"前有"音"字)。

[3]【今注】安定:郡名。治高平(今寧夏固原市原州區)。

[4]【顏注】師古曰:城謂縣城也。

[5]【顏注】師古曰:更,改也。有如此者太守乃共爲治者也。

[6]【顏注】師古曰:"趣"讀曰"促"。

[7]【今注】羽翮:鳥羽。翮,羽軸下段不生羽瓣而中空的部分,泛指翅膀。

[8]【顏注】師古曰:闑,門橜也,音魚列反(列,白鷺洲本、大德本、殿本作"烈")。

[9]【今注】少正卯:春秋時魯國大夫,少正是官職,卯是名。少正卯是魯國"聞人"。魯定公十四年(前496),孔子任魯國大司寇,上任七日殺少正卯於東觀之下,暴尸三日。又朱熹認爲,

孔子未殺少正卯。劉敞《公是集》亦持此説。後衆説紛紜，莫衷
一是。

[10]【今注】五官掾：官名。漢代郡太守自署屬吏之一，掌
春秋祭祀。若功曹史缺，或其他各曹員缺，則署理或代行其事，無
固定職務。

[11]【顔注】師古曰：汙，濁也。不軌，不修法制也。

[12]【顔注】師古曰：直符史，若今之當直佐史也。

[13]【顔注】師古曰：意丞教戒張輔，令其避罪，故以此言
豫敕之。

　　起家，復爲護羌將軍轉校尉，[1]護送軍糧委輸。而
羌人反，絕轉道，[2]兵數萬圍尊。尊以千餘騎奔突羌
賊。功未列，[3]坐擅離部署，會赦，免歸家。

　　[1]【顔注】師古曰：爲校尉主轉運事，而屬護羌將軍。【今
注】護羌將軍轉校尉：官名。護羌將軍下屬軍需官。

　　[2]【顔注】師古曰：絕轉運之道。

　　[3]【顔注】師古曰：未列上於天子也。【今注】案，白鷺洲
本、大德本、殿本“列”後有“上”字。

　　涿郡太守徐明薦尊不宜久在閭巷，上以尊爲郿
令，[1]遷益州刺史。[2]先是，琅邪王陽爲益州刺史，[3]
行部至邛郲九折阪，[4]歎曰：“奉先人遺體，奈何數乘
此險！”[5]後以病去。及尊爲刺史，至其阪，問吏曰：
“此非王陽所畏道邪？”吏對曰：“是。”尊叱其馭曰：
“驅之！[6]王陽爲孝子，王尊爲忠臣。”[7]尊居部二歲，
懷來徼外，[8]蠻夷歸附其威信。博士鄭寬中使行風

俗，[9] 舉奏尊治狀，遷爲東平相。[10]

[1]【顏注】師古曰：右扶風之縣（右，大德本、殿本同，白鷺洲本作"鄜"），音"眉"（眉，白鷺洲本、大德本、殿本作"媚"）。【今注】鄅：縣名。治所在今陝西眉縣東北。

[2]【今注】益州：漢十三刺史部之一。治雒縣（今四川廣漢市北）。

[3]【今注】王陽：王吉，字子陽，故稱"王陽"。琅邪皋虞人。傳見本書卷七二。

[4]【顏注】應劭曰：在蜀郡嚴道縣。臣瓚曰：郲，山名也。師古曰：郲，音"來"。【今注】邛郲九折阪：《太平御覽》卷四四《地部九》引《華陽國志》記載："邛崍山，山上凝冰夏結，迴曲九折，王陽去官之所。"

[5]【顏注】師古曰：乘，登也。

[6]【顏注】師古曰：驅馬令疾行也。

[7]【今注】案，成語"王尊叱馭"典出於此。

[8]【今注】徼外：邊外。徼，邊界。

[9]【顏注】師古曰：行，下更反（白鷺洲本、大德本、殿本"下"前有"音"字）。【今注】鄭寬中：事迹見本書卷八八《儒林傳》。

[10]【今注】東平：漢諸侯王國名。都無鹽（今山東東平縣東）。

是時，東平王以至親驕奢不奉法度，[1] 傅相連坐。[2] 及尊視事，奉璽書至庭中，王未及出受詔，尊持璽書歸舍，食已乃還。致詔後，謁見王，太傅在前說《相鼠》之詩。[3] 尊曰："毋持布鼓過雷門！"[4] 王怒，起入後宮。尊亦直趨出就舍。先是王數私出入，驅馳國中，與后姬家交通。尊到官，召敕廐長：“大王當從官屬，鳴和鸞乃出，自今有令駕小車，叩頭爭之，言相教不得。”後尊朝王，王復延請登堂。尊謂王曰：“尊來爲相，人皆弔尊也，以尊不容朝廷，故見使相王耳。天下皆言王勇，顧但負貴，安能勇？[5]如尊乃勇耳。”王變色視尊，意欲格殺之，即好謂尊曰：“願觀相君佩刀。”[6]尊舉掖，[7]顧謂傍侍郎：“前引佩刀視王，[8]王欲誣相拔刀向王邪？”王情得，[9]又雅聞尊高名，大爲尊屈，酌酒具食，相對極驩。太后徵史奏尊[10]“爲相倨慢不臣，王血氣未定，不能忍。愚誠恐母子俱死。今妾不得使王復見尊。陛下不留意，妾願先自殺，不忍見王之失義也”。尊竟坐免爲庶人。大將軍王鳳奏請尊補軍中司馬，[11]擢爲司隸校尉。

[1]【今注】東平王：漢宣帝之子劉宇。

[2]【顏注】師古曰：前任傅相者頻坐以王得罪。

[3]【顏注】師古曰：《相鼠》，《鄘風》篇名，刺無禮之詩也。其辭曰：“相鼠有皮，人而無儀！人而無儀，不死何爲！”相，視也。言視鼠有皮，雖處高顯之地，偷食苟得，不知廉恥)，人無禮儀，亦與鼠同，不如速死也。

[4]【顏注】師古曰：雷門，會稽城門也，有大鼓。越擊此鼓，聲聞洛陽，故尊引之也。布鼓謂以布爲鼓，故無聲。【今注】持布鼓過雷門：喻在行家面前賣弄本事。布鼓，謂以布爲鼓，故而無聲。雷門，會稽有大鼓的城門。《太平御覽》卷五八二劉瓛《定軍禮》曰：“昔吳王夫差啓蛇門以厭越。越人爲雷門以禳之，擊大鼓於雷門之下，而蛇門聞焉。”

[5]【顏注】師古曰：顧，念也。負，恃也。安，焉也。

[6]【顏注】師古曰：陽爲好語也。

[7]【今注】掖：同"腋"。

[8]【顏注】師古曰："視"讀曰"示"。

[9]【顏注】師古曰：謂尊所測正得其情也。

[10]【顏注】張晏曰：大后名也（大，白鷺洲本、大德本、殿本作"太"）。韋昭曰：徵，召也。召東平史，令爲奏也。師古曰：張説是也。徵史，太后之名，亦猶東平王后之稱謁也（案，白鷺洲本、大德本同，殿本此注位於"太后徵史"後）。

[11]【今注】王鳳：字孝卿，西漢東平陵（今山東濟南市東）人。元帝皇后王政君兄。事迹見本書卷九八《元后傳》。　軍中司馬：陳直《漢書新證》謂，當作"軍司馬"，"中"字衍。

　　初，中書謁者令石顯貴幸，[1]專權爲姦邪。丞相匡衡、御史大夫張譚皆阿附畏事顯，[2]不敢言。久之，元帝崩，成帝初即位，顯徙爲中太僕，[3]不復典權。衡、譚乃奏顯舊惡，請免顯等。尊於是劾奏："丞相衡、御史大夫譚位三公，典五常九德，[4]以總方略，壹統類，廣教化，美風俗爲職。知中書謁者令顯等專權擅執，大作威福，縱恣不制，無所畏忌，爲海内患害，不以時白奏行罰，而阿諛曲從，附下罔上，懷邪迷國，無大臣輔政之義也，[5]皆不道，在赦令前。赦後，衡、譚舉奏顯，不自陳不忠之罪，而反揚著先帝任用傾覆之徒，妄言百官畏之，甚於主上。卑君尊臣，非所宜稱，失大臣體。又正月行幸曲臺，[6]臨饗罷衛士，[7]衡與中二千石大鴻臚賞等會坐殿門下，[8]衡南鄉，賞等西鄉。衡更爲賞布東鄉席，[9]起立延賞坐，私語如食頃。衡知行臨,[10]百官共職，萬衆會聚,[11]而設不正之席,[12]使下坐上，相比爲小惠於公門之下,[13]動不中禮,[14]亂朝廷爵秩之位。[15]衡又使官大奴入殿中，問行起居，還言漏上十四刻行臨到，衡安坐，不變色改容。無怵惕肅敬之心，驕慢不謹。皆不敬。"有詔勿治。於是衡愧懼，免冠謝罪，上丞相、侯印綬。天子以新即位，重傷大臣,[16]乃下御史丞問狀。劾奏尊"妄詆欺非謗赦前事,[17]猥歷奏大臣,[18]無正法，飾成小過，以塗汙宰相，摧辱公卿，輕薄國家，奉使不敬"。[19]有詔左遷尊爲高陵令，數月，以病免。

[1]【今注】石顯：傳見本書卷九三。

[2]【今注】匡衡：傳見本書卷八一。　張譚：字仲叔，琅邪人。本書卷七九《馮奉世傳》載："廉絜節儉，太子少傅張譚是也。其以少傅爲御史大夫。"

[3]【顏注】師古曰：皇后之屬官。

[4]【顏注】師古曰：五常，仁、義、禮、智、信也。九德，寬而栗，柔而立，愿而恭，亂而敬，擾而毅，直而溫，簡而廉，剛而塞，強而義也（強，大德本同，白鷺洲本、殿本作"彊"）。事見《虞書·皋陶謨》也。

[5]【今注】案，白鷺洲本、大德本、殿本無句末"也"字。

[6]【今注】曲臺：宮殿名。漢代主要爲著記校書之處。

[7]【顏注】如淳曰：諸衛士更盡得代去，故天子自臨而饗之。

[8]【今注】賞：姓浩名賞。見本書《百官公卿表》。

[9]【顏注】師古曰："鄉"讀曰"嚮"也（大德本同，白鷺洲本、殿本無"也"字）。

［10］【顏注】如淳曰：天子當臨饗士時。

［11］【顏注】師古曰："共"讀曰"供"。

［12］【今注】案，言東向非禮。《論語·鄉黨》："席不正，不坐。"

［13］【顏注】師古曰：比，周也，音頻寐反。

［14］【顏注】師古曰：中，當也，音竹仲反。

［15］【今注】案，吳仁傑《兩漢刊誤補遺》曰："《覲禮》，諸侯朝於天子，'同姓西面北上，異姓東面北上'，蓋異姓爲後也。漢以東鄉爲上，西鄉爲下，則尚右故爾。《匈奴傳》'其坐，長左而北向'，師古曰'左者，以左爲尊'，先王之禮也。中國尚右，而夷狄尚左，所謂禮失求諸野者。是不然。禮南鄉，北鄉以西方爲上。鄭康成曰'凡坐隨於陰陽，若坐在陽，則上左；在陰，則上右'，蓋尊者南鄉，則其下以西面者爲上，東面者次之，是上左也；尊者北鄉，則其下亦以西面者爲上，東面者次之，是上右也。今匈奴之俗，一以北鄉爲禮，而其坐長左，此正與中國背馳，是烏知禮意哉！"

［16］【顏注】師古曰：重，難也。

［17］【顏注】師古曰：詆，毀也，音丁禮反。非讀曰誹也（大德本、殿本同，白鷺洲本無"也"字）。

［18］【顏注】師古曰：猥，多也，曲也。歷謂所奏非一人。

［19］【今注】奉使：司隸校尉督察京畿等，故有"奉使"之稱。

會南山群盜傰宗等數百人[1]爲吏民害，拜故弘農太守傅剛爲校尉，[2]將迹射士千人逐捕，[3]歲餘不能禽。或説大將軍鳳："賊數百人在轂下，[4]發軍擊之不能得，難以視四夷。[5]獨選賢京兆尹乃可。"於是鳳薦尊，徵爲諫大夫，守京輔都尉，[6]行京兆尹事。旬月間盜賊清。遷光禄大夫，守京兆尹，後爲眞，凡三歲。坐遇使者無禮。司隸遣假佐放奉詔書白尊發吏捕人，[7]放謂尊："詔書所捕宜密。"尊曰："治所公正，京兆善漏泄人事。"[8]放曰："所捕宜今發吏。"[9]尊又曰："詔書無京兆文，不當發吏。"及長安繫者三月閒千人以上。尊出行縣，男子郭賜自言尊：[10]"許仲家十餘人共殺賜兄賞，公歸舍。"[11]吏不敢捕。尊行縣還，上奏曰："彊不陵弱，各得其所，寬大之政行，和平之氣通。"御史大夫中奏尊暴虐不改，[12]外爲大言，倨嫚姍上，[13]威信日廢，不宜備位九卿。尊坐免，吏民多稱惜之。

[1]【顏注】蘇林曰：傰，音"朋"（朋，大德本、殿本同，白鷺洲本作"明"）。晉灼曰：音"倍"。師古曰：晉音是也。【今注】南山：秦嶺。

[2]【今注】校尉：步兵校尉。周壽昌《漢書注校補》謂，據後公乘興上書，知爲步兵校尉。

[3]【顏注】師古曰：迹射，言能尋跡而射取之也。射，食亦反（白鷺洲本、大德本、殿本"食"前有"音"字）。

[4]【顏注】師古曰：在天子輦轂之下，明其逼近也。

[5]【顏注】師古曰："視"讀曰"示"。

[6]【今注】京輔都尉：官名。西漢置，屬中尉（執金吾），掌徼循京師，左京輔都尉掌徼循京師左部，右京輔都尉掌徼循京師右部。

[7]【顏注】蘇林曰：胡公漢官假佐，取内郡善史書佐給諸府也（白鷺洲本句末無"也"字）。【今注】假佐：漢諸府之文書官。

[8]【顏注】師古曰：謂司隸官屬爲治所者，尊之也，若今謂使人爲尚書矣。治，直吏反（白鷺洲本、大德本、殿本"直"前有"音"字）。

[9]【顏注】師古曰：當即發也。

[10]【顏注】師古曰：有冤事自言而與許仲相訟也。

[11]【顏注】師古曰：公然而歸，無所避畏者。

[12]【今注】中：當作"忠"，即張忠。見本書《百官公卿表》。

[13]【顏注】師古曰：姍，古"訕"字也。訕，誹也（殿本無"訕誹也"一句），音，所諫反，又音"删"。

湖三老公乘興等[1]上書訟尊治京兆功效日著："往者南山盜賊阻山橫行，剽劫良民，殺奉法吏，道路不通，城門至以警戒。步兵校尉使逐捕，暴師露衆，曠日煩費，不能禽制。二卿坐黜，[2]群盜濅彊，吏氣傷沮，[3]流聞四方，爲國家憂。當此之時，有能捕斬，不愛金爵重賞。關內侯寬中使問所徵故司隸校尉王尊捕群盜方略，拜爲諫大夫，守京輔都尉，行京兆尹事。尊盡節勞心，夙夜思職，卑體下士，[4]屬奔北之吏，起沮傷之氣，二旬之間，大黨震壞，渠率效首。[5]賊亂蠲除，民反農業，拊循貧弱，鉏耘豪強。長安宿豪大猾東市賈萬、城西萬章、翦張禁、酒趙放、[6]杜陵楊章等皆通邪結黨，挾養姦軌，上干王法，下亂吏治，并兼役使，侵漁小民，爲百姓豺狼。更數二千石，二十年莫能禽，[7]尊以正法案誅，皆伏其辜。姦邪銷釋，吏民説服。[8]尊撥劇整亂，誅暴禁邪，皆前所稀有，名將所不及。雖拜爲真，未有殊絶襃賞加於尊身。今御史大夫奏尊‘傷害陰陽，爲國家憂，無承用詔書意，[9] 靖言庸違，象龔滔天’，[10] 原其所以，出御史丞楊輔，故爲尊書佐，素行陰賊，惡口不信，[11] 好以刀筆陷人於法。輔常醉過尊大奴利家，利家捽搏其頰，[12] 兄子閎拔刀欲剄之。輔以故深怨疾毒，欲傷害尊。疑輔内懷怨恨，外依公事，建畫爲此議，傅致奏文，[13] 浸潤加誣，以復私怨。[14] 昔白起爲秦將，東破韓、魏，南拔郢都，應侯譖之，賜死杜郵；[15] 吳起爲魏守西河，而秦、韓不敢犯，讒人間焉，斥逐奔楚。[16] 秦聽浸潤以誅良將，魏信讒言以逐賢守，此皆偏聽不聰，失人之患也。臣等竊痛傷尊修身絜己，砥節首公，[17] 刺譏不憚將相，誅惡不避豪彊，誅不制之賊，解國家之憂，功著職修，威信不廢，誠國家爪牙之吏，折衝之臣，今一旦無辜制於仇人之手，[18] 傷於詆欺之文，上不得以功除罪，下不得蒙棘木之聽，[19] 獨掩怨讎之偏奏，被共工之大惡，[20] 無所陳怨愬罪。尊以京師廢亂，群盜並興，選賢徵用，起家爲卿，賊亂既除，豪猾伏辜，即以佞巧廢黜。一尊之身，三期之閒，乍賢乍佞，豈不甚哉！[21] 孔子曰：‘愛之欲其生，惡之欲其死，是惑也。’‘浸潤之譖不行焉，可謂明矣。’[22] 願下公卿大夫博士議郎，定尊素行。夫人臣而傷害陰陽，死誅之罪也；靖言庸違，放殛之刑也。[23] 審如御史章，尊乃當伏觀闕之誅，[24] 放於無人之域，不得苟免。[25] 及任舉尊者，當獲選舉之辜，不可但已。[26] 即不如章，飾文深詆以憝無罪,^[27]亦宜有誅,以懲讒賊之口,絶詐欺之路。^[28]唯明主參詳,使白黑分别。"書奏,天子復以尊爲徐州刺史,^[29]遷東郡太守。

[1]【顏注】師古曰:湖,縣名也,今虢州湖城縣取其名。【今注】湖:即上文"湖都亭長"之湖縣。 公乘:爵名。以得乘公家之車,故稱公乘。二十等爵位的第八等級。

[2]【顏注】如淳曰:三輔皆秩中二千石,號爲卿也。即前京兆尹王昌貶爲鴈門太守,甄遵河内太守也。

[3]【顏注】師古曰:宿,益也。沮,壞也,音才汝反。

[4]【顏注】師古曰:下,胡嫁反(白鷺洲本、大德本、殿本"胡"前有"音"字)。

[5]【顏注】師古曰:效,致也,斬其首而致之也。

[6]【顏注】蘇林曰:萭,音"矩"。晉灼曰:翦張禁,酒趙放,此二人作翦(二,大德本、殿本同,白鷺洲本作"三")、作酒之家。【今注】賈萭:本書卷九二《萬章傳》作"賈子光"。 翦張禁:本書《萬章傳》作"箭張回"。"翦"當作"箭"。 酒趙放:本書《萬章傳》作"酒市趙君都"。案,"箭""酒",皆市名。

[7]【顏注】師古曰:更,歷也,音工衡反。【今注】案,二十年莫能禽,白鷺洲本、大德本作"二十年莫能禽討",殿本作"二年莫能禽討"。

[8]【顏注】師古曰:釋,解也,音"懌"。 "説"讀曰"悦"。

[9]【今注】案,白鷺洲本、大德本、殿本"詔書"後有"之"字。

[10]【顏注】師古曰:引《虞書·堯典》之辭也。靖,治也。庸,用也。違,僻也。滔,漫也。謂其言假託於治,實用違

僻，貌象恭敬，過惡漫天也。漫，莫干反（白鷺洲本、大德本、殿本“莫”前有“音”字）。一曰，滔，漫也。【今注】案，《尚書·堯典》文爲：“靜言庸違，象恭滔天。”

[11]【顏注】師古曰：謂其口惡而心不信也。

[12]【顏注】師古曰：捽，持頭也，音才兀反。搏，擊也。

[13]【顏注】師古曰：建立謀畫此議也。“傅”讀曰“附”，謂益其事而引致於罪狀。

[14]【顏注】師古曰：浸潤猶漸染也。復，報也。

[15]【顏注】師古曰：應侯，范睢也。杜郵，地名，在咸陽也。

[16]【顏注】師古曰：間，工莧反（大德本無此注，白鷺洲本、殿本作“間音公莧反”）。

[17]【顏注】師古曰：砥，厲也。首，向也。砥，音“指”。首，式救反（白鷺洲本、大德本、殿本“式”前有“音”字）。

[18]【今注】案，仇，大德本同，白鷺洲本、殿本作“僥”。

[19]【顏注】張晏曰：《周禮》三槐九棘，公卿於下聽訟。【今注】棘木之聽：古聽訟之處。《禮記·王制》：“大司寇聽之棘木之下。”鄭玄注：“司寇聽之朝，王之外朝也。”案，張晏所説《周禮》三槐九棘，源於《周禮·秋官·朝士》，指宮外種植棘樹和槐樹，作爲臣子朝見居位的標志。後泛指三公、九卿，與棘木之聽無關。

[20]【顏注】臣瓚曰：共工，官名，堯時諸侯，舜流之於幽州也。

[21]【顏注】師古曰：期，年也，音“基”。

[22]【顏注】師古曰：《論語》稱孔子之言。【今注】案，語見《論語·顏淵》。原文爲“愛之欲其生，惡之欲其死。既欲其生，又欲其死，是惑也”；“浸潤之譖，膚受之愬，不行焉，可謂明也已矣”。

［23］【顏注】師古曰：殛，誅也，音居力反。

［24］【顏注】張晏曰：孔子誅少正卯於兩觀之間。

［25］【顏注】師古曰：非止令免官而已也。

［26］【顏注】師古曰：但，徒也，空也。已，止也。不可空然而止也。

［27］【顏注】師古曰：詆，毀也。

［28］【顏注】師古曰：懲，創也。

［29］【今注】徐州：地名。漢武帝所設十三州部之一，治郯縣（今山東郯城縣西北）。

久之，河水盛溢，泛浸瓠子金隄，[1]老弱奔走，恐水大決爲害。尊躬率吏民，投沈白馬，[2]祀水神河伯。尊親執圭璧，使巫策祝，請以身填金隄，[3]因止宿，廬居隄上。吏民數千萬人爭叩頭救止尊，終不肯去。[4]及水盛隄壞，吏民皆奔走，唯一主簿泣在尊旁，立不動。而水波稍却迴還。吏民嘉壯尊之勇節，白馬三老朱英等奏其狀。[5]下有司考，皆如言。於是制詔御史：“東郡河水盛長，毀壞金隄，未決三尺，百姓惶恐奔走。太守身當水衝，履忨尺之難，不避危殆，以安衆心，吏民復還就作，水不爲灾，朕甚嘉之。秩尊中二千石，加賜黃金二十斤。”數歲，卒官，吏民紀之。尊子伯亦爲京兆尹，[6]坐耎弱不勝任免。

［1］【今注】瓠子金隄：即黃河瓠子口大堤。瓠子，地名。亦稱“瓠子口”，在今河南濮陽市西南。隄，同“堤”。案，據《史記》和《漢書》載，漢武帝元光三年（前132），黃河在東郡濮陽瓠子口決口，水入瓠子河，氾濫達十六郡境，成災二十餘年。至元

封二年（前109），漢武帝在泰山封禪後，始發卒萬人築塞，作《瓠子歌》。

[2]【顏注】師古曰：以祭水也。【今注】案，古以白馬祭河，後人多不知其故。《重修滑縣志》（見《國圖方志合集》）有《白馬考》文：“大凡名邑名國，非以山名則以水名。如漢元東郡白馬縣，蓋以秦之白馬津而名也。秦之白馬津，蓋以古之白馬水、白馬山而名也。”又《遁甲開山圖》（見《説郛》《漢學堂知足齋叢書》）云：“山下常有白馬。群行山上，悲鳴則河決，馳走則山崩。”

[3]【顏注】師古曰：填，塞也，音大賢反。

[4]【今注】案，白鷺洲本、大德本、殿本“終”前有“尊”字。

[5]【今注】白馬：縣名。故治白馬城在今河南滑縣東十公里。

[6]【今注】案，本書《百官公卿表》不載王伯爲京兆尹之事。

王章字仲卿，泰山鉅平人也。[1]少以文學爲官，稍遷至諫大夫，在朝廷名敢直言。元帝初，擢爲左曹中郎將，[2]與御史中丞陳咸相善，[3]共毀中書令石顯，爲顯所陷，咸減死髡，[4]章免官。成帝立，徵章爲諫大夫，遷司隸校尉，大臣貴戚敬憚之。王尊免後，代者不稱職，[5]章以選爲京兆尹。時帝舅大將軍鳳輔政，章雖爲鳳所舉，非鳳專權，不親附鳳。會日有蝕之，章奏封事，召見，言鳳不可任用，宜更選忠賢。上初受章言，[6]後不忍退鳳。章由是見疑，遂爲鳳所陷，罪至大逆。語在《元后傳》。

［1］【今注】泰山：郡名。治奉高（今山東泰安市範鎮）。鉅平：縣名。治所在今山東泰安市西南五十里。

［2］【今注】左曹：加官名。漢武帝時置，掌平尚書奏事。與右曹合稱諸曹。秩二千石。加此者每日朝謁，親近皇帝，典掌樞機。　中郎將：官名。秦置，至西漢分五官、左、右三中郎署，品秩比二千石，低於諸將軍。

［3］【今注】陳咸：陳萬年之子。傳見本書卷六六。

［4］【今注】髡：剃除受刑者鬢髮的刑罰。

［5］【今注】案，本書《百官公卿表》載，代者齊宋登，貶爲東萊都尉。

［6］【今注】案，白鷺洲本、大德本、殿本“受”前有“納”字。

初，章爲諸生學長安，獨與妻居。章疾病，無被，臥牛衣中，[1]與妻決，涕泣。[2]其妻呵怒之曰：“仲卿！京師尊貴在朝廷人誰踰仲卿者？今疾病困阨，不自激卬，[3]乃反涕泣，何鄙也！”

［1］【顏注】師古曰：牛衣，編亂麻爲之，即今俗呼爲龍具者。【今注】牛衣：冬日使牛保暖之衣。

［2］【顏注】師古曰：自謂將死，故辭決。

［3］【顏注】如淳曰：激厲抗揚之意也。師古曰：“卬”讀曰“仰”。仰頭爲健。

後章任官歷位，[1]及爲京兆，欲上封事，妻又止之曰：“人當知足，獨不念牛衣中涕泣時邪？”章曰：“非女子所知也。”書遂上，果下廷尉獄，妻子皆收繫。章小女年可十二，夜起號哭曰："平生獄上呼囚，數常至九，今八而止。[2]我君素剛，先死者必君。"明日問之，章果死。妻子皆徙合浦。[3]

[1]【今注】案，官，大德本同，白鷺洲本、殿本作"宦"。

[2]【顏注】張晏曰：平生，先時也。獄卒夜閱囚時有九人，常呼問九人。今八人便止，知一人死也。

[3]【今注】合浦：郡名。治合浦（今廣西合浦縣東北）。漢武帝平南越，割出南海、象郡交界地方置合浦郡，同時設合浦縣。

大將軍鳳薨後，弟成都侯商復爲大將軍輔政，白還章妻子故郡。[1]其家屬皆完具，采珠致產數百萬，時蕭育爲泰山太守，皆令贖還故田宅。章爲京兆二歲，死不以其罪，衆庶冤紀之，號爲三王。[2]王駿自有傳，[3]駿即王陽子也。

[1]【今注】案，白鷺洲本、大德本、殿本"白"後有"上"字。

[2]【今注】三王：指王尊、王章、王駿。

[3]【今注】王駿：王陽（王吉）之子。事迹見本書卷七二《王吉傳》。

贊曰：自孝武置左馮翊、右扶風、京兆尹，而吏民爲之語曰："前有趙、張，後有三王。"然劉向獨序趙廣漢、尹翁歸、韓延壽，馮商傳王尊，楊雄亦如之。[1]廣漢聰明，下不能欺，延壽厲善，所居移風，然皆許上不信，以失身墮功。^[2]翁歸抱公絜己，爲近世表。張敞衎衎，履忠進言，^[3]緣飾儒雅，刑罰必行，縱赦有度，條教可觀，然被輕媠之名。^[4]王尊文武自將，^[5]所在必發，譎詭不經，好爲大言。王章剛直守節，不量輕重，以陷刑戮，妻子流遷，哀哉！

[1]【顏注】張晏曰：劉向作《新序》，不道王尊。馮商續《史記》，爲作傳。雄作《法言》，亦論其美也。【今注】案，楊，白鷺洲本、大德本同，殿本作“揚”。

[2]【顏注】師古曰：墮，毀也，音火規反。

[3]【顏注】師古曰：衎衎，彊敏之皃也（皃，大德本同，白鷺洲本、殿本作“貌”），音口翰反。

[4]【顏注】師古曰：媠，古“惰”字也。謂走馬拊馬及畫眉。【今注】媠（duò）：同“惰”。懈怠；不莊重。

[5]【顏注】師古曰：將，助也。

漢書　卷七七

蓋諸葛劉鄭孫毋將何傳第四十七

　　蓋寬饒字次公，魏郡人也。[1]明經爲郡文學，[2]以孝廉爲郎。[3]舉方正，[4]對策高弟，[5]遷諫大夫，[6]行郎中户將事。[7]劾奏衞將軍張安世子侍中陽都侯彭祖不下殿門，[8]并連及安世居位無補。彭祖時實下門，寬饒坐舉奏大臣非是，[9]左遷爲衞司馬。[10]

　　[1]【顏注】師古曰：蓋，音公盍反。【今注】魏郡：治鄴縣（今河北臨漳縣鄴城鎮）。

　　[2]【今注】明經：漢選官科目，始於武帝。被推舉者須明習經學，故以“明經”爲名。明經由郡國或公卿推舉，舉出後須通過射策以確定等第而得官。　郡文學：官名。漢武帝時敕令“天下郡國皆立學校官”，稱郡文學，專司所轄地教育行政事務。

　　[3]【今注】孝廉：漢察舉制的科目之一。取孝順父母、辦事廉正之意。　郎：古“廊”字。原指宫殿廷廊，置侍衞人員所在。後爲君主侍從之官如議郎、中郎、侍郎、郎中等官員之統稱。

　　[4]【今注】方正：漢察舉制的科目之一。文帝時始詔舉“賢良方正能直言極諫者”，多爲舉薦；後成爲制科之一。

　　[5]【今注】對策：漢選官制度。朝廷政事、經義等設問，被

舉者對答，稱爲“對策”。成績優秀者稱“高第”。弟，蔡琪本、大德本、殿本作“第”，下同不注。

[6]【今注】諫大夫：官名。漢武帝因秦而置。掌顧問應對、參預謀議。秩比八百石，無定員。

[7]【顏注】師古曰：《百官公卿表》郎中令屬官有郎中車、户、騎三將，蓋各以所主爲名也。户將者，主户衛也。

[8]【顏注】師古曰：過殿門不下車也。【今注】張安世：張湯之子。傳見本書卷五九。　侍中：官名。秦漢沿置，爲丞相之史，以其往來東廂奏事，故謂之侍中。後又爲正規官職外的加官之一。因侍從皇帝左右，逐漸變爲親信貴重之職。

[9]【顏注】師古曰：不以實也。

[10]【顏注】蘇林曰：如今衛士令也。臣瓚曰：漢注有衛屯司馬。【今注】左遷：降職，貶官。古尊右而卑左，故稱降職爲“左遷”。　衛司馬：武官名。屬衛尉。王先謙《漢書補注》謂應爲衛屯司馬（亦作“屯衛司馬”），以《百官表》別有衛士令爲據，證蘇林説爲誤。然衛屯司馬，秩比千石，較諫大夫八百石秩高，何言左遷？故王先謙説不妥。

　　先是時，衛司馬在部，見衛尉拜謁，[1]常爲衛官繇使市買。[2]寬饒視事，案舊令，遂揖官屬以下行衛者。[3]衛尉私使寬饒出，寬饒以令詣官府門上謁辭。[4]尚書責問衛尉，[5]由是衛官不復私使候、司馬。候、司馬不拜，出先置衛，輒上奏辭，[6]自此正焉。

[1]【今注】衛尉：官名。秦漢沿置，九卿之一，掌宮門警衛。景帝時改稱爲“中大夫令”，旋復舊名。案，吳恂《漢書注商》謂“衛尉”乃“衛官”之誤，此專言衛司馬與衛官事也。由“在部”二字可知。下文“常爲衛官繇使市買”及“由是衛官不復

私使候司馬”可證。

[2]【顏注】師古曰：“繇”讀與“徭”同。【今注】市買：買，交易。桓寬《鹽鐵論·水旱》：“民相與市買，得以財貨五穀新弊易貨。”

[3]【顏注】蘇林曰：衛尉官屬也。或曰詔遣使行衛者也。師古曰：或說非也。行，音下更反。【今注】案，茲處叙述有誤。《漢書考正》劉攽云，此文錯亂，本當云“寬饒視事，案舊令，遂揖衛尉”。又沈欽韓《漢書疏證》曰：“衛司馬於衛尉，部曲也，亦猶三署郎見光禄勳，執板拜，不當僅揖。疑上文‘見衛尉拜謁’脫‘官屬’二字。”

[4]【顏注】文穎曰：私見使而公辭尚書也。蘇林曰：以法詣衛尉府門上謁也。師古曰：文說是也。【今注】官府門：吴恂《漢書注商》謂當為“宫府門”之誤。

[5]【顏注】文穎曰：由寬饒以法令不給使，尚書貴衛尉（貴，蔡琪本、大德本、殿本作“責”），不復使司馬。【今注】尚書：官名。戰國已有，亦作“掌書”，掌文書。漢武帝時選拔尚書、侍中組成中朝，或稱“内朝”，形成中央決策機關。因尚書係近臣，地位漸高。

[6]【顏注】如淳曰：天子出，為天子先導。先天子發，故上奏辭。

寬饒初拜為司馬，未出殿門，斷其襌衣，令短離地，[1]冠大冠，帶長劍，躬案行士卒廬室，視其飲食居處，有疾病者身自撫循臨問，加致醫藥，遇之甚有恩。及歲盡交代，上臨饗罷衛卒，[2]衛卒數千人皆叩頭自請，願復留共更一年，[3]以報寬饒厚德。宣帝嘉之，以寬饒為太中大夫，[4]使行風俗，[5]多所稱舉貶黜，奉使稱意。擢爲司隸校尉，[6]刺舉無所回避，小大輒舉，所劾奏衆多，廷尉處其法，[7]半用半不用，[8]公卿貴戚及郡國吏繇使至長安，皆恐懼莫敢犯禁，[9]京師爲清。

[1]【顔注】師古曰：禪，音“單”，其字從衣。【今注】禪衣：單衣。漢上層人士平日所穿的單層罩衣。《方言》：“禪衣，江淮南楚之間謂之褋，古謂之深衣。”長沙馬王堆一號漢墓的發掘中，曾出土了兩件素紗禪衣。

[2]【顔注】師古曰：得代當歸者也。【今注】案，漢儀，正月初五，皇帝置酒饗衛士。罷，衛卒服役期一年，期滿可罷歸。

[3]【顔注】師古曰：更猶今言上番也，音工衡反。【今注】更：輪流服役。漢制，更卒既可自己赴役，亦可出錢雇人代役。自己服役者稱“踐更”，出錢雇人代役者稱“過更”。

[4]【今注】太中大夫：官名。掌議論。秩比千石，屬郎中令（光禄勳）。

[5]【顔注】師古曰：行，音下更反。

[6]【今注】司隸校尉：官名。舊號卧虎。漢武帝始置。監督京師和地方之監察官。秩爲二千石。

[7]【今注】廷尉：官名。秦漢沿置。九卿之一，掌國家司法審判。

[8]【顔注】師古曰：以其峻刻，故有不用者。

[9]【顔注】師古曰：“繇”讀與“傜”同，供傜役及爲使而來者。

　　平恩侯許伯入第，[1]丞相、御史、將軍、中二千石皆賀，寬饒不行。許伯請之，廼往，從西階上，東鄉特坐。[2]許伯自酌曰：“蓋君後至。”寬饒曰：“無多酌我，我廼酒狂。"丞相魏侯笑曰：[3]"次公醒而狂，何必酒也？"坐者皆屬曰卑下之。[4]酒酣樂作，長信少府檀長以起舞，[5]爲沐猴與狗鬭，[6]坐皆大笑。寬饒不說，印視屋而歎[7]曰："美哉！然富貴無常，忽則易人，此如傳舍，[8]所閱多矣。[9]唯謹慎爲得久，君侯可不戒哉！"因起趨出，劾奏長信少府以列卿而沐猴舞，失禮不敬。上欲罪少府，許伯爲謝，良久，上廼解。

[1]【顏注】師古曰：許伯，皇太子外祖也。入第者，治弟新成（弟，蔡琪本、大德本、殿本作"第"），始入居之。

[2]【顏注】師古曰：言自尊抗，無所詘也。"鄉"讀曰"嚮"。【今注】案，漢時以東向坐爲尊。

[3]【今注】魏侯：魏相。傳見本書卷七四。

[4]【顏注】師古曰：屬猶注也，音之欲反。下，音胡嫁反（嫁，大德本同，蔡琪本、殿本作"稼"）。【今注】案，曰，蔡琪本、大德本、殿本作"目"。

[5]【今注】長信少府：官名。漢有長信詹事，主皇太后宮，由宦者任職。景帝時改爲長信少府。　案，以，蔡琪本、大德本、殿本作"卿"。

[6]【顏注】師古曰：沐猴，獼猴。

[7]【顏注】師古曰："說"讀曰"悅"。"印"讀曰"仰"。

[8]【今注】傳舍：驛站，古時供出行官吏休息住宿之處所。《戰國策·齊策五》："昔者，趙氏襲衞，車舍人不休，傳衞國。"又，尹灣漢簡《元延二年日記》記述作爲郡吏的墓主在漢成帝元延二年（前11）一年中出行情況及使用傳舍的情況（參見侯旭東《傳舍使用與漢帝國的日常統治》，《中國史研究》2008年第1期）。

[9]【顏注】師古曰：言如客舍行客，輒過之，故多所經

歷也。

　　寬饒爲人剛直高節，志在奉公。家貧，奉錢月數千，[1]半以給吏民爲耳目言事者。身爲司隸，子常步行自戍北邊，[2]公廉如此。然深刻喜陷害人，[3]在位及貴戚人與爲怨，[4]又好言事刺譏，奸犯上意。[5]上以其儒者，優容之，然亦不得遷。同列後進或至九卿，寬饒自以行清能高，有益於國，而爲凡庸所越，愈失意不快，數上疏諫爭。太子庶子王生高寬饒節，[6]而非其如此，予書曰：“明主知君絜白公正，不畏彊禦，[7]故命君以司察之位，擅君以奉使之權，尊官厚禄已施於君矣。君宜夙夜惟思當世之務，奉法宣化，憂勞天下，雖日有益，月有功，猶未足以稱職而報恩也。自古之治，三王之術各有制度。[8]今君不務循職而已，廼欲以太古久遠之事匡拂天子，[9]數進不用難聽之語以摩切左右，非所以揚令名全壽命者也。方今用事之人皆明習法令，言足以飾君之辭，文足以成君之過，君不惟蘧氏之高蹤，[10]而慕子胥之末行，[11]用不訾之軀，臨不測之險，[12]竊爲君痛之。夫君子直而不挺，曲而不詘。[13]《大雅》云：‘既明且哲，以保其身。’[14]狂夫之言，聖人擇焉。唯裁省覽。”[15]寬饒不納其言。

　　[1]【顏注】師古曰：奉，音扶用反。
　　[2]【顏注】蘇林曰：子自行戍，不取代。【今注】案，陳直《漢書新證》引《居延漢簡釋文》一〇九頁，有簡文云：“☒北☒候長當敢言之，爰書隧長蓋之等，廼辛酉日出時，☒長移往來行塞下

者，及畜産皆毋爲虜所殺略者。"證之本傳文蓋之疑即寬饒之子（居延簡文例，有稱名，有稱姓在在官名之下者）。在居延、敦煌兩簡人名中，蓋姓僅此一見。

［3］【顏注】師古曰：喜，音許吏反。

［4］【顏注】師古曰：人人皆怨之。

［5］【顏注】師古曰：奸，音"干"。

［6］【今注】太子庶子：官名。太子宮官。爲太子太傅、少傅的屬官。

［7］【顏注】師古曰：彊禦，彊梁而禦善者也。

［8］【顏注】師古曰：三王謂夏、殷、周，文質不同也。

［9］【顏注】師古曰：匡（匡，大德本、殿本同，蔡琪本作"巨"），正也。"拂"讀曰"弼"。

［10］【顏注】師古曰：蘧伯玉，邦無道，則可卷而懷之。【今注】蘧氏：蘧伯玉，春秋衞國大夫。《論語·衞靈公》："君子哉！蘧伯玉。邦有道則仕，邦無道則可卷而懷之。"

［11］【顏注】師古曰：伍子胥知吳王不可諫，而不能止，自取誅滅也。【今注】子胥：伍子胥。春秋吳國大夫。勸諫吳王夫差拒越國求和並停止伐齊，後被吳王賜劍自殺。

［12］【顏注】師古曰："訾"與"貲"同。不貲者，言無貲量可以比之，貴重之極也。不測謂深也。

［13］【顏注】師古曰：挺然，直貌。言雖執直道，而遭遇時變，與時紆曲，然其本志不屈橈也。挺，音吐鼎反。

［14］【顏注】師古曰：《烝民》之詩也。言明智者可以自全，不至亡身。【今注】案，語見《詩·大雅·烝民》。

［15］【今注】案，王先謙《漢書補注》謂，"裁"與"財"同，猶言少也。詳本書卷四八《賈誼傳》。

是時上方用刑法，信任中尚書宦官，[1] 寬饒奏封事曰："方今聖道霑廢，儒術不行，[2]以刑餘爲周召,[3]以法律爲《詩》《書》。"[4]又引《韓氏易傳》言:[5]"五帝官天下，三王家天下，家以傳子，官以傳賢，若四時之運，功成者去，不得其人則不居其位。"書奏，上以寬饒怨謗終不改，下其書中二千石。時執金吾議,[6]以爲寬饒指意欲求禪，大逆不道。[7]諫大夫鄭昌愍傷寬饒忠直憂國，以言事不當意而爲文吏所詆挫,[8]上書頌寬饒曰:[9]"臣聞山有猛獸，藜藿爲之不采;[10]國有忠臣，姦邪爲之不起。司隸校尉寬饒居不求安，食不求飽,[11]進有憂國之心，退有死節之義，上無許、史之屬，下無金、張之託,[12]職在司察，直道而行，多仇少與,[13]上書陳國事，有司劾以大辟,[14]臣幸得從大夫之後，官以諫爲名，不敢不言。"上不聽，遂下寬饒吏。寬饒引佩刀自剄北闕下,[15]衆莫不憐之。

[1]【今注】案，楊樹達《漢書窺管》云，後來元帝之任弘恭、石顯，實宣帝啓之也。又，宦，蔡琪本、大德本、殿本作"宦"。

[2]【顏注】師古曰:霑，漸也。

[3]【顏注】師古曰:言使奄人當權軸也。周謂周公旦也，召謂召公奭也。"召"讀曰"邵"。

[4]【顏注】師古曰:言以刑法成教化也。

[5]【今注】韓氏易傳:書名。韓嬰著。嬰以詩著名，漢代與齊、魯共立於學。本書卷八八《儒林傳》:"（嬰）亦以《易》授人，推《易》意而爲之《傳》。"本書《藝文志》記載《易》十三家，有《韓氏》二篇，注:"名嬰。"其書亡佚。

[6]【今注】執金吾:官名。本名中尉。擔負京城內的巡察、

禁暴、督奸等任務，掌北軍。

[7]【顔注】師古曰：禮，古"禪"字。言欲使天子傳位於己。【今注】禮："禪"字異體。本書《異姓諸侯王表》："舜禹受禮。"《韻會》："禪，漢書每作'禮'，後世遂多通用，惟連言墠壇，則須分別耳。"

[8]【顔注】師古曰：詆，毀也。挫，折也。

[9]【顔注】師古曰：頌謂稱其美。

[10]【今注】藜藿：灰菜、豆葉之類野菜。

[11]【顔注】師古曰：《論語》稱孔子曰"君子食無求飽，居無求安"，故引之。

[12]【顔注】應劭曰：許伯，宣帝皇后父。史高，宣帝外家也。金，金日磾也。張，張安世也。此四家屬無不聽。師古曰：此説非也。許氏、史氏有外屬之恩，金氏、張氏自託在於近狎也。屬，讀如本字也。

[13]【顔注】師古曰：仇，怨讎也。與，黨與也。

[14]【今注】大辟：古五刑之一，即死刑。漢代大辟之刑爲腰斬、棄市、梟首、磔。漢景帝中元二年（前 148）又改磔爲棄市。

[15]【今注】北闕：漢宫殿北面的門樓。臣子等候朝見或上書奏事之處。

諸葛豐字少季，[1]琅邪人也。[2]以明經爲郡文學，名特立剛直。貢禹爲御史大夫，[3]除豐爲屬，舉侍御史。[4]元帝擢爲司隸校尉，刺舉無所避，京師爲之語曰："閒何闊，逢諸葛。"[5]上嘉其節，加豐秩光禄大夫。[6]

[1]【今注】案，沈欽韓《漢書疏證》曰："《吳志》注《風俗通》曰：'葛嬰爲陳涉將軍，有功而誅。孝文帝追録封其孫諸縣侯，因並氏焉。'"

[2]【今注】琅邪：今作"琅琊"。郡名。治東武（今山東諸城市）。

[3]【今注】御史大夫：官名。秦漢沿置。三公之一。掌監察百官、代朝廷起草詔命文書等。

[4]【今注】侍御史：官名。秦置漢沿。受命御史中丞，接受公卿奏事，舉劾非法。

[5]【顏注】師古曰：言間者何久闊不相見，以逢諸葛故也。【今注】案，此語意爲：爲何久不見，祇因遇諸葛。陳直《漢書新證》云："'間何闊'，謂豪强畏其鋒，避往他地，與故人希疏見面也。"

[6]【今注】光禄大夫：官名。漢武帝時改中大夫爲光禄大夫，秩比二千石，掌顧問應對。大夫中以光禄大夫最顯要。案，漢制，司隸校尉與光禄大夫均秩比二千石，不知何言"加豐秩"。

　　時侍中許章以外屬貴幸，[1]奢淫不奉法度，賓客犯事，與章相連。豐案劾章，欲奏其事，適逢許侍中私出，豐駐車舉節詔章曰：[2]"下！"欲收之。章迫窘，馳車去，豐追之。許侍中因得入宮門，自歸上。[3]豐亦上奏，於是收豐節。司隸去節自豐始。

[1]【今注】許章：漢宣帝許皇后平君之侄。

[2]【今注】節：符節。爲朝中大臣、皇帝命使憑信。

[3]【顏注】師古曰：歸誠乞哀於天子也。

豐上書謝曰："臣豐駑怯，文不足以勸善，武不足以執邪。陛下不量臣能否，拜爲司隸校尉，未有以自效，復秩臣爲光祿大夫，官尊責重，非臣所當處也。又迫年歲衰暮，常恐卒填溝渠，無以報厚德，[1]使論議士譏臣無補，長獲素餐之名。[2]故常願捐一旦之命，不待時而斷姦臣之首，縣於都市，編書其罪，[3]使四方明知爲惡之罰，然後却就斧鉞之誅，[4]誠臣所甘心也。夫以布衣之士，尚猶有刎頸之交，[5]今以四海之大，曾無伏節死誼之臣，率盡苟合取容，阿黨相爲，念私門之利，忘國家之政。邪穢濁涽之氣上感于天，[6]是以災變數見，百姓困乏。此臣下不忠之效也，臣誠恥之亡已。凡人情莫不欲安存而惡危亡，然忠臣直士不避患害者，誠爲君也。今陛下天覆地載，物無不容，[7]使尚書令堯賜臣豐書曰：'夫司隸者刺舉不法，善善惡惡，非得顓之也。[8]勉處中和，[9]順經術意。'恩深德厚，臣豐頓首幸甚。臣竊不勝憤懣，願賜清宴，[10]唯陛下裁幸。"[11]上不許。

[1]【顏注】師古曰："卒"讀曰"猝"。

[2]【顏注】師古曰：素，空也。言不舉職務，空食祿奉而已（大德本無此注；奉，蔡琪本同，殿本作"俸"）。

[3]【顏注】師古曰：編謂聯次簡牘也。

[4]【顏注】師古曰：却，退也。

[5]【顏注】師古曰：刎，斷也，音"吻"。

[6]【顏注】師古曰：涽亦濁也，音下頓反。

[7]【顏注】師古曰：如天之覆，如地之載也。

[8]【顏注】師古曰：善善，襃賞善人也。惡惡，誅罰惡人也。“頌”與“專”同。

[9]【今注】案，勉，大德本同，蔡琪本、殿本作“免”。

[10]【顏注】師古曰：懣，音“滿”。【今注】清宴：也作“清燕”“清讌”。清閑、安逸。

[11]【今注】裁：王念孫《讀書雜志·漢書第十二》謂，裁猶少也。本書卷九三《佞幸傳》“唯陛下哀憐財幸”，義同。“裁”“財”通用。

是後所言益不用，豐復上書言：“臣聞伯奇孝而棄於親，[1]子胥忠而誅於君，[2]隱公慈而殺於弟，[3]叔武弟而殺於兄。[4]夫以四子之行，屈平之材，[5]然猶不能自顯而被刑戮，豈不足以觀哉！使臣殺身以安國，蒙誅以顯君，[6]臣誠願之。獨恐未有云補，[7]而爲衆邪所排，令讒夫得遂，正直之路雍塞，[8]忠臣沮心，智士杜口，[9]此愚臣之所懼也。”

[1]【今注】伯奇：古孝子。傳爲周宣王時重臣尹吉甫長子。無罪而見放逐，乃作琴曲《履霜操》以述懷。參見徐堅《初學記》卷二引漢蔡邕《琴操·履霜操》。

[2]【顏注】師古曰：並解於上。

[3]【顏注】師古曰：魯隱公欲立弟桓公，爲其尚少，己且攝位，而卒爲桓公所殺。

[4]【顏注】師古曰：叔武，衛成公之弟夷叔也。成公避晉之難，出奔陳，使大夫元咺奉叔武以居守。其後晉人納成公，成公疑叔武而先期入，叔武將沐，聞君至喜，捉髮走出，前驅射而殺之。事在《左傳》僖二十八年。叔武弟音大計反。

［5］【顏注】師古曰：屈平即是屈原也。【今注】案，吳恂《漢書注商》謂，"平"乃"申"之誤。屈申，蓋指伯奇被逐不去，子胥乞食吳市，魯隱、叔武不避嫌攝位。

［6］【顏注】師古曰：蒙，被也。

［7］【今注】云：語助詞。

［8］【顏注】師古曰："雍"讀曰"壅"。

［9］【顏注】師古曰：沮，壞；杜，塞也。沮，音才汝反。

豐以春夏繫治人，[1]在位多言其短。上徙豐爲城門校尉，[2]豐上書告光禄勳周堪、光禄大夫張猛。[3]上不直豐，迺制詔御史："城門校尉豐，前與光禄勳堪、光禄大夫猛在朝之時，數稱言堪、猛之美。豐前爲司隸校尉，不順四時，修法度，專作苛暴，以獲虛威，朕不忍下吏，以爲城門校尉。不内省諸己，[4]而反怨堪、猛，以求報舉，[5]告案無證之辭，暴揚難驗之罪，毀譽恣意，不顧前言，[6]不信之大者也。朕憐豐之耆老，不忍加刑，其免爲庶人。"終於家。

［1］【今注】案，古代陰陽五行説秋冬動刑。豐以春夏繫治，不合時令。

［2］【今注】城門校尉：漢置，統領京師各門屯衛，分八屯，屬官有司馬、城門候。

［3］【今注】光禄勳：官名。九卿之一。掌宮殿門户的宿衛，後漸變總領宮内事務。秦與漢初名"郎中令"，漢武帝太初元年（前104）改名"光禄勳"。案，豐上書告事見本書卷三六《劉向傳》。

［4］【顏注】師古曰：省，察也。

[5]【顏注】師古曰：舉言其事以報怨。

[6]【顏注】師古曰：前言謂譽堪、猛之美（譽，蔡琪本同，大德本、殿本作“舉”）。今乃更言其短，是不顧也。

劉輔，河間宗室人也。[1]舉孝廉，爲襄賁令。[2]上書言得失，召見，上美其材，擢爲諫大夫。會成帝欲立趙健伃爲皇后，[3]先下詔封健伃父臨爲列侯。輔上書言：“臣聞天之所與必先賜以符瑞，天之所違必先降以灾變，此神明之徵應，自然之占驗也。昔武王、周公承順天地，以饗魚烏之瑞，[4]然猶君臣祇懼，動色相戒，況於季世，不蒙繼嗣之福，屢受威怒之異者虖！[5]雖夙夜自責，改過易行，畏天命，念祖業，妙選有德之世，考卜窈窕之女，[6]以承宗廟，順神祇心，塞天下望，[7]子孫之祥猶恐晚暮，今廼觸情縱欲，傾於卑賤之女，欲以母天下，不畏于天，不媿于人，惑莫大焉。里語曰：‘腐木不可以爲柱，卑人不可以爲主。’天人之所不予，必有禍而無福，市道皆共知之，[8]朝廷莫肯壹言，臣竊傷心。自念得以同姓拔擢，尸祿不忠，污辱諫争之官，不敢不盡死，唯陛下深察。”書奏，上使侍御史收縛輔，繫掖庭祕獄，[9]群臣莫知其故。

[1]【今注】河間：漢諸侯王國名。都樂成縣（今河北獻縣東）。　宗室人：河間獻王劉德之後裔。案，蔡琪本、殿本同，大德本無“人”字。

[2]【顏注】蘇林曰：賁，音“肥”，東海縣也。【今注】襄賁：縣名。屬東海郡。治所在今山東蘭陵縣長城鎮。

[3]【今注】趙健妤：趙飛燕。事迹見本書卷九七下《外戚傳下》。

[4]【顏注】師古曰：謂伐紂時有白魚、赤烏之瑞也。事見今文《尚書》。【今注】魚烏之瑞：即祥瑞之兆。周武王率軍伐紂，渡河時有一白色鯉魚跳到船上；渡過河，又遇赤烏。遂以爲得勝之預兆。事見《尚書大傳》、《史記》卷四《周本紀》。

[5]【今注】案，虖，蔡琪本、大德本同，殿本作"乎"。

[6]【顏注】師古曰：窈窕，幽閑也。

[7]【顏注】師古曰：塞，滿也。

[8]【顏注】師古曰：市道，市中之道也。一曰市人及行於道路者也。

[9]【顏注】師古曰：《漢書舊儀》掖庭詔獄令丞窆者爲之（窆，蔡琪本、大德本、殿本作"宦"），主理婦人女官也。【今注】掖庭：亦作"掖廷"。漢武帝時改稱"掖廷"。宮中旁舍。宮女所居之地。由掖庭令管理。 祕獄：指幽囚罪人、不作公開審理之獄。

於是中朝左將軍辛慶忌、右將軍廉褒、光禄勳師丹、太中大夫谷永，[1]俱上書曰："臣聞明王垂寬容之聽，崇諫爭之官，廣開忠直之路，不罪狂狷之言，[2]然後百僚在位，竭忠盡謀，不懼後患，朝廷無讇諛之士，元首無失道之譽。[3]竊見諫大夫劉輔，前以縣令求見，擢爲諫大夫，此其言必有卓詭切至，當聖心者，[4]故得拔至於此。旬日之間，收下祕獄，臣等愚，以爲輔幸得託公族之親，在諫臣之列，新從下土來，未知朝廷體，獨觸忌諱，不足深過。小罪宜隱忍而已，如有大惡，宜暴治理官，與衆共之。[5]昔趙簡子殺其大夫鳴犢，孔子臨河而還。[6]今天心未豫，[7]灾異屢降，水旱迭臻，[8]方當隆寬廣問，襃直盡下之時也。而行憯急之誅於諫爭之臣，震驚群下，失忠直心。假令輔不坐直言，所坐不著，[9]天下不可戶曉。[10]同姓近臣本以言顯，其於治親養忠之義誠不宜幽囚于掖庭獄。公卿以下見陛下進用輔亟，而折傷之暴，[11]人有懼心，[12]精銳銷耎，[13]莫敢盡節正言，非所以昭有虞之聽，廣德美之風。[14]臣等竊深傷之，唯陛下留神省察。"上廼徙繫輔共工獄，[15]減死罪一等，論爲鬼薪。[16]終於家。

[1]【顏注】孟康曰：中朝，內朝也。大司馬左右前後將軍、侍中、常侍、散騎、諸吏爲中朝。丞相以下至六百石爲外朝也。【今注】中朝：即內朝。自漢武帝始，漢政體漸分中朝、外朝，形成兩個官僚系統。一個是由大將軍、尚書等組成的中朝，是決策機關；一個是以丞相爲首的外朝，是政務機關。錢大昕《三史拾遺》云："《漢書》稱'中朝官'，或稱'中朝'者，其文非一，唯孟康此注最爲分明。《蕭望之傳》'詔遣中朝大司馬車騎將軍韓增、諸吏富平侯張延壽、光禄勳楊惲、太僕戴長樂問望之計策'，《王嘉傳》'事下將軍中朝者，光禄大夫孔光、左將軍公孫禄、右將軍王安、光禄勳馬宮、光禄大夫龔勝'，光禄大夫非內朝官，而孔光、龔勝得與議者，加給事中故也。此傳太中大夫谷永亦以給事中，故得與朝者之列。則給事中亦中朝官。孟康所舉不無遺漏矣。光禄勳掌宮殿，掖門户，在九卿中最爲親近，昭、宣以後，張安世、蕭望之、馮奉世、辛慶忌皆以列將軍兼領光禄勳，而楊惲爲光禄勳亦加諸吏，故其與孫會宗書自稱'與聞政事'也。然中、外朝之分，漢初蓋未之有，武帝始以嚴助、主父偃輩入直承明，與參謀議，而其秩尚卑。衞青、霍去病雖貴幸，亦未干丞相、御史職事。至昭、宣

之世，大將軍權兼中外，又置前後左右將軍，在内朝預聞政事，而由庶僚加侍中給事者，皆自託爲腹心之臣矣。此西京朝局之變，史家未明言之，讀者可推驗而得也。又考趙倢伃父之封侯在永始二年四月，則劉輔繫掖庭獄亦當在是時。而《公卿表》慶忌爲左將軍，師丹爲光禄勳，皆在三年，廉褒爲右將軍則在四年，谷永爲太中大夫依本傳推校亦當在三年，此傳所書諸人官位俱爲乖舛。" 辛慶忌：傳見本書卷六九。 廉褒：襄武人。西漢成帝、哀帝時爲右將軍。 師丹：傳見本書卷八六。 谷永：傳見本書卷八五。

　[2]【顏注】師古曰：狷，急也，音"絹"。

　[3]【顏注】師古曰：元首謂天子也。譸，古"詔"字也（蔡琪本、殿本無"也"字）。【今注】譽：同"愆"。過失。

　[4]【顏注】師古曰：卓，高遠也。詭，異於衆也。

　[5]【顏注】師古曰：令衆人知其罪狀而罰之。【今注】案，與衆共之，大德本同，蔡琪本、殿本無"與"字。

　[6]【顏注】張晏曰：趙簡子欲分晉國，故先殺鳴犢，又聘孔子。孔子聞其死，至河而還也。師古曰：《戰國策》説二人姓名云"鳴犢、鐸犨"，而史記及古今人表並以爲鳴犢、竇犨，蓋鐸、犢及竇，其聲相近，故有不同耳。今永等指舉殺鳴犢一人（指，蔡琪本、殿本作"止"），不論竇犨也。

　[7]【顏注】張晏曰：豫，悦豫也。

　[8]【顏注】師古曰：迭，互也。音徒結反。

　[9]【顏注】師古曰：著，明也。

　[10]【顏注】師古曰：言不可家家曉喻之也。

　[11]【顏注】師古曰：亟，急也。

　[12]【顏注】師古曰：人人皆懼也。

　[13]【顏注】蘇林曰：耎，弱也。師古曰：音乃唤反（蔡琪本、大德本同，殿本"音"前有"耎"字）。【今注】耎：古同"軟"。案，耎，蔡琪本、大德本、殿本作"耎"。

[14]【顏注】師古曰：舜有敢諫之鼓，故言有虞之聽也。一曰謂達四聰也。【今注】案，蔡琪本、大德本、殿本“風”後有“也”字。

[15]【顏注】蘇林曰：考工也。師古曰：少府之屬官也，亦有詔獄。“共”讀與“龔”同。【今注】案，周壽昌《漢書注校補》云：“《百官表》，少府屬有考工室，王莽始改少府曰‘共工’。輔獄在成帝時，此‘共工’應仍曰‘考工’爲是。”

[16]【今注】鬼薪：徒刑名。初爲宗廟采薪而得名。從事官府雜役等重體力勞動等。

　　鄭崇字子游，本高密大族，[1]世與王家相嫁娶。[2]祖父以訾徙平陵。[3]父賓明法律，爲御史，事貢公，[4]名公直。崇少爲郡文學史，[5]至丞相大車屬。[6]弟立與高武侯傅喜同門學，[7]相友善。[8]喜爲大司馬，薦崇，哀帝擢爲尚書僕射。[9]數求見諫争，上初納用之。每見曳革履，[10]上笑曰：“我識鄭尚書履聲。”

[1]【今注】高密：縣名。治所在今山東高密市西南。

[2]【顏注】師古曰：女嫁王家，男又娶也。

[3]【今注】案，漢徙郡國富豪實關中，以求“内實京師，外銷奸猾”。　平陵：縣名。漢昭帝陵。因置平陵縣。治所在今陝西興平市東北。

[4]【顏注】師古曰：貢禹也。

[5]【今注】郡文學史：郡文學屬吏。

[6]【顏注】如淳曰：丞相大車屬如今公府御屬。【今注】丞相大車屬：官名。掌相府車馬之事。

[7]【今注】傅喜：傳見本書卷八二。

[8]【顏注】師古曰：同門謂同師也。

[9]【今注】尚書僕射：官名。秦置。少府屬官，助尚書令管理檔案和文書，階級較低。漢成帝建始四年（前 29），置尚書五人，其中一人爲僕射。

[10]【顏注】師古曰：孰曰韋，生曰革。【今注】曳：拖。革履：生皮製成的鞋。

久之，上欲封祖母傅太后從弟商，崇諫曰："孝成皇帝封親舅五侯，天爲赤黃晝昏，日中有黑氣。今祖母從昆弟二人已侯。孔鄉侯，皇后父；高武侯以三公封，尚有因緣。[1]今無故欲復封商，壞亂制度，逆天人之心，[2]非傅氏之福也。臣聞師曰：'逆陽者厥極弱，逆陰者厥極凶短折，犯人者有亂亡之患，犯神者有疾夭之禍。'[3]故周公著戒曰：'惟王不知艱難，唯耽樂是從，時亦罔有克壽。'[4]故衰世之君夭折蚤没，[5]此皆犯陰之害也。臣願以身命當國咎。"崇因持詔書案起。[6]傅太后大怒曰："何有爲天子乃反爲一臣所顓制邪！"[7]上遂下詔曰："朕幼而孤，皇太太后躬自養育，免于襁褓，教道以禮，至於成人，[8]惠澤茂焉。[9]'欲報之德，皡天罔極。'[10]前追號皇太太后父爲崇祖侯，惟念德報未殊，朕甚恧焉。[11]侍中光禄大夫商，皇太太后父同產子，小自保大，[12]恩義最親。其封商爲汝昌侯，[13]爲崇祖侯後，更號崇祖侯爲汝昌哀侯。"

[1]【顏注】師古曰：孔鄉侯，傅晏也。高武侯，傅喜也。

[2]【今注】案，蔡琪本、大德本、殿本無"之"字。

[3]【今注】案，沈欽韓《漢書疏證》云："《鴻範五行傳》'王之不極，是謂不建，厥極弱'，注：'天爲剛德，剛氣失，故於人爲弱。'案，君者法天，失君道爲逆陽。'思之不容，是謂不聖，厥極凶短折'，注：'殖氣失，則於人爲凶短折。'案，土位陰，違土性爲逆陰。"

[4]【顏注】師古曰：《周書·亡逸》之篇也。言王者不知稼穡之艱難，唯從軼樂（軼，大德本同，蔡琪本、殿本作"耽"），則致夭喪，無能壽考也。【今注】案，語見《尚書·周書·無逸》。

[5]【顏注】師古曰：蚤，古"早"字也（蔡琪本、殿本無"也"字）。

[6]【顏注】李奇曰：持當受詔書案起也。師古曰：李説非也。案者，即寫詔之文。

[7]【顏注】師古曰："顓"與"專"同也。

[8]【顏注】師古曰："道"讀曰"導"。

[9]【顏注】師古曰：茂，美也。

[10]【顏注】師古曰：《詩·小雅·蓼莪》之篇曰："父兮生我，母兮鞠我，欲報之德，昊天罔極。"言欲報父母之恩德，心無已也。呼昊天者，陳已至誠也。"皞"字與"昊"同。

[11]【顏注】師古曰：殊，異也。恧，愧也，音女六反。【今注】恧（nǜ）：慚愧。

[12]【顏注】如淳曰：太后從小養之，使至大也。

[13]【今注】案，錢大昕《廿二史考異·漢書三》云："《哀紀》：'建平四年二月，封帝太太后從弟侍中傅商爲汝昌侯。六月，尊太太后爲皇太太后。'此詔稱'皇太太后'，史家追改。"

崇又以董賢貴寵過度諫，[1]由是重得罪。[2]數以職事見責，發疾頸癰，[3]欲乞骸骨，不敢。尚書令趙昌佞諂，[4]素害崇，知其見疏，因奏崇與宗族通，疑有姦，請治。上責崇曰：“君門如市人，何以欲禁切主上？”[5]
崇對曰：“臣門如市，臣心如水。[6]願得考覆。”上怒，
下崇獄，窮治，死獄中。

[1]【今注】董賢：傳見本書卷九三。

[2]【顏注】師古曰：重，音直用反。

[3]【今注】案，癰，蔡琪本、大德本、殿本作“癰”。

[4]【今注】尚書令：官名。秦漢沿置。本爲少府的屬官，負
責管理少府文書和傳達命令，職輕而權重。漢武帝設内朝官，任用
少府尚書處理天下章奏，遂涉及國家政治中樞。

[5]【顏注】師古曰：言請求者多，交通賓客。

[6]【顏注】師古曰：言至清也。

孫寶字子嚴，潁川鄢陵人也。[1]以明經爲郡吏。御
史大夫張忠辟寶爲屬，欲令授子經，更爲除舍，[2]設儲
偫。[3]寶自劾去，忠固還之，[4]心内不平。[5]後署寶主
簿，[6]寶徙入舍，祭竈請比鄰。忠陰察，怪之，使所親
問寶：“前大夫爲君設除大舍，子自劾去者，欲爲高節
也。今兩府高士俗不爲主簿，子既爲之，徙舍甚説，[7]
何前後不相副也？”寶曰：“高士不爲主簿，而大夫君
以寶爲可，一府莫言非，[8]士安得獨自高？前日君男欲
學文，而移寶自近。[9]禮有來學，義無往教；[10]道不可
詘，身詘何傷？且不遭者可無不爲，況主簿乎！”[11]忠
聞之，甚惡，上書薦寶經明質直，宜備近臣。爲議
郎，[12]遷諫大夫。

[1]【顏注】師古曰：鄢，音"偃"。【今注】穎川：郡名。治陽翟（今河南禹州市）。 鄢陵：縣名。治所在今河南鄢陵縣西北。

[2]【顏注】師古曰：除謂修飾掃除也。

[3]【顏注】師古曰：謂豫備器物也。偫，音丈紀反。【今注】儲偫（zhì）：亦作"儲峙""儲時"。指存儲物資以備需用。

[4]【顏注】師古曰：固者，謂再三留之。

[5]【顏注】師古曰：恨其去。

[6]【今注】主簿：官名。漢各級衙署多置。其職責爲主管文書，辦理事務。

[7]【顏注】師古曰："説"讀曰"悦"。

[8]【顏注】師古曰：言大夫以爲寶適可爲主簿耳，府中之人又不以爲不當也。

[9]【顏注】師古曰：文謂書也。

[10]【今注】案，《禮記·曲禮上》："禮聞來學，不聞往教。"

[11]【顏注】師古曰：言士不遭遇知己，則當屈辱，無所不爲也。

[12]【今注】議郎：官名。漢置。掌顧問應對。爲光禄勳所屬郎官之一。多徵賢良方正之士任之，漢秩比六百石。

鴻嘉中，[1]廣漢群盜起，[2]選爲益州刺史。[3]廣漢太守扈商者，大司馬車騎將軍王音姊子，[4]軟弱不任職。寶到部，親入山谷，諭告群盜，非本造意。渠率皆得悔過自出，[5]遣歸田里。自劾矯制，奏商爲亂首，[6]《春秋》之義，誅首惡而已。商亦奏寶所縱或有渠率當坐者。[7]商徵下獄，寶坐失死罪免。益州吏民多陳寶功效，言爲車騎將軍所排。上復拜寶爲冀州刺史，[8]遷丞相司直。[9]

［1］【今注】鴻嘉：漢成帝年號（前20—前17）。

［2］【今注】廣漢：郡名。治梓潼（今四川梓潼縣）。

［3］【今注】益州：地名。漢武帝設置的十三州（十三刺史部）之一，治所在蜀郡的成都。

［4］【今注】大司馬車騎將軍：官名。漢武帝建元二年（前139）罷太尉，元狩四年（前119）始置大司馬，加於大將軍、驃騎將軍、車騎將軍、衞將軍號前。漢宣帝時，外戚多以大司馬車騎將軍身份輔政，遂開外戚預政須加大司馬車騎將軍之類頭銜之先聲。大司馬車騎將軍儘管位在丞相下，但實權已逾丞相。漢成帝末，確立了三公制，大司馬後面不再聯以將軍之號，而是和丞相、大司空並列爲三公。　姉：古同“姊”。案，姉，蔡琪本、大德本、殿本作“姊”。

［5］【顏注】師古曰：渠，大也。【今注】渠率：即渠帥，魁首。

［6］【顏注】師古曰：擅放群盜歸，故云矯制。由商不任職（由，蔡琪本、殿本同，大德本作“田”），致有賊盜，故云爲亂首也。

［7］【顏注】師古曰：縱，放也。

［8］【今注】冀州：漢武帝所置十三刺史部之一，監察趙國、廣平、真定、中山國、河間、信都、魏郡、常山、鉅鹿、清河等郡國。

［9］【今注】丞相司直：官名。丞相屬官，漢武帝始置。比二千石，輔佐丞相糾舉不法。

時帝舅紅陽侯立使客因南郡太守李尚占墾草田數百頃，[1]頗有民所假少府陂澤，略皆開發，[2]上書願以入縣官。[3]有詔郡平田予直,[4]錢有貴一萬萬以上。[5]寶聞之,遣丞相史桉驗,[6]發其姦,劾奏立、尚懷姦罔上,狡猾不道。尚下獄死。立雖不坐,後兄大司馬衞將軍商薨,次當代商,上度立而用其弟曲陽侯根爲大司馬票騎將軍。[7]

[1]【顏注】師古曰:隱度而取之也。草田,荒田也。占,音之贍反。【今注】南郡:治江陵(今湖北荊州市)。

[2]【顏注】師古曰:舊爲陂澤,本屬少府,其後以假百姓,百姓皆已田之,而立總謂爲草田,占云新自墾。

[3]【顏注】師古曰:立上書云新墾得此田,請以入官也。【今注】縣官:朝廷。漢時常用以稱政府或皇帝。

[4]【顏注】師古曰:受其田而準償價直也。【今注】案,評定田之價值。

[5]【顏注】師古曰:增於時價。

[6]【今注】案,桉,蔡琪本、大德本同,殿本作"按"。

[7]【顏注】如淳曰:度,過也。過立而用根。【今注】案,票,殿本作"驃"。

會益州蠻夷犯法,巴蜀頗不安,[1]上以寶著名西州,拜爲廣漢太守,秩中二千石,[2]賜黃金三十斤。蠻夷安輯,吏民稱之。[3]

[1]【今注】巴蜀:兩郡名。巴郡治江州(今重慶市江北區),蜀郡治成都(今四川成都市)。

[2]【今注】中二千石:中是滿的意思,即實得二千石。漢官秩以萬石爲最高,中二千石次之,真二千石再次,後一級即爲二千

石，再次一級爲比二千石，其下依次爲千石，等等。漢郡守俸禄爲兩千石。孫寶秩中二千石，實爲優殊。

[3]【顏注】師古曰：“輯”與“集”同。

徵爲京兆尹。[1]故吏侯文以剛直不苟合常稱疾不肯仕，寶以恩禮請文，欲爲布衣友，日設酒食，妻子相對。文求受署爲掾，進見如賓禮。數月，以立秋日署文東部督郵。[2]入見，勑曰：“今日鷹隼始擊，[3]當順天氣取姦惡，以成嚴霜之誅，掾部渠有其人乎？”[4]文印曰：“無其人不敢空受職。”[5]寶曰：“誰也？”文曰：“霸陵杜穉季。”[6]寶曰：“其次。”[7]文曰：“豺狼橫道，不宜復問狐狸。”[8]寶默然。穉季者大俠，與衛尉淳于長、大鴻臚蕭育等皆厚善。[9]寶前失車騎將軍，與紅陽侯有郤，[10]自恐見危，時淳于長方貴幸，友寶，寶亦欲附之，始視事而長以穉季託寶，故寶窮，無以復應文。文怪寶氣索，[11]知其有故，因曰：“明府素著威名，[12]今不敢取穉季，當且閭閻，勿有所問。[13]如此竟歲，吏民未敢誣明府也。[14]即度穉季而譴它事，[15]衆口讙譁，終身自墮。”[16]寶曰：“受教。”穉季耳目長，聞知之，杜門不通水火，[17]穿舍後牆爲小户，但持鉏自治園，因文所厚自陳如此。[18]文曰：“我與穉季幸同土壤，素無睚眥，[19]顧受將命，分當相直。[20]誠能自改，嚴將不治前事，即不更心，但更門户，適趣禍耳。”[21]穉季遂不敢犯法，寶亦竟歲無所譴。明年，穉季病死。寶爲京兆尹三歲，京師稱之。會淳于長敗，寶與蕭育等皆坐免官。文復去吏，死於家。穉季子杜蒼，字君敖，名出稱季右，在游俠中。

[1]【今注】京兆尹：官名。漢代管轄京畿的行政長官，職權相當於郡太守。爲三輔之一。後因以稱京都地區的行政長官。

[2]【今注】督郵：官名。"督郵書掾""督郵曹掾"之簡稱。漢各郡的重要屬吏。代太守督察縣鄉，宣達政令兼司法等。每郡分若干部，每部設一督郵。

[3]【今注】案，王念孫《讀書雜志·漢書第十二》認爲"日"字係後人所加。

[4]【顏注】師古曰："渠"讀曰"詎"。詎，豈也。言掾所部內，豈有其人乎？

[5]【顏注】師古曰："印"讀曰"仰"。謂仰頭而對也。

[6]【今注】霸陵：縣名。秦芷陽縣，漢文帝於此築霸陵，並改縣名。治所在今陝西西安市東北。文帝卒後葬此。

[7]【顏注】師古曰：除稱季之外更有誰也。

[8]【顏注】師古曰：言不當釋大而取小也。

[9]【今注】淳于長：傳見本書卷九三。　大鴻臚：官名。掌管諸侯及藩屬國事務。秦及漢初本名典客，九卿之一。景帝中元六年（前144）改名"大行令"。漢武帝太初元年（104）改名"大鴻臚"。

[10]【顏注】師古曰：失車騎將軍，謂失王音意，奏寙商事也。"郄"與"隙"同。

[11]【顏注】師古曰：索，盡也，音先各反。

[12]【今注】明府：對郡守牧尹的尊稱。又稱"明府君"。

[13]【顏注】師古曰：闔，閉也。

[14]【顏注】師古曰：誣，謗也。

[15]【顏注】李奇曰：過度不治罪。

[16]【顏注】師古曰：墮，毀也，音火規反。

[17]【顏注】師古曰：杜，塞也。不通水火，謂雖鄰伍亦不往來也。

[18]【顏注】師古曰：具言恐懼改節之狀也。

[19]【顏注】師古曰：睚，音“涯”。眥，音才賜反。睚，又音五懈反。眥，又音仕懈反。已解於前也。【今注】睚眥：又作“睚眦”。發怒時瞪眼。借指極小的怨恨。

[20]【顏注】師古曰：言自顧念受郡將之命，分當相值遇也。分，音扶問反。直，讀曰“值”也（大德本同，蔡琪本、殿本無“也”字）。

[21]【顏注】師古曰：更，改也。“趣”讀曰“促”。

　　哀帝即位，徵寶爲諫大夫，遷司隸。[1]初，傅太后與中山孝王母馮太后俱事元帝，有郤，[2]傅太后使有司考馮太后，令自殺，衆庶冤之。寶奏請覆治，傅太后大怒，曰：“帝置司隸，主使察我。馮氏反事明白，故欲摘觖以揚我惡。[3]我當坐之。”上廼順指下寶獄。尚書僕射唐林爭之，上以林朋黨比周，[4]左遷敦煌魚澤障候。[5]大司馬傅喜、光禄大夫龔勝固争，[6]上爲言太后，出寶復官。

[1]【今注】司隸：漢哀帝改司隸校尉爲司隸。

[2]【顏注】師古曰：以當熊事，憾而嫉之。【今注】郤：隙，過節。

[3]【顏注】師古曰：摘觖謂挑發之也。摘，音它歷反。觖，音“決”。挑，音它聊反。【今注】摘觖：又作“摘抉”。挑剔。

[4]【顏注】師古曰：比，音頻寐反。

[5]【今注】敦煌：郡名。治敦煌（今甘肅敦煌市七里鎮白馬

塔村）。　障候：官名。主管魚澤障（今甘肅敦煌市東北三十里）。案，王念孫《讀書雜志·漢書第十二》云："敦煌之魚澤障自武帝時已改爲效穀縣，此云'魚澤障候'者，仍舊名也。"又陳直《漢書新證》云："敦煌有漁澤障，見《地理志》敦煌郡效穀縣注。《敦煌漢簡校文》三九八簡，有政致幼卿君明書云：'今遷爲敦煌漁澤候。'又六一四簡有'魚澤尉印'之文，與本傳文正合，又《居延漢簡釋文》五一五頁，有簡文云：'障候一人，秩比六百石。'障候之下，則有障尉。"

[6]【今注】龔勝：傳見本書卷七二。

頃之，鄭崇下獄，寶上書曰："臣聞疏不圖親，外不慮內。[1]臣幸得銜命奉使，職在刺舉，不敢避貴幸之執，以塞視聽之明。桉尚書令昌奏僕射崇，[2]下獄覆治，榜掠將死，卒無一辭，[3]道路稱冤。疑昌與崇內有纖介，[4]浸潤相陷，自禁門內樞機近臣，蒙受冤譖，[5]虧損國家，爲謗不小。臣請治昌，以解衆心。"書奏，天子不說，[6]以寶名臣不忍誅，迺制詔丞相大司空：[7]"司隸寶奏故尚書僕射崇冤，請獄治尚書令昌。案崇近臣，罪惡暴著，而寶懷邪，附下罔上，以春月作詆欺，遂其姦心，蓋國之賊也。《傳》不云乎，'惡利口之覆國家。'[8]其免寶爲庶人。"

[1]【顏注】師古曰：圖，謀也。慮，思也。

[2]【今注】案，桉，大德本同，蔡琪本、殿本作"按"。昌：趙昌。　僕射：尚書僕射。

[3]【顏注】師古曰：榜掠，謂答擊而考問之也。榜，音"彭"。

[4]【顏注】師古曰：言有細故宿嫌也。

[5]【顏注】師古曰：蒙，被也。

[6]【顏注】師古曰："說"讀曰"悅"。

[7]【今注】案，此"大司空"三字疑衍。《漢書考正》劉敞曰："此既云丞相，不得復有大司空也。"王先謙《漢書補注》引《通鑑考異》云："《哀紀》及《恩澤侯表》皆云傅商以建平二年二月封，而《寶傳》云制詔丞相大司空。按，建平二年已罷大司空官，疑《傳》誤。"

[8]【顏注】師古曰：《論語》稱孔子之言。【今注】案，語見《論語·陽貨》。

　　哀帝崩，王莽白王太后徵寶以爲光祿大夫，與王舜等俱迎中山王。[1]平帝立，寶爲大司農。[2]會越巂郡上黃龍游江中，[3]太師孔光、大司徒馬宮等咸稱莽功德比周公，[4]宜告祠宗廟。寶曰："周公上聖，召公大賢。尚猶有不相説，著於經典，兩不相損。[5]今風雨未時，百姓不足，每有一事，群臣同聲，[6]得無非其美者。"[7]時大臣皆失色，侍中奉車都尉甄邯即時承制罷議者。[8]會寶遣吏迎母，母道病，留弟家，獨遣妻子。司直陳崇以奏寶，事下三公即訊。[9]寶對曰："年七十耆眊，恩衰共養，營妻子，如章。"[10]寶坐免，終於家。建武中，錄舊德臣，以寶孫伉爲諸長。[11]

[1]【今注】中山王：劉衎。母衞姬。即位爲平帝。

[2]【今注】大司農：官名。秦置治粟内史，漢景帝時改稱"大農令"，武帝更名"大司農"。掌國家的財政收支，爲九卿之一。

[3]【今注】越巂郡：治邛都（今四川西昌市東南）。

[4]【今注】太師：官名。又名“太宰”，掌邦治，爲六卿之首。漢平帝始置。按周制，太保與太師、太傅合稱“三公”。　孔光：傳見本書卷八一。　大司徒：官名。傳西周時期主管國家財賦收入機構地官系統的最高官職。本書《百官公卿表上》：“相國、丞相，皆秦官……哀帝元壽二年更名大司徒。”　馬宮：傳見本書卷八一。

[5]【顔注】師古曰：《周書·君奭》之序曰“召公爲保，周公爲師，相成王爲左右，召公不説，周公作《君奭》”是也。兩不相損者，言俱有令名也。“召”讀曰“邵”。“説”讀曰“悦”。

[6]【顔注】師古曰：言雷同阿附，妄説福祥。

[7]【顔注】師古曰：言此非朝廷美事也。

[8]【今注】奉車都尉：官名。漢武帝時始置，秩比二千石，掌御乘輿車。

[9]【顔注】師古曰：就問之也。

[10]【顔注】師古曰：詩，惑也。“眊”與“耄”同。自言老耄，心志亂或，供養之恩衰，具如所奏之章也。詩，音布內反。共，讀曰“供”，音居用反。【今注】詩眊：老邁昏庸。

[11]【顔注】師古曰：亢，音“抗”。諸，琅邪之縣也。【今注】諸：縣名。西漢置，治所在今山東諸城市西南。

　　毋將隆字君房，[1]東海蘭陵人也。[2]大司馬車騎將軍王音內領尚書，外典兵馬，躍故選置從事中郎，[3]與參謀議，奏請隆爲從事中郎，遷諫大夫。成帝末，隆奏封事言：“古者選諸侯入爲公卿，以襃功德，宜徵定陶王使在國邸，[4]以填萬方。”[5]其後上竟立定陶王爲太子，隆遷冀州牧、潁川太守。[6]哀帝即位，以高第入爲京兆尹，[7]遷執金吾。

[1]【今注】毋將隆：姓毋將，名隆。

[2]【今注】東海：郡名。治郯縣（今山東郯城縣）。 蘭陵：縣名。治所在今山東蘭陵縣蘭陵鎮。

[3]【顏注】師古曰：踵猶躡也，言承躡故事也。【今注】從事中郎：官名。郎官的一種。即省中之郎，爲帝王近侍。秩比六百石。

[4]【今注】定陶王：劉欣。即位爲哀帝。

[5]【顏注】師古曰：塡，音竹刃反。

[6]【今注】冀州牧：冀州的最高長官。漢武帝時設十三州部，每部設一刺史，漢成帝時改刺史爲州牧。

[7]【今注】高第：官吏考績優等。

時侍中董賢方貴，上使中黃門發武庫兵，[1]前後十輩，[2]送董賢及上乳母王阿舍。[3]隆奏言：“武庫兵器，天下公用，國家武備，繕治造作，皆度大司農錢。[4]大司農錢自乘輿不以給共養，[5]共養勞賜，壹出少府。蓋不以本臧給末用，不以民力共浮費，[6]別公私，示正路也。古者諸侯方伯得顓征伐，迺賜斧鉞。[7]漢家邊吏，職在距寇，亦賜武庫兵，皆任其事然後蒙之。《春秋》之誼，家不臧甲，[8]所以抑臣威，損私力也。今賢等便僻弄臣，私恩微妾，而以天下公用給其私門，契國威器共其家備。[9]民力分於弄臣，武兵設於微妾，建立非宜，以廣驕僭，非所以示四方也。孔子曰：‘奚取於三家之堂！’[10]臣請收還武庫。”上不說。[11]

[1]【今注】中黃門：宦者名。居禁中，在黃門之內服侍帝王。

[2]【今注】輩：批。

[3]【今注】王阿舍：漢哀帝乳母名。案，漢貴冑之家多用乳母哺育嬰兒。乳母亦多爲“婢之貴者”（參見李貞德《漢魏六朝的乳母》，臺灣《史語所集刊》第70本第2分，1999年）。

[4]【顔注】蘇林曰：用度皆出大司農。

[5]【顔注】師古曰：共，音居用反。養，音弋向反。

[6]【顔注】師古曰：“共”讀曰“供”。

[7]【顔注】師古曰：“顓”與“專”同也（大德本同，蔡琪本、殿本無句末“也”字）。

[8]【今注】案，《春秋公羊傳》定公十三年載，孔子曰：“家不藏甲，邑無百雉之城。”

[9]【顔注】李奇曰：契，缺也。晉灼曰：契，取也。師古曰：李説是也。“共”讀曰“供”。

[10]【顔注】師古曰：三家，謂魯大夫叔孫、仲孫、季孫也。《論語》云：“三家者，以雍徹。孔子曰：相惟辟公（惟，大德本同，蔡琪本、殿本作“維”），天子穆穆，奚取于三家之堂！”言三家以雍徹食，此乃天子之禮耳，何爲在三家之堂也！【今注】案，語見《論語·八佾》。

[11]【顔注】師古曰：“説”讀曰“悦”。

頃之，傅太后使謁者買諸官婢，賤取之，復取執金吾官婢八人。隆奏言賈賤，請更平直。[1]上於是制詔丞相、御史大夫：“交讓之禮興，[2]則虞芮之訟息。[3]隆位九卿，既無以匡朝廷之不逮，而反奏請與永信宮争貴賤之賈，程奏顯言，[4]衆莫不聞。舉錯不由誼理，[5]争求之名自此始，無以示百僚，傷化失俗。”以隆前有安國之言，[6]左遷爲沛郡都尉，[7]遷南郡太守。

[1]【顏注】師古曰："賈"讀曰"價"。其下亦同。

[2]【今注】交讓：相互謙讓。

[3]【顏注】師古曰：虞、芮，二國名。文王爲西伯，爲斷其訟，二國各慙而止也。

[4]【顏注】蘇林曰：露奏也。

[5]【顏注】師古曰：錯，音千故反。

[6]【顏注】如淳曰：徵定陶王使在國邸也。

[7]【今注】沛郡：治相縣（今安徽濉溪縣西北）。

　　王莽少時，慕與隆交，隆不甚附。哀帝崩，莽秉政，使大司徒孔光奏隆前爲冀州牧治中山馮太后獄冤陷無辜，不宜處位在中土。[1]本中謁者令史立、侍御史丁玄自典考之，[2]俱與隆連名奏事。史立時爲中太僕，[3]丁玄泰山太守，[4]及尚書令趙昌譖鄭崇者爲河內太守，[5]皆免官，徙合浦。[6]

[1]【今注】中土：中央，京師。

[2]【今注】中謁者令：官名。中謁者掌賓贊受事，即爲天子傳達的近侍。中謁者令是中謁者的上屬。　　案，玄，蔡琪本、大德本同，殿本作"元"。下同不注。

[3]【今注】中太僕：官名。漢置，皇后之卿，主管中宮的輿馬。秩二千石。

[4]【今注】泰山：郡名。治奉高（今山東泰安市范鎮）。

[5]【今注】河內：郡名。治懷縣（今河南武陟縣）。

[6]【今注】合浦：郡名。治合浦（今廣西合浦縣）。

　　何並字子廉，祖父以吏二千石自平輿徙平陵。[1]並爲郡吏，至大司空掾，^[2]事何武。^[3]武高其志節，舉能治劇，^[4]爲長陵令，^[5]道不拾遺。

[1]【顏注】師古曰：平輿（輿，蔡琪本同，大德本、殿本作“陵”），汝南之縣也。【今注】平輿：縣名。治所在今河南平輿縣北射橋鄉古城村。　平陵：縣名。漢昭帝築陵置縣。治所在今陝西咸陽市西。

[2]【今注】大司空掾：大司空屬官。漢成帝綏和元年（前8）改御史大夫爲大司空，金印紫綬，祿比丞相。

[3]【今注】何武：傳見本書卷八六。

[4]【今注】治劇：處理繁重難辦的事務。

[5]【今注】長陵：縣名。高帝築陵置縣。治所在今陝西咸陽市東北。

初，邛成太后外家王氏貴，^[1]而侍中王林卿通輕俠，^[2]傾京師。後坐法免，賓客愈盛，歸長陵上冢，^[3]因留飲連日。並恐其犯法，自造門上謁，^[4]謂林卿曰：“冢間單外，君宜以時歸。”^[5]林卿曰：“諾。”先是林卿殺婢壻埋冢舍，^[6]並具知之，以非己時，又見其新免，故不發舉，欲無令留界中而已，即且遣吏奉謁侍送。^[7]林卿素驕，媟於賓客，並度其爲變，儲兵馬以待之。^[8]林卿既去，北度涇橋，令騎奴還至寺門，拔刀剝其建鼓。^[9]並自從吏兵追林卿。行數十里，林卿迫窘，迺令奴冠其冠被其襜褕自代，乘車從童騎，^[10]身變服從間徑馳去。會日暮追及，收縛冠奴，奴曰：“我非侍中，奴耳。”並心自知已失林卿，迺曰：“王君困，自稱奴，得脫死邪？"叱吏斷頭持還，縣所剝鼓置都亭下，[11]署曰："故侍中王林卿坐殺人埋冢舍，使奴剝寺門鼓。"[12]吏民驚駭。林卿因亡命，眾庶讙譁，以爲實死。[13]成帝太后以邛成太后愛林卿故，[14]聞之涕泣，爲言哀帝。哀帝問狀而善之，遷並隴西太守。[15]

[1]【顏注】應劭曰：宣帝王皇后父奉光封邛成侯，成帝母亦姓王，故以父爵別之也。

[2]【今注】輕俠：謂爲人輕生重義而勇於急人之難。

[3]【今注】上冢：上墳。祭掃先人陵墓，表示紀念。古時上墳無定日。

[4]【顏注】師古曰：造，至也，音千到反。

[5]【顏注】師古曰：單外，言在郊郭之外而單露。

[6]【顏注】師古曰：婢壻，外人與其婢姦者也。冢舍，守冢之舍也。

[7]【今注】案，侍，大德本、蔡琪本、殿本作"傅"。

[8]【顏注】師古曰：儲，豫備也。度，音徒各反。

[9]【顏注】師古曰：諸官曹之所通呼爲寺。建鼓，一名"植鼓"。建，立也。謂植木而旁懸鼓焉。縣有此鼓者，所以召集號令，爲開閉之時。【今注】案，周壽昌《漢書注校補》云："韋昭《辨釋名》：'自漢以來，九卿所居謂之寺。'據此，則縣令署亦可稱寺，不必九卿矣。"

[10]【顏注】師古曰：襜褕，曲裾禪衣也。童騎，童奴之騎也。

[11]【今注】都亭：都邑中的傳舍。秦漢時十里一亭。郡縣治所則置都亭。

[12]【顏注】師古曰：署謂書表其事也。

[13]【顏注】師古曰：讙譁，眾議也。讙，音許元反。

[14]【今注】成帝太后：漢成帝之母王太后。

[15]【今注】隴西：郡名。治狄道（今甘肅臨洮縣南）。

徙潁川太守，代陵陽嚴詡。[1]詡本以孝行爲官，謂掾史爲師友，有過輒閉閤自責，終不大言。郡中亂，王莽遣使徵詡，官屬數百人爲設祖道，[2]詡據地哭。掾史曰：“明府吉徵，不宜若此。”詡曰：“吾哀潁川士，身豈有憂哉！我以柔弱徵，必選剛猛代。代到，將有僵仆者，故相弔耳。”[3]詡至，拜爲美俗使者。[4]是時潁川鍾元爲尚書令，領廷尉，用事有權。弟威爲郡掾，臧千金。[5]並爲太守，過辭鍾廷尉，廷尉免冠爲弟請一等之罪，[6]願蚤就髡鉗。並曰：“罪在弟身與君律，不在於太守。”元懼，馳遣人呼弟。陽翟輕俠趙季、李款多畜賓客，[7]以氣力漁食閭里，[8]至姦人婦女，持吏長短，從橫郡中，[9]聞並且至，皆亡去。並下車求勇猛曉文法吏且十人，使文吏治三人獄，武吏往捕之，各有所部。教曰：“三人非負太守，迺負王法，不得不治。鍾威所犯多在赦前，驅使入函谷關，勿令汙民間；不入關，迺收之。趙、李桀惡，雖遠去，當得其頭，以謝百姓。”鍾威負其兄，止雒陽，[10]吏格殺之。亦得趙、李它郡，持頭還，並皆縣頭及其具獄於市。郡中清靜，表善好士，[11]見紀潁川，名次黃霸。[12]性清廉，妻子不至官舍。數年，卒。疾病，召丞掾作先令書，[13]曰：“告子恢，吾生素餐日久，死雖當得法賻，勿受。[14]葬爲小椁，令容下棺。”[15]恢如父言。王莽擢恢爲關都尉。建武中以並孫爲郎。

［1］【今注】陵陽：縣名。治所在今安徽青陽縣陵陽鎮。

［2］【今注】祖道：餞行，設宴送行之禮儀。

［3］【顏注】師古曰：僵，偃也。仆，頓也。僵，音“薑”。仆，音“赴”。

［4］【顏注】文穎曰：宣美風化使者。【今注】案，陳直《漢書新證》謂，王莽之美俗使者，與《王莽傳下》之風俗大夫司國憲相似。

［5］【顏注】師古曰：臧謂致罪之臧也。

［6］【顏注】如淳曰：減死罪一等。

［7］【今注】陽翟：縣名。治所在今河南禹州市。

［8］【顏注】師古曰：漁者，謂侵奪取之，若漁獵之爲也。

［9］【顏注】師古曰：從，音子用反。橫，音胡孟反。

［10］【顏注】師古曰：負謂恃其權力也。

［11］【顏注】師古曰：好，音呼到反。

［12］【今注】黃霸：傳見本書卷八九。

［13］【顏注】師古曰：先爲遺令也。

［14］【顏注】如淳曰：公令，吏死官，得法賻。師古曰：贈終者布帛曰賻，音“附”。【今注】案，陳直《漢書新證》云：“兩漢九卿及太守卒官，僚屬賻贈有至數百萬者，屢見於田叔、原涉及儒林歐陽地餘等傳。朝侯小子殘碑（見《漢晉石刻墨影》）亦有紀載。顏師古注贈終者布帛曰賻，是就字義狹言之。”

［15］【顏注】張晏曰：禮三重棺。趙簡子曰：“不設屬辟，下卿之罰也。”或曰但下棺，無餘器物也。師古曰：言止作小椁（椁，蔡琪本同，大德本、殿本作“槨”），纔容下棺而已，無令高大也。“亶”讀曰“但”。

贊曰：蓋寬饒爲司臣，正色立於朝，雖《詩》所謂“國之司直”無以加也。[1]若采王生之言以終其身，斯近古之賢臣矣。諸葛、劉、鄭雖云狂瞽,[2]有異志焉。孔子曰:"吾未見剛者。"[3]以數子之名迹,然毋將汙於冀州,[4]孫寶橈於定陵,[5]況俗人乎!何並之節,亞尹翁歸云。[6]

[1]【顏注】師古曰:《詩·鄭風·羔裘》之篇曰"彼己之子(己,蔡琪本、大德本同,殿本作"其"),邦之司直",言其德美,可主正直之任也(任,蔡琪本、大德本同,殿本作"司")。

[2]【今注】狂瞽:愚妄。

[3]【顏注】師古曰:《論語》稱孔子之言也。言有剛德者爲難也。【今注】案,語見《論語·公冶長》。

[4]【顏注】孟康曰:汙,下也。師古曰:毋將隆爲冀州牧,與史立、丁玄共奏馮太后事,是爲汙曲也。汙,音一胡反。【今注】汙:同"污"。

[5]【顏注】師古曰:橈亦曲也(橈,蔡琪本、大德本、殿本作"橈")。謂受淳于長託而不治杜穉季也。橈,音女教反。【今注】橈:委屈。

[6]【今注】尹翁歸:傳見本書卷七六。

漢書　卷七八

蕭望之傳第四十八

蕭望之字長倩，東海蘭陵人也，[1]徙杜陵。[2]家世以田爲業，至望之，好學，治《齊詩》，事同縣后倉且十年。[3]以令詣太常受業，[4]復事同學博士白奇，[5]又從夏侯勝問《論語》《禮服》。[6]京師諸儒稱述焉。

[1]【顏注】師古曰：近代譜諜妄相託附（託，蔡琪本誤作“記”），乃云望之蕭何之後，追次昭穆，流俗學者共祖述焉。但酇侯漢室宗臣，功高位重，子孫胤緒具詳表、傳。長倩鉅儒達學，名節並隆，博覽古今，能言其祖。市朝未變，年載非遙，長老所傳，耳目相接，若其實承何後，史傳寧得弗詳！《漢書》既不叙論，後人焉所取信！不然之事，斷可識矣。【今注】蕭望之：錢大昭《漢書辨疑》引《梁書》卷一《武帝紀》“漢相國何生酇定侯延，延生侍中彪，彪生公府掾章，章生皓，皓生仰，仰生太傅望之”，以爲此即顏師古所指“妄相託附”者。錢大昕《十駕齋養新録》卷一二云：“《南齊書》本紀叙述先世，以望之爲何六世孫，（顏）譏其附會不可信耳。師古精于史學，於私譜雜志不敢輕信，識見非後人所及。”楊樹達《漢書窺管》以爲錢大昕謂顏譏蕭子顯，說較其弟錢大昭《漢書辨疑》謂譏姚思廉者爲長。蓋《南齊書》爲託附之始，姚思廉爲祖述之人。　東海：郡名。治郯縣（今

山東郯城縣北）。　　蘭陵：縣名。治所在今山東蘭陵縣西南。

[2]【今注】杜陵：縣名。治所在今陝西西安市雁塔區曲江街道辦事處三兆村西北。原爲秦杜縣，漢宣帝元康元年（前65）置陵杜東原上，遂改杜縣爲杜陵縣。

[3]【今注】后倉：又作“后蒼”。傳見本書卷八八。錢大昭《漢書辨疑》以爲后倉爲東海郯人，與蕭望之同郡不同縣也。疑“縣”當作“郡”。后倉明《詩》《禮》，《齊詩》受於夏侯始昌，爲轅固生再傳弟子。弟子除蕭望之外，著名者又有翼奉、匡衡等。

[4]【顏注】如淳曰：令郡國官有好文學敬長肅政教者（底本“政”字漫漶，據蔡琪本、大德本、殿本補），二千石奏上，與計偕，詣太常受業如弟子也。【今注】以令詣太常受業：即爲博士弟子。周壽昌《漢書注校補》引本書卷五《武紀》顏師古注云：“郡國每歲令所徵之人與上計簿使俱來京師也。”又引《續漢書·百官志》云：“太常每歲選試博士，奏其能否。”案，本書卷八八《儒林傳》載公孫弘奏書言其事，云：“爲博士官置弟子五十人，復其身。太常擇民年十八以上儀狀端正者，補博士弟子。郡國縣官有好文學，敬長上，肅政教，順鄉里，出入不悖，所聞，令相長丞上屬所二千石。二千石謹察可者，常與計偕，詣太常，得受業如弟子。”《儒林傳》又云：“昭帝時舉賢良文學，增博士弟子員滿百人，宣帝末增倍之。元帝好儒，能通一經者皆復。數年，以用度不足，更爲設員千人，郡國置《五經》百石卒史。成帝末，或言孔子布衣養徒三千人，今天子太學弟子少，於是增弟子員三千人。歲餘，復如故。平帝時王莽秉政，增元士之子得受業如弟子，勿以爲員，歲課甲科四十人爲郎中，乙科二十人爲太子舍人，丙科四十人補文學掌故云。”太常，秦、漢初名奉常，漢景帝時改名太常。主管祭祀社稷、宗廟朝會、喪葬禮儀，管理皇帝陵墓、寢廟所在縣邑，巡視諸陵。兼管文教，博士和博士弟子的考核、薦舉、補吏亦由其主持。位列九卿之首，秩中二千石。

　　[5]【顏注】師古曰：常同於后倉受業（於，殿本作
"與"），而奇後爲博士。【今注】事：侍奉。這裏指從學受業。
　　[6]【顏注】師古曰：《禮》之《喪服》也。【今注】夏侯勝：
傳見本書卷七五。　禮服：本書卷七五《夏侯勝傳》載夏侯勝
"善説《禮服》"。《通典》卷八九云："問父卒母嫁，爲之何服？
蕭太傅云：'當服周，爲父後則不服。'"又卷一〇三引蕭太傅云：
"以麻終月數者，以其未葬，除無文節，故不變其服爲稍輕也。已
除喪服未葬者，皆至葬反服。庶人爲國君亦如之。"又"或問蕭太
傅：'久而不葬，唯主喪者不除。今則或十年不葬，主喪者除否？'
答云：'所謂主喪者，獨謂子耳。雖過期不葬，子義不可以除。'"
後一則亦見《禮記・喪服小記》孔穎達《正義》，楊樹達《漢書窺
管》以爲此爲蕭望之今日尚可見《禮服》之遺説。又《通典》卷
九〇："蕭太傅曰：'長子者，先祖之遺體也。大夫在外，不得親祭，
故以重者爲文。'"爲楊氏所遺漏。

　　是時大將軍霍光秉政，[1]長史丙吉薦儒生王仲翁與
望之等數人，[2]皆召見。先是左將軍上官桀與蓋主謀殺
光，[3]光既誅桀等，後出入自備。吏民當見者，露索去
刀兵，兩吏挾持。[4]望之獨不肯聽，自引出閣曰："不
願見。"[5]吏牽持匈匈。[6]光聞之，告吏勿持。望之既
至前，説光曰："將軍以功德輔幼主，將以流大化，致
於洽平，[7]是以天下之士延頸企踵，[8]爭願自效，以輔
高明。今士見者皆先露索挾持，恐非周公相成王躬吐
握之禮，致白屋之意。"[9]於是光獨不除用望之，[10]而
仲翁等皆補大將軍史。[11]三歲閒，仲翁至光禄大夫給
事中，[12]望之以射策甲科爲郎，[13]署小苑東門候。[14]仲
翁出入從倉頭廬兒，[15]下車趨門，傳呼甚寵，[16]顧謂

望之曰：“不肯録録，反抱關爲。”[17]望之曰：“各從其志。”

[1]【今注】霍光：傳見本書卷六八。

[2]【今注】長史：大將軍長史。大將軍府掾屬之長，秩千石。　丙吉：傳見本書卷七四。

[3]【今注】左將軍：漢朝爲重號將軍，與前、右、後將軍並位上卿。有兵事則典掌禁兵，戍衛京師，或任征伐。秩中二千石。

上官桀：隴西郡上邽縣（今甘肅天水市麥積區）人。武帝時，初爲羽林期門郎，後任未央厩令，侍中、騎都尉，遷太僕。武帝病篤，任爲左將軍，與霍光同受遺詔輔少主，封安陽侯。昭帝即位，其孫女被立爲皇后。後與大將軍霍光爭權，遂與御史大夫桑弘羊、帝姊鄂邑長公主及燕王劉旦合謀除光，並另立帝。事發覺，被族誅。　蓋主：漢武帝女，漢昭帝姊。因嫁蓋侯爲妻，故稱蓋主或鄂邑蓋主。昭帝即位，供養帝於宮中，多次被益封爵邑。内行不修，驕縱不法。與上官桀等合謀誅除霍光，事發覺，被迫自殺。

[4]【顏注】師古曰：索，搜也，露形體而搜也。索，山客反（蔡琪本、大德本、殿本“山”上有“音”字）。

[5]【今注】引：退。　閤：小門。本書卷五八《公孫弘傳》記載，武帝時公孫弘爲宰相，“起客館，開東閤以延賢人，與參謀議”。師古注曰：“閤者，小門也。東向開之，避當庭門，而引賓客，以別於掾史官屬也。”此典故“東閤待賢”之由來。

[6]【今注】匈匈：喧嘩；吵嚷。同“訩訩”。

[7]【顏注】師古曰：令太平之化通洽四方也。【今注】洽平：協和安定，天下太平。王念孫《讀書雜志·漢書第十二》以爲古無以“洽平”二字連文者。顏師古曲爲之説，非。“洽平”當爲“治平”之誤。本書卷八六《王嘉傳》有“以致治平”，即其證。案，《後漢書》卷四三《何敞列傳》載其奏書云：“君臣相合，天下

翕然，洽平之化，有望於今。"是東漢已有"洽平"一詞，此班固複述蕭望之語，未必爲蕭原話，故"洽平"或不誤。

[8]【今注】企踵：踮起脚跟。形容急切仰望之狀。

[9]【顏注】師古曰：周公攝政，一沐三捉髮（捉，蔡琪本、大德本、殿本作"握"），一飯三吐餔，以接天下之士。白屋，謂白蓋之屋以茅覆之，賤人所居。蓋，音合。【今注】吐握：謂周公每用餐，要將未咀嚼的食物吐出多次，每沐髮，要數次握幹頭髮去接見士人。形容其待士的誠懇與急切。《史記》卷三三《魯周公世家》載周公戒其子伯禽曰："我文王之子，武王之弟，成王之叔父，我於天下亦不賤矣。然我一沐三捉髮，一飯三吐哺，起以待士，猶恐失天下之賢人。子之魯，慎無以國驕人。" 白屋：指不施采色、露出本材的房屋。一説，指以白茅覆蓋的房屋。爲庶民所居。《韓詩外傳》卷三："周公踐天子之位七年，布衣之士所贄而師見者十人。所友見者十二人，窮巷白屋先見者四十九人，時進善者百人，教士千人，宮朝者萬人。"

[10]【今注】除：任命官職。

[11]【今注】大將軍史：官名。大將軍府文職官員。漢代大將軍自霍光始，代替丞相行使權力，職事繁重，故設府置員，分文職與武職，其中文職類屬官有長史、從事中郎、大將軍史等。參見周情情《兩漢大將軍幕府部分文職類屬官考察》（《通化師範學院學報》2017 年第 7 期）。

[12]【今注】光禄大夫：西漢武帝時改中大夫置。掌論議。屬光禄勳，秩比二千石。 給事中：秦置，西漢因之。爲加官，加此號得給事宮禁中，常侍皇帝左右，備顧問應對，每日上朝謁見，分平尚書奏事，負責實際政務，爲中朝要職，多以名儒國親充任。位次中常侍，無定員。

[13]【顏注】師古曰：射策者，謂爲難問疑義書之於策（疑，殿本作"難"），量其大小署爲甲乙之科，列而置之，不使

彰顯。有欲射者，隨其所取得而釋之，以知優劣。射之言投射也。對策者，顯問以政事、經義，令各觳之，而觀其文辭定高下也。【今注】射策：漢代一種以經術爲内容的考試選士制度。主試者出題，書之於策，應試者抯取其一，叫作"射"。然後再按所射的策上題目作答。西漢射策分甲、乙、丙三科，東漢衹分甲、乙兩科。顏師古以爲漢人出題時依題之難易而預設甲、乙等科，而韋昭《漢書音義》則以爲出題時不分科，到評卷時依成績高下分科。中甲科者可爲郎中，中乙科者可爲太子舍人，中丙科者衹能補文學掌故。

[14]【顏注】師古曰：署，補署也。門候，主候時而開閉也。【今注】小苑東門：王先謙《漢書補注》以爲《三輔黄圖》載長安十二城門，無小苑東門名。此應爲宫苑門。又"小苑"或爲"下苑"之訛。《元紀》載有宜春下苑。楊樹達《漢書窺管》以爲王先謙説是。因下文云"坐弟犯法不得宿衞免"，可證確爲宫苑門。

[15]【顏注】師古曰：皆官府之給賤役者也。解在《貢禹傳》。【今注】倉頭廬兒：奴僕。《漢書考正》宋祁以爲顏師古注中"《貢禹傳》"，當是"《鮑宣傳》"。陳直《漢書新證》："廬兒不見於《貢禹傳》，衹見於《鮑宣傳》。有孟康、臣瓚二家之注，此爲師古之誤記。"案，本書卷七二《鮑宣傳》"蒼頭廬兒皆用致富"，顏師古注引孟康曰："黎民、黔首，黎、黔皆黑也。下民陰類，故以黑爲號。漢名奴爲蒼頭，非純黑，以别於良人也。諸給殿中者所居爲廬，蒼頭侍從因呼爲廬兒。"又顏注引臣瓚曰"《漢儀注》官奴給書計，從侍中已下爲蒼頭青幘。"又沈欽韓《漢書疏證》引《漢官儀》"丞相東西曹，長安給騎亭長七十人，六月一更倉頭廬兒，出入大車駟馬"，以爲"倉頭廬兒"爲"諸官給使"的低級胥吏，晉、南朝宋時所謂"僮幹"者。

[16]【顏注】師古曰："趨"讀曰"趣"。趣（蔡琪本無"趣"字），嚮也。下車而嚮門，傳聲而呼侍從者，甚有尊寵也。【今注】傳呼：傳聲呼喊。沈欽韓《漢書疏證》引《漢官儀》："官

奴擇給事計，從侍中以下爲倉頭，青幘，從入歌傳以呼名。本注：歌傳，取於雒陽，古周時傳呼聲法。”沈氏以爲《周禮·雞人》“夜嘑旦以叫百官”，即傳呼法。《太平御覽》卷二三○：“《漢官解詁》曰：‘有官位得出入者，令執御者每傳呼，前後以相通’”，亦可爲佐證。

[17]【顏注】師古曰：録録，謂循常也。言望之不能隨例搜索，以違牾執政，不得大官而守門也。【今注】録録：楊樹達《漢書窺管》以爲“録”爲“逯”之假借字。《説文》二篇下《走部》云：“逯，行謹逯逯也。” 爲：王先謙《漢書補注》引朱一新曰：“‘爲’，監本作‘違’。”又殿本作“違”。兩字皆可通。

後數年，坐弟犯法，不得宿衛，[1]免歸爲郡吏。及御史大夫魏相除望之爲屬，[2]察廉爲大行治禮丞。[3]時大將軍光薨，子禹復爲大司馬，[4]兄子山領尚書，[5]親屬皆宿衛內侍。地節三年夏，[6]京師雨雹，望之因是上疏，願賜清閒之宴，口陳災異之意。[7]宣帝自在民間聞望之名，曰：“此東海蕭生邪？下少府宋畸問狀，[8]無有所諱。”望之對，以爲“《春秋》昭公三年大雨雹，[9]是時季氏專權，[10]卒逐昭公。鄉使魯君察於天變，宜亡此害。[11]今陛下以聖德居位，思政求賢，堯舜之用心也。然而善祥未臻，陰陽不和，是大臣任政，一姓擅執之所致也。[12]附枝大者賊本心，私家盛者公室危。[13]唯明主躬萬機，[14]選同姓，[15]舉賢材，以爲腹心，與參政謀，令公卿大臣朝見奏事，明陳其職，以考功能。如是，則庶事理，公道立，姦邪塞，私權廢矣。”對奏，天子拜望之爲謁者。[16]時上初即位，思進賢良，多上書言便宜，[17]輒下望之問狀，高者請丞相、御史，[18]次者中二千石試事，[19]滿歲以狀聞，[20]下者報聞，或罷歸田里，[21]所白處奏皆可。[22]累遷諫大夫，[23]丞相司直，[24]歲中三遷，官至二千石。其後霍氏竟謀反誅，望之寖益任用。[25]

[1]【今注】宿衛：在宮禁中值宿，擔任警衛。

[2]【今注】及：《漢書考正》宋祁曰：浙本無“及”字。楊樹達《漢書窺管》以爲“及”字衍文。吳恂《漢書注商》以爲文或當作“及魏相爲御史大夫，除望之爲屬”。因上文所述蕭望之事多在漢昭帝時，而魏相爲御史大夫在漢宣帝本始間，故云“及”。“若仍元文，義似欠明，而文亦不順”。魏相：傳見本書卷七四。又，楊樹達《漢書窺管》以爲本書卷八八《儒林傳》載：“張禹與蕭望之同時爲御史，數爲望之言《左氏》，望之善之。”正在魏相除蕭望之爲屬郎御史時。

[3]【今注】察廉：猶舉廉。漢代選用官吏方法，由郡國薦舉廉潔之士，經過考察，任以官職。大行治禮丞：大鴻臚所屬大行令屬吏，掌治禮郎行賓儀。王先謙《漢書補注》以爲大鴻臚屬官有行人丞，武帝改爲大行丞；下屬有治禮郎丞，亦名治禮丞。《資治通鑑》但書“大行丞”，而胡三省注云“據傳，爲大行治禮丞”，是未知大行丞即大行治禮丞。陳直《漢書新證》：“大行治禮丞亦見《平當傳》。王先謙謂即大行令之丞，然《張敞傳》云：‘望之爲大行丞。’明爲大行治禮丞之省文，等於後漢之大行治禮郎，王說非也。”

[4]【今注】子禹：霍光之子霍禹。事迹見本書卷六八《霍光傳》。

[5]【顏注】師古曰：霍山，去病之孫。今云“兄子”者，轉寫誤尔（尔，蔡琪本、殿本作“爾”，同）。【今注】兄子山：王先謙《漢書補注》以爲是霍禹兄子山，緣上文而書。顏師古誤。

領尚書：職銜。即領尚書事。以他官兼領尚書政事，參與政務，皆由重臣兼任。

[6]【今注】地節：漢宣帝年號（前69—前66）。

[7]【顏注】師古曰："閒"讀曰"閑"。【今注】宴：指安閒之時。

[8]【顏注】師古曰：畸，居宜反（蔡琪本、大德本、殿本"居"上有"音"字）。【今注】少府：秦、西漢置。掌山海池澤之税，帝室財政。列位九卿，秩中二千石。　宋畸：錢大昕《廿二史考異·漢書三》以爲《百官公卿表下》作"宋疇"，字訛。本書卷八《宣紀》有詹事畸，顏師古注："宋畸也，亦音居宜反。"是宋畸由詹事歷大鴻臚、左馮翊，遷少府。

[9]【今注】昭公：魯昭公。春秋時魯國國君，名稠，或作"招"。爲魯襄公庶子。即位時年少，嬉戲無度，居襄公喪中，三易其衰。多次朝晉，晉平公不許入境，魯人以爲恥。罷中軍，魯公族三桓仲孫氏、叔孫氏、孟孫氏四分公室。後三桓共伐公，乃奔齊，齊伐魯取鄆，遂居於鄆。後如晉，晉使居於乾侯，居八年，病卒。

[10]【今注】季氏：季平子。魯國大夫，名意如，"平"爲謚號。季文子之後裔。歷仕昭公、定公二世。嘗伐莒，以人爲犧祭亳社。與郈氏、臧氏不協，臧、郈告魯昭公。遂伐季氏，被圍困於宅。結連叔孫、孟孫，三家共攻公，得解圍。昭公出亡，赴齊、晉求助。意如抗齊賂晉，使昭公居乾侯。後因晉調停，乃隨晉使荀躒至乾侯迎昭公。昭公不返，死於乾侯。

[11]【顏注】師古曰："鄉"讀曰"嚮"。"亡"讀曰"無"。【今注】案，《春秋》昭公三年《經》："冬，大雨雹。"何休《解詁》："爲季氏。"

[12]【今注】案，執，蔡琪本、大德本、殿本作"執"，當據改。

[13]【顏注】師古曰：本心，樹之本株也。【今注】附枝：

樹木的分枝。　賊：王先謙《漢書補注》曰：荀悅《漢紀》作"敗"。

[14]【今注】躬：《漢書考正》宋祁曰：一本作"躬親"；浙本無。王先謙《漢書補注》曰：荀悅《漢紀》作"親"。

[15]【今注】選同姓：選拔劉氏同宗爲官，以彰顯"親親"之道。本書卷七五《翼奉傳》載翼奉奏書云："古者朝廷必有同姓以明親親，必有異姓以明賢賢，此聖王之所以大通天下也。同姓親而易進，異姓疏而難通，故同姓一，異姓五，乃爲平均。"

[16]【今注】謁者：春秋戰國已有，西漢時掌賓贊受事。員七十人，俸比六百石。

[17]【今注】便宜：指有利國家，合乎時宜之事。

[18]【顏注】師古曰：望之以其人所言之狀請於丞相御史（請，蔡琪本誤作"諸"），或以奏聞，即見超擢。【今注】問狀：查明情狀。案，《漢書考正》劉奉世以爲顏師古誤斷其文，説非。高者則令丞相、御史試事，次者則令中二千石試事，歲滿，各以狀聞。王先謙《漢書補注》曰："顏注文意，固是一貫而分高次，則非誤斷也。"

[19]【今注】中二千石：漢官吏的秩禄等級。轉作對京城九卿等高級别官員的泛稱。"中"即爲在中央京畿任職。當代學者一般認爲，西漢初年，祇有二千石的秩級。中二千石秩級形成於武帝前期中。參見石哲宇《從〈張家山漢簡〉看西漢二千石官秩級演變原因》（《文存閲刊》2018 年第 17 期）、孫正軍《漢代九卿制度的形成》（《歷史研究》2019 年第 5 期）。又本書卷八《宣紀》顏師古注對"中二千石"亦有解釋："漢制，秩二千石者一歲得一千四百四十石，實不滿二千石也，其云中二千石者，一歲得二千一百六十石。舉成數言之，故曰中二千石。中者，滿也。"可備一説。

[20]【顏注】師古曰：試令行其所言之事，或以諸它職事試之。

［21］【今注】案，王先謙《漢書補注》曰：“其言不可用，故但報聞或罷斥之。”

［22］【顏注】師古曰：當主上之意也。

［23］【今注】諫大夫：漢武帝置，掌諫争、顧問應對，議論朝政。秩比八百石，無定員。

［24］【今注】丞相司直：武帝時置。掌佐丞相舉不法。俸比二千石。

［25］【顏注】師古曰：寖，漸也。

是時選博士、諫大夫通政事者補郡國守相，[1]以望之爲平原太守。[2]望之雅意在本朝，[3]遠爲郡守，内不自得，乃上疏曰：“陛下哀愍百姓，恐德化之不究，[4]悉出諫官以補郡吏，所謂憂其末而忘其本者也。朝無争臣則不知過，[5]國無達士則不聞善。[6]願陛下選明經術，溫故知新，通於幾微謀慮之士以爲内臣，與參政事。諸侯聞之，則知國家納諫憂政，亡有闕遺。若此不怠，成康之道其庶幾乎！[7]外郡不治，豈足憂哉？”書聞，徵入守少府。[8]宣帝察望之經明持重，論議有餘，材任宰相，[9]欲詳試其政事，復以爲左馮翊。[10]望之從少府出爲左遷，恐有不合意，即移病。[11]上聞之，使侍中成都侯金安上諭意曰：“所用皆更治民以考功。[12]君前爲平原太守日淺，故復試之三輔，[13]非有所聞也。”[14]望之即視事。

［1］【今注】相：諸侯王國相。

［2］【今注】平原：郡名。治平原縣（今山東平原縣南）。

［3］【今注】雅意：素來的意願；本意。 本朝：朝廷。相對

地方而言。

[4]【顏注】師古曰：究，竟也，謂周徧於天下。

[5]【今注】争臣：能直言靜諫的大臣。争，通"靜"。

[6]【顏注】師古曰：達士，謂達於政事也。

[7]【顏注】師古曰：周成、康二王致太平也。【今注】成康：周成王與周康王。周成王姬姓，名誦。其父周武王死時，年幼，由叔父周公旦攝政，平定武庚與管叔、蔡叔等叛亂。後年長親政，營建洛邑，東伐淮夷，繼續分封諸侯，周王朝疆域進一步擴大。命周公作禮樂，立制度，民乃和睦，政局安定，邊境息慎族來朝。周康王，成王子，名釗。由召公、畢公輔佐即位，去奢崇儉，簡政安民，伐鬼方及東南夷族，開拓疆土。保持成王以來的安定局面，史稱"成康之治"。　乎：《漢書考正》宋祁曰："乎"，一作"矣"。

[8]【今注】徵入守少府：楊樹達《漢書窺管》以爲，任少府時望之論馮奉世誅莎車王不宜受封。見本書卷七九《馮奉世傳》。

[9]【顏注】師古曰：任，堪也。

[10]【今注】左馮翊：西漢武帝時改左内史置。職掌相當於郡太守，轄區相當於一郡。因地屬畿輔，故不稱郡，爲三輔之一。治所在長安城。轄境範圍相當今陝西渭河以北、涇河以東洛河中下游地區。本書《百官公卿表上》顏師古注引張晏曰："馮，輔也。翊，佐也。"

[11]【顏注】師古曰：移病，謂移書言病。一曰，以病而移居。【今注】移病：上書稱病。陳直《漢書新證》："《漢書》凡言移病者，如本傳及《張安世傳》，顏師古皆如此注文。證之《居延漢簡釋文》九十六頁，有殘簡文云：'日移府者狼孺病並數元年以來□。'此爲移病之書，師古之前説是也，居延木簡移文之例，平行上下行均適用之。"

[12]【顏注】師古曰：更猶經歷。更（更，蔡琪本、大德

本、殿本作"也"，上屬讀），音工衡反。【今注】侍中：秦置，
爲丞相史。西漢爲加官，與聞朝政，贊導衆事，顧問應對，與公卿
大臣論辯，平議尚書奏事，爲中朝要職。　成都侯：王先謙《漢書
補注》以爲《功臣表》《霍光傳》皆作"都成侯"，此爲傳寫誤倒。
　　金安上：傳見本書卷六八。　考功：考核官吏的政績。

　　［13］【今注】案，蔡琪本、大德本、殿本"之"下有
"於"字。

　　［14］【顏注】師古曰：所聞，謂聞其短失。

　　是歲西羌反，[1]漢遣後將軍征之。京兆尹張敞上書
言：[2]"國兵在外，軍以夏發，[3]隴西以北，[4]安定以
西，[5]吏民並給轉輸，[6]田事頗廢，素無餘積，雖羌虜
以破，來春民食必乏。窮辟之處，買亡所得，[7]縣官穀
度不足以振之。[8]願令諸有辠，[9]非盜受財殺人及犯法
不得赦者，[10]皆得以差入穀此八郡贖罪。[11]務益致穀
以豫備百姓之急。"

　　［1］【今注】西羌：古代對羌族的稱謂。古代羌族主要活動在
西北地方，故稱西羌。《史記·六國年表》記載："故禹興於西羌。"
《後漢書》卷八七《西羌傳》："西羌之本，出自三苗，姜姓之別
也。"羌、姜在甲骨文中經常互用。又清顧祖禹《讀史方輿紀要》
卷六五："西羌舊，在陝西、四川塞外。《四夷傳》：'西羌本自三
苗，舜徙之三危，今河關西南羌地是也。濱于賜支，至於河首，綿
地千里。'……及武帝西逐諸羌，乃渡河、湟，築令居塞，始置護
羌校尉。"

　　［2］【今注】京兆尹：漢武帝時改右內史置，掌治京師，又得
參與朝政。位列九卿，秩中二千石。　張敞：傳見本書卷七六。

[3]【今注】國兵在外軍以夏發：王念孫《讀書雜志・漢書第十二》以爲“國兵在外，軍以夏”本當作“充國兵在外，軍以經夏”。後將軍即指趙充國。“以”與“已”同。趙充國兵在外，軍已經夏，言其在外已久。本書卷八《宣紀》載：“神爵元年夏四月，遣後將軍趙充國、彊弩將軍許延壽擊西羌”，此傳下文曰“竊憐涼州被寇，方秋饒時，民尚有飢乏病死於道路”，是張敞上書已在秋天，故曰“軍已經夏”。今本脱去“充”字、“經”字，則文不成義。《藝文類聚》卷五四《刑法部》所引已與今本同。《漢紀》卷一九《孝宣皇帝紀》正作“充國兵在外，已經夏”。楊樹達《漢書窺管》引李慈銘説以爲王念孫謂“國”上脱一“充”字，是。謂“以”下脱一“經”字，則未必。此當以“軍以夏發”四字爲句。楊氏以爲李以“軍以夏發”四字爲句，是。且“充”字亦不當增。國兵謂國家之兵，本書卷三一《項籍傳》云：“國兵新破。”是二字連用之證，不當屬之充國。此是王念孫依《漢紀》校改《漢書》之失。

[4]【今注】隴西：郡名。治狄道縣（今甘肅臨洮縣）。

[5]【今注】安定：郡名。治高平縣（今寧夏固原市原州區）。

[6]【今注】轉輸：運輸。

[7]【顔注】師古曰：“辟”讀曰“僻”也。

[8]【顔注】師古曰：度，徒各反（蔡琪本、大德本、殿本“徒”上有“音”字）。【今注】縣官：此指朝廷。漢常用以稱政府或皇帝。《史記》卷五七《絳侯世家》司馬貞《索隱》：“縣官謂天子也。所以謂國家爲縣官者，《夏官》王畿内縣即國都也。王者官天下，故曰縣官也。”

[9]【今注】辠：同“罪”。

[10]【今注】財：《漢書考正》宋祁曰：浙本改作“賕”。

[11]【顔注】師古曰：差，次也。八郡，即隴西以北，安定以西。【今注】八郡：隴西、安定、天水、金城、武威、張掖、酒

泉、敦煌。

　　事下有司，望之與少府李彊議，[1]以爲“民函陰陽之氣，有仁義欲利之心，[2]在教化之所助。堯在上，不能去民欲利之心，[3]而能令其欲利不勝其好義也；雖桀在上，不能去民好義之心，而能令其好義不勝其欲利也。故堯、桀之分，在於義利而已，道民不可不慎也。[4]今欲令民量粟以贖罪，如此則富者得生，貧者獨死，是貧富異刑而法不壹也。人情，貧窮，父兄囚執，聞出財得以生活，爲人子弟者將不顧死亡之患，敗亂之行，以赴財利，求救親戚。一人得生，十人以喪，如此，伯夷之行壞，[5]公綽之名滅。[6]政教壹傾，雖有周召之佐，恐不能復。[7]古者臧於民，[8]不足則取，有餘則與。[9]《詩》曰‘爰及矜人，哀此鰥寡’，[10]上惠下也。又曰‘雨我公田，遂及我私’，[11]下急上也。今有西邊之役，民失作業，雖戶賦口斂以贍其困乏，[12]古之通義，百姓莫以爲非。以死救生，恐未可也。[13]陛下布德施教，教化既成，堯舜亡以加也。今議開利路以傷既成之化，臣竊痛之。”

　　[1]【今注】李彊：王先謙《漢書補注》據本書《百官公卿表下》，以爲李彊字仲君。

　　[2]【顏注】師古曰：“函”與“含”同也（殿本注在“民函陰陽之氣”下）。【今注】案，荀悅《漢紀》“函”作“含”，“仁”作“好”。王先謙《漢書補注》以爲，殿本“仁”作“好”，是。

　　[3]【今注】案，王念孫《讀書雜志·漢書第十二》以爲，下

文云“雖桀在上，不能去民好義之心”，則此文“堯”上亦當有“雖”字。《漢紀》及《藝文類聚》卷五四《刑法部》《太平御覽》卷六二三《治道部四》引此皆有“雖”字。

[4]【顏注】師古曰：“道”讀曰“導”。

[5]【今注】伯夷：商朝末年孤竹國國君長子。其父欲立次子叔齊，父死，叔齊不肯繼位，讓位於他，不受。後與叔齊奔周，周武王伐商，兄弟二人叩馬苦諫。商亡，兩人逃隱於首陽山，恥食周粟，采薇爲生，後餓死。傳見《史記》卷六一。

[6]【顏注】師古曰：公綽，魯大夫孟公綽也。《論語》稱孔子曰：“若臧武仲之智，公綽之不欲，卞莊子之勇，冉求之藝，文之以禮樂，可以爲成人矣。”

[7]【顏注】師古曰：“召”讀曰“邵”。復，扶目反。【今注】召：或稱邵公，謚康。姬姓，名奭。初受采邑於召。佐周武王滅紂，支持周公東征。以功封於北燕，爲燕國始祖，實由其子就封。周成王時爲太保，與周公分陝而治。常巡行鄉邑，聽訟決獄治事。後奉命營建雒邑，鎮守東都。卒，民思其政，作詩《甘棠》詠之。

[8]【今注】臧：同“藏”。

[9]【今注】案，與，大德本、殿本作“予”。

[10]【顏注】師古曰：《小雅·鴻雁》之詩也。矜人，可哀矜之人，謂貧弱者也。言王者惠澤下及哀矜之人以至鰥寡。

[11]【顏注】師古曰：《小雅·大田》之詩也。言衆庶喜於時雨，先潤公田，又及私田，是則其心先公後私。雨，于具反。

[12]【顏注】師古曰：率户而賦，計口而斂也。【今注】户賦口斂：漢代賦稅主要有算賦與口賦。至於户賦，過去一般認爲是封君食邑區域内對民户徵收的一種稅，或是口賦的代稱，不是獨立國家稅種。但近年睡虎地秦簡與張家山漢簡出土後，學人的認識有所改變。雲夢秦律《法律答問》證明秦有“户賦”。“可（何）謂

匿户及敖童弗傅？匿户：弗徭、使，弗令出户賦之謂殹（也）"（睡虎地秦墓竹簡整理小組《睡虎地秦墓竹簡》，文物出版社1978年版，第222頁）。漢因秦制，張家山漢簡《二年律令·金布律》："官爲作務……質者毋與券。租、質、户賦、園池入錢縣道官，勿敢擅用。"〔張家山二四七號漢墓竹簡整理小組《張家山漢墓竹簡（二四七號墓）》（釋文修訂本），文物出版社2006年版，第66、43頁〕簡帛中關於"户賦"記述較多。有學者認爲，《二年律令》中的"户賦"，是把按人頭徵收的口錢、算賦和按頃畝徵收的芻稾税都改爲按户徵收的結果，並不是什麼新税目。參見高敏《關於漢代有"户賦"、"質錢"及各種礦産税的新證》（《史學月刊》2003年第4期）。有學者認爲户賦應是田税的一部分。參見臧知非《漢代"户賦"性質、生成與演變》（《人文雜志》2019年第9期）。也有認爲漢代存在户賦徵收制度，户賦的徵收標準在漢初是按爵位分等級徵收，其後隨着爵制的泛濫，逐漸爲以訾徵賦的標準所取代。參見朱德青《從〈二年律令〉看漢代"户賦"和"以訾徵賦"》（《晉陽學刊》2007年第5期）。所有這些表明，漢代存在"户賦"的賦税形式，至於其具體性質與内容，或可置於漢代的賦役體系演化來考察。

[13]【顔注】師古曰：子弟竭死以救父兄，令其生也。

於是天子復下其議兩府，[1]丞相、御史以難問張敞。敞曰："少府、左馮翊所言，常人之所守耳。[2]昔先帝征四夷，[3]兵行三十餘年，百姓猶不加賦，而軍用給。今羌虜一隅小夷，跳梁於山谷閒，[4]漢但令皋人出財減皋以誅之，其名賢於煩擾良民横興賦斂也。[5]又諸盜及殺人犯不道者，百姓所疾苦也，皆不得贖；首匿、見知縱、所不當得爲之屬，[6]議者或頗言其法可蠲除，[7]今因此令贖，其便明甚，何化之所亂？《甫刑》

之罰，小過赦，薄罪贖，[8] 有金選之品，[9] 所從來久矣，何賊之所生？敞備皁衣二十餘年，[10] 嘗聞罪人贖矣，未聞盜賊起也。竊憐涼州被寇，[11] 方秋饒時，民尚有飢乏，病死於道路，況至來春將大困乎！不早慮所以振救之策，而引常經以難，恐後為重責。常人可與守經，未可與權也。敞幸得備列卿，以輔兩府為職，不敢不盡愚。"

[1]【今注】兩府：丞相府及御史大夫府。

[2]【今注】常人：平常人。非因事宜而求變通者。

[3]【今注】先帝：漢武帝。

[4]【今注】跳梁：跋扈；強橫。

[5]【顏注】師古曰：橫，音胡孟反。

[6]【今注】首匿：主謀藏匿罪犯。　見知縱：謂知道別人犯法而不檢舉告發。吳恂《漢書注商》以為當作"見知、故縱"。本書卷七《昭紀》："廷尉李种坐故縱死罪棄市"，本書《刑法志》"作見知故縱、監臨部主之法"可為證。

[7]【顏注】師古曰：以其罪輕而法重，故常欲除此科條。【今注】蠲（juān）：免除。

[8]【顏注】師古曰：呂侯為周穆王司寇，作贖刑之法，謂之《呂刑》。後改為甫侯，故又稱《甫刑》也。

[9]【顏注】應劭曰：選，音"刷"，金銖兩名也。師古曰：音刷是也。字本作"鋝"，鋝即鍰也，其重十一銖一十五分銖之十三（一十五，蔡琪本、大德本、殿本作"二十五"，是），一曰重六兩。《呂刑》曰："墨辟疑赦，其罰百鍰；劓辟疑赦，其罰惟倍；剕辟疑赦，其罰倍差；宮辟疑赦，其罰六百鍰；大辟疑赦，其罰千鍰。"是其品也。【今注】選：鋝。六兩為一鋝，一說二十兩為

三鉼。

[10]【顏注】如淳曰：雖有五時服，至朝皆著皁衣。【今注】備皁衣：婉辭。沈欽韓《漢書疏證》據《戰國策·趙策》"願令備黑衣之數"，《論衡·程材》"吏衣黑衣，官闕赤單"，則朝服仍爲朱衣。"備皁衣"爲言出身爲吏之年。

[11]【今注】涼州：漢武帝所置十三刺史部之一。轄境相當今甘肅、寧夏、青海三省區湟水流域，陝西和內蒙古部分地區。即上文隴西以北，安定以西八郡之地。

　　望之、彊復對曰："先帝聖德，賢良在位，作憲垂法，爲無窮之規，永惟邊竟之不贍，[1]故《金布令甲》曰，[2]'邊郡數被兵，離飢寒，[3]夭絕天年，父子相失，令天下共給其費'，[4]固爲軍旅卒暴之事也。[5]聞天漢四年，[6]常使死罪人入五十萬錢減死罪一等，豪彊吏民請奪假貣，[7]至爲盜賊以贖罪。其後姦邪橫暴，群盜並起，[8]至攻城邑，殺郡守，充滿山谷，吏不能禁，明詔遣繡衣使者以興兵擊之，[9]誅者過半，然後衰止。愚以爲此使死罪贖之敗也，故曰不便。"[10]時丞相魏相、御史大夫丙吉亦以爲羌虜且破，轉輸略足相給，遂不施敞議。

[1]【顏注】師古曰：惟，思也。"竟"讀曰"境"。其下亦同。

[2]【顏注】師古曰：《金布》者，令篇名也。其上有府庫金錢布帛之事，因以篇名（篇名，殿本作"名篇"）。令甲者，其篇甲乙之次。【今注】金布令甲：有關錢幣、財貨、賦稅法律詔書的彙編，按時代先後分爲甲、乙、丙等。秦漢有"金布律"，湖北

雲夢睡虎地、張家山漢簡出土有相關秦簡。一說"金布令"即"金布律"；一說二者並存，除較固定的"律"外，又頒布有單行的法"令"。參見程維榮《有關秦漢〈金布律〉的若干問題》（《蘭州大學學報》2010 年第 4 期）。

[3]【顏注】師古曰：離，遭也。

[4]【顏注】師古曰：同共給之也。自此以上，令甲之文。

[5]【顏注】師古曰："卒"讀曰"猝"。言此令文專屬軍旅猝暴而施設。

[6]【今注】天漢：漢武帝年號（前 100—前 97）。

[7]【顏注】師古曰：貣，音土得反。【今注】假貣：借貸。

[8]【顏注】師古曰：橫，音胡孟反。

[9]【顏注】師古曰：軍興之法也。【今注】繡衣使者：漢武帝置，即繡衣直指。掌出討奸猾，治大獄。不常置。　興：《漢書考正》宋祁曰：浙本無"興"字。劉攽曰：當云"以軍興兵擊之"。

[10]【今注】故曰不便：楊樹達《漢書窺管》："敞與望之相善，見《敞傳》，而望之論事不苟同敞如此。"

　　望之爲左馮翊三年，京師稱之，遷大鴻臚。[1]先是烏孫昆彌翁歸靡因長羅侯常惠上書，[2]願以漢外孫元貴靡爲嗣，得復尚少主，[3]結婚內附，畔去匈奴。詔下公卿議，望之以爲烏孫絕域，信其美言，萬里結婚，非長策也。天子不聽。神爵二年，[4]遣長羅侯惠使送公主配元貴靡。[5]未出塞，翁歸靡死，其兄子狂王背約自立。[6]惠從塞下上書，願留少主敦煌郡。[7]惠至烏孫，責以負約，因立元貴靡，還迎少主。詔下公卿議，望之復以爲"不可。烏孫持兩端，[8]亡堅約，其效可見。

前少主在烏孫四十餘年，恩愛不親密，邊境未以安，此已事之驗也。今少主以元貴靡不得立而還，信無負於四夷，此中國之大福也。少主不止，繇役將興，[9]其原起此。"天子從其議，徵少主還。後烏孫雖分國兩立，以元貴靡爲大昆彌，漢遂不復與結婚。三年，代丙吉爲御史大夫。[10]

[1]【今注】大鴻臚：秦稱典客，漢景帝改名大行令，武帝始改大鴻臚。掌少數民族事務，及諸侯王喪事，又掌引導百官朝會，兼管京師郡國邸舍及郡國上計吏之接待。成帝時省典屬國併入，又兼管少數民族朝貢使節、侍子。位列九卿，秩中二千石。王先謙《漢書補注》引司馬光《資治通鑑考異》云："《烏孫傳》請婚在元康二年。案，元康二年，望之未爲鴻臚，蓋誤。"

[2]【顏注】師古曰：昆彌，烏孫之正號也（正，大德本、殿本作"王"）。翁歸靡，其人名也。【今注】烏孫昆彌翁歸靡：事迹見本書卷九六《西域傳下》。 常惠：傳見本書卷七〇。

[3]【顏注】蘇林曰：宗室女也。【今注】尚：匹配。多用於娶帝王之女。

[4]【今注】神爵：漢宣帝年號（前61—前58）。

[5]【今注】公主：楊樹達《漢書窺管》："此非真公主，乃取楚主解憂弟子相夫，名爲公主耳。"

[6]【今注】狂王：泥靡代。事迹見本書卷九六下《西域傳下》。

[7]【今注】敦煌郡：治敦煌縣（今甘肅敦煌市七里鎮白馬塔村）。

[8]【今注】兩端：指游移於"歸附""叛離"兩者之間的態度。

[9]【今注】案，伇，蔡琪本作"役"，同。

[10]【今注】案，楊樹達《漢書窺管》："時望之除薛廣德爲屬而薦之，見《廣德傳》。劾韓延壽，見《延壽傳》。"

五鳳中匈奴大亂，[1]議者多曰匈奴爲害日久，可因其壞亂舉兵滅之。詔遣中朝大司馬車騎將軍韓增、諸吏富平侯張延壽、光禄勳楊惲、太僕戴長樂問望之計策，[2]望之對曰："《春秋》晉士匄帥師侵齊，聞齊侯卒，引師而還，君子大其不伐喪，[3]以爲恩足以服孝子，誼足以動諸侯。前單于慕化鄉善稱弟，[4]遣使請求和親，海内欣然，夷狄莫不聞。未終奉約，不幸爲賊臣所殺，今而伐之，是乘亂而幸灾也，彼必奔走遠遁。不以義動兵，恐勞而無功。宜遣使者吊問，輔其微弱，救其灾患，四夷聞之，咸貴中國之仁義。如遂蒙恩得復其位，必稱臣服從，此德之盛也。"上從其議，後竟遣兵護輔呼韓邪單于定其國。[5]

[1]【今注】五鳳：漢宣帝年號（前57—前54）。

[2]【今注】車騎將軍：西漢置。初掌領車騎士，武帝後常典京城、皇宮禁衛軍隊，出征時常總領諸將軍。文官輔政者亦或加此銜，領尚書政務，成爲中朝重要官員。　韓增：或作"韓曾"，字季君。韓説子。少爲郎，嗣爵龍頟侯。昭帝時官前將軍，與霍光定策立宣帝。本始中出擊匈奴，斬敵首百餘。神爵初爲大司馬車騎將軍，領尚書事。歷武、昭、宣三朝。卒謚安。　諸吏：漢置，爲加官。凡加此號者可出入禁中，常侍左右，舉劾百官，與左、右曹平分尚書奏事。　張延壽：事迹見本書卷五九《張湯傳》。　光禄勳：秦稱郎中令，漢因之。武帝時更名光禄勳，掌宮殿掖門户。位列九卿，秩中二千石。　楊惲：傳見本書卷六六。　太僕：周置，秦、

漢沿置。掌皇帝專用車馬，兼管官府畜牧業。列位九卿，秩中二千石。太，蔡琪本作"大"。　　戴長樂：宣帝在民間時知友。宣帝即位，擢拔他爲親信大臣，任太僕。

[3]【顏注】師古曰：士匄，晉大夫范宣子也。《春秋公羊傳》襄十九年，齊侯環卒，"晉士匄帥師侵齊，至穀，聞齊侯卒，乃還。還者何？善辭也，大其不伐喪也。"【今注】齊侯：齊靈公。事迹見《史記》卷三二《齊太公世家》。

[4]【顏注】蘇林曰：弟，順也。師古曰："鄉"讀曰"嚮"。弟，音悌。【今注】稱弟：《漢書考正》劉奉世曰：漢與匈奴嘗約爲兄弟。此弟直自謂爲弟耳。

[5]【今注】呼韓邪單于：事迹見本書卷九四《匈奴傳》。

　　是時大司農中丞耿壽昌奏設常平倉，[1]上善之，望之非壽昌。[2]丞相丙吉年老，上重焉，望之又奏言："百姓或乏困，盜賊未止，二千石多材下不任職。三公非其人，則三光爲之不明，今首歲日月少光，[3]咎在臣等。"上以望之意輕丞相，[4]乃下侍中建章衛尉金安上、光禄勳楊惲、御史中丞王忠，[5]并詰問。[6]望之免冠置對，天子繇是不說。[7]

　　[1]【今注】大司農中丞：西漢武帝置，大司農屬官。職掌財用度支、均輸漕運諸事。　　耿壽昌：漢宣帝時任大司農中丞。五鳳間建議糴三輔、弘農、河東、上黨、太原郡穀供應京師，以省關東轉漕。又建議邊郡置常平倉。賜爵關內侯。精數學，曾刪補《九章算術》；又曾以銅鑄渾天儀觀測天象。楊樹達《漢書窺管》："時壽昌又白增海租，望之亦非之。"　　常平倉：爲調節米價而設置的一種倉廩，耿壽昌爲最先倡建者。以穀賤時用較高價糴入，穀貴時減

價糶出，因平衡米價而名。本書《食貨志上》："漕事果便，壽昌遂白令邊郡皆築倉，以穀賤時增其賈而糴，以利農，穀貴時減賈而糶，名曰常平倉。民便之。"宣帝年間，設常平倉，後幾經興廢，漸成定制，對後代影響較大。至唐宋，常平倉制度有顯著的發展。20世紀30年代，針對中國古代常平倉制度的現代意義，美國農業界曾經展開了激烈的爭論。或可以説常平倉思想奠定了美國當代農業立法的框架。參見李超民《中國古代常平倉思想：美國1930年代的一場爭論》(《上海財經大學學報》2000年第3期)。

[2]【顔注】師古曰：此望之不知權道。

[3]【顔注】師古曰：首歲，歲之初。首，謂正月也。

[4]【顔注】師古曰：言三公非其人，又云"咎在臣等"，是其意毀丞相。

[5]【今注】建章衞尉：漢置，掌建章宮之宮門屯衞兵，職與衞尉略同，不常置。西漢時長安有未央、長樂、建章三大宮。建章宮是漢武帝時營建的皇帝寢宮，如長樂宮，仿中央九卿設置，設有衞尉、太僕等官。　御史中丞：西漢始置，爲御史大夫副貳。主掌監察、執法；兼管蘭臺所藏圖籍秘書、文書檔案；外則督諸監郡御史，監察考核郡國行政；内領侍御史，監督殿庭、典禮威儀，受公卿奏事，關通中外朝；考核四方文書計簿，劾按公卿章奏，監察、糾劾百官；參治刑獄，收捕罪犯等。秩千石。

[6]【顔注】師古曰：三人同共問之。【今注】案，蔡琪本、大德本、殿本"詰問"下"望之"前複有"望之"二字。

[7]【顔注】師古曰："繇"讀與"由"同。"説"讀曰"悦"。

　　後丞相司直縣延壽[1]奏："侍中謁者良使承制詔望之，望之再拜已。良與望之言，望之不起，因故下手，[2]而謂御史曰'良禮不備'。故事丞相病，[3]明日御史大夫輒問病；朝奏事會庭中，[4]差居丞相後，丞相謝，大夫少進，揖。今丞相數病，望之不問病；會庭中，與丞相鈞禮。[5]時議事不合意，望之曰：'侯年寧能父我邪！'[6]知御史有令不得擅使，望之多使守史自給車馬，之杜陵護視家事。[7]少史冠法冠，爲妻先引，[8]又使賣買，私所附益凡十萬三千。[9]案望之大臣，通經術，居九卿之右，本朝所仰，[10]至不奉法自修，踞慢不遜攘，[11]受所監臧二百五十以上，[12]請逮捕繫治。"上於是策望之曰："有司奏君責使者禮，遇丞相亡禮，廉聲不聞，敖慢不遜，[13]亡以扶政，帥先百僚。君不深思，陷于茲穢，朕不忍致君于理，[14]使光祿勳惲策詔，左遷君爲太子太傅，[15]授印。其上故印使者，[16]便道之官。[17]君其秉道明孝，正直是與，帥意亡譽，靡有後言。"[18]

[1]【顏注】師古曰：繇，音"婆"。【今注】繇延壽：或作"繁延壽"，漢元帝時曾任御史大夫。

[2]【顏注】蘇林曰：伏地而言也。【今注】下手：垂手。王先謙《漢書補注》引王文彬以爲"下手"即以手至地。"蓋良先未下手，望之因不起而故自下其手，以禮不備責良。"

[3]【今注】故事：先例，舊日的典章制度。

[4]【今注】庭：《漢書考正》宋祁曰：南本"庭"作"廷"，下同。

[5]【顏注】師古曰：不爲前後之差也。【今注】鈞禮：待以平等之禮。本書卷七一《于定國傳》："定國皆與鈞禮。"顏師古注："鈞禮猶亢禮。"

[6]【顏注】服虔曰：寧能與吾父同年邪？【今注】侯年寧能父我邪：《漢書考正》劉攽曰："言侯年雖高，寧能爲我父邪！不足

敬也。”劉奉世曰：“此直謂其安能爲我之父，輕之之辭。”周壽昌《漢書注校補》曰：“上以丞相年老，重之，故望之云。然望之時已年近六十也。”

〔7〕【顏注】如淳曰：《漢儀注》，御史大夫史員四十五人，皆六百石，其十五人給事殿中，其餘三十人留守治百事，皆冠法冠。師古曰：自給車馬者，令其自乘私車馬也。

〔8〕【顏注】蘇林曰：少史，曹史之下者也。文穎曰：先引，謂導車前。【今注】少史：沈欽韓《漢書疏證》引《漢舊儀》“少史，秩比六百石”，以爲“與蘇說高卑懸絕。要之，亦如丞相有長史、少史耳”。　法冠：本爲戰國時楚王冠。秦漢時，御史、使節和執法官皆戴此冠。《史記》卷一一八《淮南衡山列傳》：“漢使節法冠。”裴駰《集解》引蔡邕曰：“法冠，楚王冠也。秦滅楚，以其君冠賜御史。”案，少史著法冠爲其妻引路，以公謀私，不合規制。

〔9〕【顏注】師古曰：使其史爲望之家有所賣買，而史以其私錢增益之，用潤望之也（潤，蔡琪本、大德本誤作“閏”）。

〔10〕【顏注】師古曰：右，上也。　【今注】本朝：周壽昌《漢書注校補》以爲本朝猶言中朝。楊樹達《漢書窺管》以爲“本朝”即“朝廷”，周說非。

〔11〕【顏注】師古曰：“攘”，古“讓”字。【今注】踞：楊樹達《漢書窺管》以爲是“倨”之假借字。《說文解字·人部》：“倨，不遜也。”

〔12〕【顏注】師古曰：“二百五十以上”者，當時律令坐罪之次，若今律條言“一尺以上”“一疋以上”矣。【今注】二百五十以上：言受賄二百五十錢以上有罪。沈欽韓《漢書疏證》引《唐職制律》爲旁證云：“諸監臨主司，受財而枉法者，一尺杖一百，一疋加一等，十五疋絞；不枉法者，一尺杖九十，二疋加一等，三十疋加役流。”

〔13〕【顏注】師古曰：“敖”讀曰“傲”。

［14］【今注】理：獄官。這裏指下獄審查。

［15］【今注】太子太傅：西漢初掌保養、監護、輔翼太子，昭、宣以後兼掌教諭訓導。秩二千石。與太子少傅並稱太子二傅。楊樹達《漢書窺管》：“望之爲太子太傅，承詔問匡衡《詩》義，薦衡經明，見《衡傳》。又承詔問張禹，薦禹經學精習可試事，見《禹傳》。與諸儒平《公》《穀》同異，薦清河張禹，並見《儒林傳》。”

［16］【顏注】師古曰：使者，即謂楊惲也。命惲授太傅印，而望之以大夫印上於惲。

［17］【今注】便道：沈欽韓《漢書疏證》以爲，“道”當爲“導”。敕楊惲收印綬，便導往太傅官署。楊樹達《漢書窺管》引宋程大昌《考古篇》卷一六，以爲蕭望之所任新舊官俱在朝中，案《漢官舊儀》載御史大夫初拜策，之官前皇帝延登，親詔之曰云云。據此，入見延登而後之官，當是常例。所謂“便道之官”，是許不入謝，徑往受任，與常例不同。

［18］【顏注】師古曰：“譽”，古“愆”字。後言，謂自申理。【今注】帥意：循其意志。　譽（qiān）：過失。

望之既左遷，而黃霸代爲御史大夫。[1]數月閒，丙吉薨，霸爲丞相。霸薨，于定國復代焉。[2]望之遂見廢，不得相。爲太傅，以《論語》《禮服》授皇太子。初，匈奴呼韓邪單于來朝，詔公卿議其儀，丞相霸、御史大夫定國議曰：“聖王之制，施德行禮，先京師而後諸夏，先諸夏而後夷狄。《詩》云：‘率禮不越，遂視既發；相土烈烈，海外有截。’[3]陛下聖德充塞天地，[4]光被四表，[5]匈奴單于鄉風慕化，奉珍朝賀，[6]自古未之有也。其禮儀宜如諸侯王，位次在下。”望之以爲"單于非正朔所加,[7]故稱敵國,[8]宜待以不臣之禮,位在諸侯王上。外夷稽首稱藩,中國讓而不臣,此則羈縻之誼,[9]謙亨之福也。[10]《書》曰'戎狄荒服',[11]言其來服,荒忽亡常。如使匈奴後嗣卒有鳥竄鼠伏,闕於朝享,不爲畔臣。[12]信讓行乎蠻貉,[13]福祚流于亡窮,萬世之長策也。"天子采之,下詔曰:"蓋聞五帝三王教化所不施,不及以政。今匈奴單于稱北蕃,朝正朔,朕之不逮,德不能弘覆。其以客禮待之,令單于位在諸侯王上,贊謁稱臣而不名。"[14]及宣帝寢疾,選大臣可屬者,[15]引外屬侍中樂陵侯史高、太子太傅望之、少傅周堪至禁中,[16]拜高爲大司馬車騎將軍,望之爲前將軍光祿勳,堪爲光祿大夫,皆受遺詔輔政,領尚書事。宣帝崩,太子襲尊號,是爲孝元帝。望之、堪本以師傅見尊重,上即位,數宴見,言治亂,陳王事,[17]望之選白宗室明經達學散騎諫大夫劉更生給事中,[18]與侍中金敞並拾遺左右。[19]四人同心謀議,勸道上以古制,[20]多所欲匡正,上甚鄉納之。[21]

[1]【今注】黃霸:傳見本書卷八九。

[2]【今注】于定國:傳見本書卷七一。

[3]【顏注】師古曰:《商頌·長發》之詩也。率,循也。遂,徧也。既,盡也。發,行也。相土,契之孫也。烈烈,威也。戳,齊也。言殷宗受命爲諸侯,能修禮度,無有所踰越也。徧省視之,教令盡行,而相土之威烈烈然盛,四海之外皆整齊。【今注】相土:商族始祖契之孫,昭明子。昭明卒,相土繼立,東遷泰

山下，又遷於商丘。佐夏入爲王官之伯，東擴勢力於渤海。《長發》之詩即頌其功業。又，相傳爲馬車之發明者，故亦稱乘杜。 戳：同"截"。整齊，整治。

[4]【顏注】師古曰：充，實也。塞，滿也。

[5]【顏注】師古曰：四表，四海之外。 【今注】被：同"披"。

[6]【顏注】師古曰："鄉"讀曰"嚮"。

[7]【今注】非正朔所加：指日曆紀年不同。《論語比考識》曰："正朔所加，莫不歸義。"抑或望之言出於此。又王先謙《漢書補注》引《資治通鑑》胡三省注："言班歷所不及也。"

[8]【今注】敵國：關係對等之國。

[9]【今注】羈縻：籠絡；懷柔。亦作"羈靡""羈縻"。

[10]【顏注】師古曰：《易·謙卦》之辭曰"謙，亨，天道下濟而光明，地道卑而上行"，言謙之爲德，無所不通也。亨，火庚反（蔡琪本、大德本、殿本"火"前有"音"字）。【今注】謙亨：言人謙虛則亨通。後以"謙亨"指謙恭有德。

[11]【顏注】師古曰：逸《書》也。【今注】荒服：泛指邊遠地區。古"五服"之一。稱離京師二千到二千五百里的邊遠地方。案，王先謙《漢書補注》引《資治通鑑》胡三省注："此語或者伏生之書有之。今《國語》猶載此言。"

[12]【顏注】卒，終也。師古曰：（蔡琪本、大德本、殿本"師古曰"三字在"卒"前，是）本以客禮待之，若後不來，非叛臣。【今注】鳥竄鼠伏：鳥四散而鼠伏地。喻指逃亡隱藏。 朝：朝見。 享：獻貢。

[13]【今注】蠻貉（mò）：泛指四方蠻夷部族。

[14]【今注】贊謁：謁見皇帝時贊唱禮儀，引導進見。

[15]【顏注】師古曰：屬，之欲反（蔡琪本、大德本、殿本"之"前有"音"字）。

[16]【今注】外屬：外戚。　史高：西漢魯國（今山東曲阜市）人。宣帝祖母史良娣兄史恭子。宣帝即位，以外戚侍中貴幸，因發舉霍禹謀反事，封樂陵侯。宣帝病，任爲大司馬車騎將軍，領尚書事。元帝即位，輔政五年，告老乞歸。死謐安侯。　周堪：事迹見本書卷三六《楚元王傳》、卷八八《儒林傳》。

[17]【今注】王事：王先謙《漢書補注》引《資治通鑑》胡三省注“王者之事”，以爲宣帝言漢朝本以王霸道雜之，今欲復古，興王道也。

[18]【今注】散騎：秦朝置，西漢爲加官。武帝時以其掌顧問應對，屬中朝官。　劉更生：劉向。傳見本書卷三六。

[19]【今注】金敞：金安上之子。元帝爲太子時任中庶子。元帝即位，爲騎都尉光禄大夫、中郎將、侍中。爲人正直，敢犯顏直諫。成帝即位，留侍宫中，任奉車水衡都尉，至衛尉。

[20]【顏注】師古曰：“道”讀曰“導”。

[21]【顏注】師古曰：“鄉”讀曰“嚮”。意信嚮之而納用其言。【今注】案，楊樹達《漢書窺管》：“元帝欲以張敞輔太子，望之言非宜，見《敞傳》。”

　　初，宣帝不甚從儒術，任用法律，而中書宦官用事。[1]中書令弘恭、石顯久典樞機，[2]明習文法，亦與車騎將軍高爲表裏，論議常獨持故事，不從望之等。恭、顯又時傾仄見詘。[3]望之以爲中書政本，宜以賢明之選，自武帝游宴後庭，故用宦者，非國舊制，又違古不近刑人之義，[4]白欲更置士人，繇是大與高、恭、顯忤。[5]上初即位，謙讓重改作，[6]議久不定，出劉更生爲宗正。[7]

　　[1]【今注】中書宦官：中書令。漢武帝時置，由宦者擔任，掌收納尚書奏事、傳達皇帝詔令，成帝時改中謁者令。俸二千石。

　　[2]【今注】弘恭石顯：二人傳見本書卷九三。　樞機：朝廷機要事務。

　　[3]【顏注】文穎曰：恭、顯心不自安也。師古曰：文説非也。言其不能持正，故議論大事見詘於天子也。“仄”，古“側”字。【今注】案，周壽昌《漢書注校補》曰：“此直謂其論議傾仄見詘於望之等四人，故望之爲帝云云，大與恭、顯忤也。”　詘（qū）：屈服。

　　[4]【顏注】師古曰：《禮》曰“刑人不在君側”也。

　　[5]【顏注】師古曰：“繇”讀與“由”同。忤，謂相違逆也。

　　[6]【顏注】師古曰：重，難也。未欲更置士人於中書也。

　　[7]【今注】宗正：秦置，一説西周至戰國皆置。管理皇族外戚事務。例由宗室擔任，秦、漢列位九卿，秩中二千石。王先謙《漢書補注》引《資治通鑑》胡三省注：“散騎、給事中，中朝官也；宗正，外朝官也；故云出。”

　　望之、堪數薦名儒茂材以備諫官。[1]會稽鄭朋陰欲附望之，[2]上疏言車騎將軍高遣客爲姦利郡國，及言許、史子弟罪過。[3]章視周堪，[4]堪白令朋待詔金馬門。[5]朋奏記望之曰：“將軍體周召之德，秉公綽之質，有卞莊之威。[6]至乎耳順之年，[7]履折衝之位，[8]號至將軍，誠士之高致也。窟穴黎庶莫不懽喜，咸曰將軍其人也。[9]今將軍規橅云若管晏而休，遂行日仄至周召乃留乎？[10]若管晏而休，則下走將歸延陵之皋，[11]修農圃之疇，[12]畜雞種黍，竢見二子，没齒而已矣。[13]

如將軍昭然度行，積思塞邪枉之險蹊，宣中庸之常政，[14]興周召之遺業，親日仄之兼聽，則下走其庶幾願竭區區，[15]底厲鋒鍔，[16]奉萬分之一。"望之見納朋，接待以意。[17]朋數稱述望之，短車騎將軍。[18]言許、史過失。

[1]【今注】茂材：才德優異之士。

[2]【今注】會稽：郡名。治吳縣（今江蘇蘇州市）。

[3]【今注】許史：漢宣帝時外戚許伯與史高。

[4]【顏注】師古曰："視"讀曰"示"。以朋所奏之章示堪也。

[5]【今注】金馬門：漢長安城内未央宫北門。在今陕西西安市西北未央宫遺址。《史記》卷一二六《滑稽列傳》："金馬門者，宦署門也，門傍有銅馬，故謂之'金馬門'。"漢代徵召來人中才能優異者令待詔金馬門。

[6]【顏注】師古曰：周，謂周公旦。召，謂召公奭。公綽，孟公綽也，廉正寡欲。卞莊子，魯卞邑大夫，蓋勇士也。"召"讀曰"邵"。【今注】卞莊：春秋時魯國卞邑大夫。以勇力聞名。《荀子·大略》載齊欲攻魯，懼而不敢過卞邑。《韓詩外傳》卷一〇載其爲孝子，母在時，以養母故，三戰三敗。及母死，再請戰，三戰三捷。又《史記》卷七〇《張儀列傳》載其刺虎事。

[7]【顏注】師古曰：《論語》孔子曰"六十而耳順"。

[8]【今注】折衝：本意指制敵取勝，使敵人的戰車後撤。衝，衝車。一種戰車。此指蕭望之任左將軍。

[9]【顏注】師古曰：國家委任，誠得其人也。

[10]【顏注】師古曰：問望之立意當趣如管晏而止，爲欲恢廓其道，日昃不食，追周召之蹟然後已乎？"橅"讀曰"模"。其字從木。

[11]【顔注】應劭曰：下走，僕也。張晏曰：吳公子札食邑延陵，薄吳王之行，棄國而耕於皐澤。朋云望之所爲若但如管晏（朋，蔡琪本作“明”，誤），則不處漢朝，將歸會稽，尋延陵之軌（軌，大德本作“車”），耕皐澤之中也（大德本、殿本“耕”前有“隱”字）。師古曰：下走者，自謙言趨走之役也（趨，蔡琪本作“趍”，同）。【今注】下走：走卒。自稱的謙詞。　延陵：季札。又稱公子札。春秋時吳王壽夢少子。封於延陵，故稱延陵季子。後又封州來，稱延州來季子。父壽夢欲立之，辭讓。兄諸樊欲讓位，又辭。諸樊死，其兄餘祭立。餘祭死，夷昧立。夷昧死，將授國而避不受。夷昧之子僚立。公子光使專諸刺殺僚而自立，爲吳王闔閭。札哭僚之墓。爲人賢明博學，屢聘中原各國，見晏嬰、子產、叔向等名臣。聘魯，觀周樂。過徐，徐君好其佩劍，以出使各國，未即贈。及還，徐君已死，乃掛劍於徐君墓樹而去。

[12]【顔注】師古曰：美田曰疇。【今注】疇：楊樹達《漢書窺管》以爲《説文》“疇，耕治之田也”，顔師古訓美田，義隔。

[13]【顔注】師古曰：《論語》云：“子路從而後，遇丈人以杖荷蓧（蓧，蔡琪本、殿本作“蓧”，是。下同），止子路宿，殺雞爲黍而食之，見其二子焉。明日子路行，以告。子曰：‘隱者也。’使子路反見之，至則行矣。”朋之所云蓋謂此也。“竢”，古“俟”字也。俟，待也。没齒，終身也。蓧，草器也，音徒釣反。

[14]【顔注】師古曰：度行，度越常檢而爲高行也。蹊，徑，謂道也，音“奚”。【今注】中庸：無偏邪之中道。

[15]【今注】區區：自稱的謙詞。

[16]【顔注】師古曰：鋒，刃端也。鍔，刃旁也，音五各反。

[17]【顔注】師古曰：與之相見，納用其説也。【今注】接待以意：王先謙《漢書補注》引《資治通鑑》胡三省注“推誠待之，接以殷勤”，以爲顔説非。

[18]【顏注】師古曰：短，謂毀其短惡也。

　　後朋行傾邪，望之絕不與通。朋與大司農史李宮俱待詔，[1]堪獨白宮爲黃門郎。[2]朋，楚士，怨恨，[3]更求入許、史，推所言許、史事曰：“皆周堪、劉更生教我，我關東人，[4]何以知此？”於是侍中許章白見朋。[5]朋出揚言曰：“我見，言前將軍小過五，大罪一。中書令在旁，知我言狀。”望之聞之，以問弘恭、石顯。顯、恭恐望之自訟，下於它吏，即挾朋及待詔華龍。[6]龍者，宣帝時與張子蟜等待詔，[7]以行汙濊不進，[8]欲入堪等，堪等不納，故與朋相結。恭、顯令二人告望之等謀欲罷車騎將軍疏退許、史狀，候望之出休日，[9]令朋、龍上之。事下弘恭問狀，望之對曰：“外戚在位多奢淫，欲以匡正國家，非爲邪也。”恭、顯奏“望之、堪、更生朋黨相稱舉，數譖訴大臣，[10]毀離親戚，欲以專擅權埶，爲臣不忠，誣上不道，請謁者召致廷尉。”[11]時上初即位，不省“謁者召致廷尉”爲下獄也，可其奏。後上召堪、更生，曰繫獄。上大驚曰：“非但廷尉問邪？”以責恭、顯，皆叩頭謝。上曰：“令出視事。”[12]恭、顯因使高言：“上新即位，未以德化聞於天下，而先驗師傅，既下九卿大夫獄，[13]宜因決免。”於是制詔丞相御史：“前將軍望之傅朕八年，[14]亡它罪過，今事久遠，識忘難明。[15]其赦望之罪，收前將軍光祿勳印綬，及堪、更生皆免爲庶人。”而朋爲黃門郎。

[1]【今注】大司農史：漢置。大司農屬吏，爲科曹副長官。

[2]【今注】黃門郎：秦、西漢郎官給事於黃闈門之內者，稱黃門郎或黃門侍郎。

[3]【顏注】張晏曰：朋，會稽人，會稽并屬楚。蘇林曰：楚人脃急也。

[4]【今注】關東：函谷關以東的地區。

[5]【今注】許章：元帝劉奭的母親許平君的侄子。　白見朋：王先謙《漢書補注》以爲即嚮漢元帝奏言，請帝召見鄭朋。

[6]【顏注】師古曰：華，胡化反（蔡琪本、大德本、殿本"華"下有"音"字）。

[7]【顏注】師古曰：蟜，臣遙反（臣，蔡琪本、大德本、殿本作"巨"，且其前有"音"字），字或作"僑"。【今注】張子蟜：漢元帝時曾任太中大夫，奉命持璽書敕諭東平思王劉宇。見本書卷八〇《宣元六王傳》。

[8]【顏注】師古曰："潔"與"穢"同。

[9]【今注】出休日：出宮休假之日。王先謙《漢書補注》曰："漢制，自三署郎以上入直禁中者，十日一出休沐。"

[10]【今注】譖訴：又作"譖愬"。讒毀攻訐。

[11]【今注】廷尉：戰國秦始置，秦、西漢沿置。主管詔獄。列位九卿，秩中二千石。

[12]【今注】令出視事：《漢書考正》宋祁以爲"令出視事"疑作"今出視事"。一本作"出乃使視事"。王先謙《漢書補注》以爲作"令"是。《資治通鑑》亦作"令"。

[13]【今注】九卿大夫：王先謙《漢書補注》引《資治通鑑》胡三省注："劉更生爲宗正，九卿也。周堪爲光禄大夫。"

[14]【今注】八年：王先謙《漢書補注》曰："宣帝五鳳二年，望之爲太子太傅，至黃龍元年，爲八年。"

[15]【顏注】師古曰：言不能盡記，有遺忘者，故難明。

後數月，制詔御史："國之將興，尊師而重傅。故前將軍望之傅朕八年，道以經術，厥功茂焉。[1]其賜望之爵關內侯，[2]食邑六百戶，[3]給事中，朝朔望，[4]坐次將軍。"天子方倚欲以爲丞相，[5]會望之子散騎中郎伋上書訟望之前事，[6]事下有司，復奏"望之前所坐明白，無譖訴者，[7]而教子上書，稱引亡辜之詩，[8]失大臣體，不敬，請逮捕"。弘恭、石顯等知望之素高節，不詘辱，建白："望之[9]前爲將軍輔政，欲排退許、史，專權擅朝。幸得不坐，復賜爵邑，與聞政事，[10]不悔過服罪，深懷怨望，教子上書，歸非於上，[11]自以託師傅，懷終不坐。[12]非頗詘望之於牢獄，塞其怏怏心，則聖朝亡以施恩厚。"[13]上曰："蕭太傅素剛，安肯就吏？"顯等曰："人命至重，[14]望之所坐，語言薄罪，必亡所憂。"

[1]【顏注】師古曰："道"讀曰"導"。茂，美也。

[2]【今注】關內侯：秦漢沿置。二十等爵的第十九級。但有侯號，居京師。無封土而依封戶多少享受徵收租稅之權。

[3]【今注】六百戶：楊樹達《漢書窺管》："《元紀》亦載此詔，六百戶作八百戶。"

[4]【今注】朔望：朔日和望日。舊曆每月初一日和十五日。

[5]【顏注】師古曰：倚，於綺反（蔡琪本、大德本、殿本"於"前有"音"字）。

[6]【顏注】師古曰：伋，音"級"。【今注】中郎：秦漢皆置。掌守衞宮殿門户，出充車騎。屬郎中令，秩比六百石。

[7]【顏注】師古曰：言望之自有罪，非人讒譖而訴之也。

[8]【今注】亡辜之詩：王先謙《漢書補注》引胡三省注：

"史不載佽書，不知其所稱引者何詩。《變雅》云'無罪無辜，讒口嚻嚻'，豈佽所引者即此詩乎？"

　　[9]【顏注】師古曰：建立此議而白之於天子。

　　[10]【顏注】師古曰："與"讀曰"豫"。【今注】與聞政事：錢大昕《三史拾遺》卷三以爲給事中掌顧問應對，故云"與聞政事"。本書卷八一《孔光傳》載孔光罷相後，徵拜光禄大夫給事中，自稱"備內朝臣，與聞政事"。卷八六《師丹傳》載尚書劾給事中博士申咸、炔欽，"幸得以儒官選擢備腹心，上所折中定疑"。可知漢時給事中亦爲參政要職。

　　[11]【顏注】師古曰：言歸惡於天子也。

　　[12]【顏注】師古曰：言恃舊恩，自謂終無罪，坐懷此心。【今注】案，王念孫《讀書雜志·漢書第十二》以爲顏師古讀"懷終不坐"爲句，非。"懷"當爲"德"字之誤也。是"自以託師傅德"爲句，"終不坐"爲句。言蕭望之自以爲託於師傅之德，終不坐罪也。《漢紀·孝元紀》作"自以託師傅恩德，終不坐"，是其證。

　　[13]【顏注】服虔曰：非，不也。【今注】怏怏：不服氣或悶悶不樂。

　　[14]【今注】人命至重：王先謙《漢書補注》引《資治通鑑》胡三省注："言人所重者性命也。"

　　上乃可其奏。顯等封以付謁者，敕令召望之手付，因令太常急發執金吾車騎馳圍其弟。[1]使者至，召望之。望之欲自殺，其夫人止之，以爲非天子意。望之以問門下生朱雲。[2]雲者好節士，勸望之自裁。於是望之卬天歎曰：[3]"吾嘗備位將相，年踰六十矣，老入牢獄，苟求生活，不亦鄙乎！"字謂雲曰："游，[4]趣和藥來，無久留我死！"[5]竟飲鴆自殺。天子聞之驚，拊手曰："曩固疑其不就牢獄,[6]果然殺吾賢傅!" 是時太官方上晝食,[7]上乃卻食,爲之涕泣,哀慟左右。[8]於是召顯等責問以議不詳。[9]皆免冠謝,良久然後已。望之有罪死,有司請絕其爵邑。有詔加恩,長子伋嗣爲關內侯。天子追念望之不忘,每歲時遣使者祠祭望之冢,[10]終元帝世。望之八子,至大官者育、咸、由。

[1]【今注】執金吾:西漢武帝時由中尉改名,掌徼循京師。秩中二千石。 車騎:《漢書考正》宋祁曰:越本"車"作"軍"字。王先謙《漢書補注》曰:"太常掌諸陵縣。執金吾掌徼循京師。望之時居杜陵,故令太常發執金吾車騎往圍其第,以恐脅之,速其自盡也。" 弟:通"第"。大德本、殿本作"第"。

[2]【今注】朱雲:傳見本書卷六七。楊樹達《漢書窺管》以爲據《朱雲傳》,雲從望之受《論語》,傳其業。又朱雲曾爲杜陵令,或即在此時,故望之能得問之。

[3]【顏注】師古曰:"卬"讀曰"仰"。

[4]【顏注】師古曰:朱雲字游,呼其字。

[5]【顏注】師古曰:"趣"讀曰"促"(蔡琪本、大德本、殿本"讀"上有"趣"字)。

[6]【今注】曩:從前。

[7]【今注】太官:官署名。或作"大官"。戰國秦置,秦、漢沿置,掌宮廷膳食。屬少府。

[8]【顏注】師古曰:慟,動也。

[9]【顏注】師古曰:詳,審也。

[10]【今注】望之冢:宋敏求《長安志》卷七載:"蕭望之墓在萬年縣東南五里古城春明門外。"又載:"東面三門:中春明門,當門外有太子太傅蕭望之墓。"《類編長安志》卷八載:"蕭望之墓在咸寧縣東南五里,古城春明門外,道南。"漢唐萬年縣在唐天寶

七年（748）改爲咸寧縣。1987年4月，西安交通大學附小建教學樓時發現一座西漢壁畫墓，在主室淤土中，發現人的盆骨和兩顆牙齒，經鑒定死者爲一位55—65歲之間的男性。或認爲此墓的墓主人是蕭望之。此墓位於春明門遺址東南200米處，道南，交大二村境内，距咸寧縣2500米。參見孫民柱《西安交大校園西漢壁畫墓及其墓主人考證》（《西安交通大學學報》1998年第6期）。又有蕭望之墓在今山東臨沂市蒼山縣蘭陵鎮説，實爲原傳説蕭王墓所改名。蕭爲蘭陵人，但葬於蘭陵於史無據。

　　育字次君，少以父任爲太子庶子。[1]元帝即位，爲郎，病免，後爲御史。[2]大將軍王鳳以育名父子，[3]著材能，除爲功曹，[4]遷謁者，使匈奴副校尉。[5]後爲茂陵令，[6]會課，育弟六。[7]而漆令郭舜殿，見責問，[8]育爲之請，扶風怒曰：“君課弟六，[9]裁自脱，[10]何暇欲爲左右言？”[11]及罷出，傳召茂陵令詣後曹，[12]當以職事對。[13]育徑出曹，書佐隨牽育，育案佩刀曰：“蕭育杜陵男子，何詣曹也！”[14]遂趨出，欲去官。明旦，詔召入，拜爲司隸校尉。[15]育過扶風府門，官屬掾史數百人拜謁車下。後坐失大將軍指免官。復爲中郎將使匈奴。[16]歷冀州、青州兩部刺史，[17]長水校尉，[18]泰山太守，[19]入守大鴻臚。以鄠名賊梁子政阻山爲害，久不伏辜，[20]育爲右扶風數月，盡誅子政等。坐與定陵侯淳于長厚善免官。[21]

　　[1]【今注】太子庶子：秦置。職比郎官，值宿東宮。秦及西漢隸太子太傅、少傅，無員額，秩四百石。

　　[2]【今注】御史：侍御史。秦置，漢因之。掌受公卿奏事，

舉劾非法，出討奸猾，治大獄等。爲御史大夫屬官，由御史中丞統領，秩六百石。

[3]【今注】王鳳：字孝卿，西漢東平陵（今山東濟南市東）人。爲漢元帝皇后王政君兄。初爲衛尉，襲父爵陽平侯。成帝即位，以外戚爲大司馬大將軍，領尚書事。專斷朝政十一年。　名父子：父子俱有賢名。又，《漢書考證》齊召南以爲，與本書卷七二《王吉傳》“賢父子”同，猶云名父之子。

[4]【今注】功曹：漢代郡守有功曹史，簡稱功曹。掌人事，參與一郡政務。

[5]【顏注】師古曰：時令校尉爲使於匈奴而育爲之副使，故授副校尉也。【今注】匈奴副校尉：沈欽韓《漢書疏證》以爲是專設之官，爲使匈奴中郎將之副。亦如西域副校尉爲都護之副。顏師古誤。

[6]【今注】茂陵：縣名。西漢宣帝時改茂陵邑置，屬右扶風。治所在今陝西興平市東北。

[7]【顏注】師古曰：如今之考第高下。【今注】弟：通“第”。蔡琪本、大德本、殿本作“第”下同。顏注同。

[8]【顏注】師古曰：殿，後也。言有所負，冣居下也（冣，蔡琪本、殿本作“最”，同。“也”字底本漫漶，據蔡琪本、大德本、殿本補）。殿，丁見反（蔡琪本、大德本、殿本“丁”前有“音”字）。【今注】漆：縣名。治所在今陝西彬縣。

[9]【今注】扶風：右扶風。漢代三輔之一。秦置主爵都尉。漢景帝中元六年（前144）更名都尉，武帝太初元年（前104）更名右扶風，取扶助風化之意。轄地在今陝西西安市長安區西，爲拱衛首都長安三輔之一。案，王先謙《漢書補注》曰：“據《公卿表》，元封六年宣免，太初元年爲右扶風，中廢不過數月。”

[10]【顏注】師古曰：脫，免也（也，底本漫漶，據蔡琪本、大德本、殿本補），音吐活反。【今注】裁自脫：沈欽韓《漢

書疏證》以爲第六則在中下，僅守故官。裁，通"才"。

[11]【顏注】師古曰：左右者，言與同列在其左右，若今言旁人也。

[12]【顏注】如淳曰：賊曹、決曹皆後曹。

[13]【顏注】師古曰：怒其爲漆令言（怒，蔡琪本、大德本、殿本作"忿"），故欲以職事責之。

[14]【顏注】師古曰：自言欲免官而去，但是杜陵一白衣男子耳，何須召我詣曹乎？【今注】案，《漢書考證》齊召南以爲"男子"猶言大丈夫，言我不以官爵介意。

[15]【今注】司隸校尉：西漢武帝時始置，掌察舉京師及京師近郡犯法者，並領京師所在之州。秩二千石。

[16]【今注】中郎將：秦、西漢爲中郎長官。職掌宮禁宿衛，隨行護駕，協助郎中令（光祿勳）考核選拔郎官及從官，亦常奉詔出使，職位清要。後又專設五官、左、右中郎將分領中郎等。其職多由外戚及親近官員擔任，加中朝官號。隸郎中令，秩比二千石。

[17]【今注】冀州：漢武帝所置十三刺史部之一，監察趙國、廣平、真定、中山國、河間、信都、魏郡、常山、鉅鹿、清河等郡國，相當今河北中、南部，山東西端及河南北端。　青州：西漢武帝置十三刺史部之一。轄境相當今山東齊河縣以東，馬頰河以南，濟南、臨朐、安丘、高密、萊陽、棲霞、乳山等市縣以北、以東和河北吳橋縣地。　刺史：漢武帝時始置，分全國爲十三部州，州置刺史一人。奉詔巡行諸郡，以六條問事，省察治政，黜陟能否，斷理冤獄。無治所，秩六百石。錢大昕《廿二史考異·漢書三》以爲蕭育又爲朔方刺史，見本書卷七九《馮野王傳》，本傳失書。

[18]【今注】長水校尉：本書《百官公卿表上》："長水校尉掌長水宣曲胡騎。"顏師古注："長水，胡名也。宣曲，觀名，胡騎之屯於宣曲者。"顧炎武《日知錄》卷二七以爲長水是河流名。本書《郊祀志》："灞、產、豐、澇、涇、渭、長水，皆不在大山川

數，以近咸陽，盡得比山川祠。”又《史記·封禪書》司馬貞《索隱》：“《百官表》有長水校尉。沈約《宋書》云‘營近長水，因以爲名’。《水經》云‘長水出白鹿原’，今之荆溪水是也。”王先謙《漢書補注》曰：“長水、宣曲皆胡騎，屯長水者謂之長水胡騎，屯宣曲者謂之宣曲胡騎，各爲營校。”陳直《漢書新證》：“顏師古注：‘長水，胡名。’與表文掌宣曲胡騎正合。”

[19]【今注】泰山：郡名。治博縣（今山東泰安市東南）。

[20]【顏注】師古曰：名賊者，自顯其名，無所避匿，言其彊也（彊，蔡琪本、殿本作“事”，非）。【今注】鄠：縣名。屬右扶風。治所在今陝西西安市鄠邑區北。　名賊：顧炎武《日知録》卷二七以爲，“名賊猶言名王，謂賊之有名號者。”周壽昌《漢書注校補》以爲顧説是，“但賊不得以名王比。蓋著名之賊。名猶名捕之名，謂詔所指名欲誅者也”。

[21]【今注】淳于長：傳見本書卷九三。

　　哀帝時，南郡江中多盜賊，[1]拜育爲南郡太守。上以育耆舊名臣，[2]乃以三公使車載育入殿中受策，[3]曰：“南郡盜賊群輩爲害，朕甚憂之。以太守威信素著，故委南郡太守，之官，其於爲民除害，[4]安元元而已，[5]亡拘於小文。”[6]加賜黄金二十斤。育至南郡，盜賊静。病去官，起家復爲光禄大夫執金吾，以壽終於官。[7]育爲人嚴猛尚威，居官數免，稀遷。少與陳咸、朱博爲友，[8]著聞當世。往者有王陽、貢公，[9]故長安語曰“蕭、朱結綬，[10]王、貢彈冠”，[11]言其相薦達也。始育與陳咸俱以公卿子顯名，咸最先進，年十八爲左曹，[12]二十餘御史中丞。時朱博尚爲杜陵亭長，[13]爲咸、育所攀援，入王氏。[14]後遂並歷刺史郡

守相，及爲九卿，而博先至將軍上卿，歷位多於咸、
育，遂至丞相。育與博後有隙，不能終，故世以交
爲難。

［1］【今注】南郡：治江陵縣（今湖北荆州市荆州區）。

［2］【今注】耆舊：年高望重者。

［3］【顏注】孟康曰：使車，三公奉使之車，若安車也。【今
注】使車：沈欽韓《漢書疏證》以爲即《續漢書·輿服志》之小
使車，不知何據。案《續漢書·輿服志》載，“小使車，不立乘，
有騑，赤屛泥油，重絳帷。導無斧車。”前云“大使車，立乘，駕
駟，赤帷。持節者，重導從：賊曹車、斧車、督車、功曹車皆兩；
大車，伍伯璅弩十二人；辟車四人；從車四乘。無節，單導從，減
半”。又云“諸使車皆朱班輪，四輻，赤衡軛。其送葬，白堊已下，
洒車而後還。公、卿、中二千石、二千石，郊廟、明堂、祠陵，法
出，皆大車，立乘，駕駟。他出，乘安車。”則“三公使車”或是
公卿參與國家祭祀所乘“大使車”，以示對蕭育之禮重。

［4］【今注】其：王念孫《讀書雜志·漢書第十二》以爲
“其”與“期”同。《戰國策·中山策》“與不其衆少，其於當㕓；
怨不其深淺，其於傷心”，《淮南子·説林篇》“其滿腹而已”，
“其”並與“期”同，可爲證。《周易·繫辭》“死期將至”，《經
典釋文》“期”作“其”。《韓非子·十過篇》：“至於期日之夜”，
《淮南子·人間篇》則“期”作“其”。《戰國策·燕策》之“樊
於期”，《漢武梁石室畫象》作“其”，皆可爲證。

［5］【今注】元元：百姓；庶民。《戰國策·秦策》：“子元
元。”高誘注：“元，善也，民之類善故稱元。”

［6］【今注】小文：謂法令細節。

［7］【今注】以壽終於官：朱一新《漢書管見》以爲《百官公
卿表》載孝哀建平三年（前4），光禄大夫蕭育爲執金吾，一年免，

本傳云"以壽終於官"，未審誰是。

[8]【今注】陳咸：傳見本書卷六六。　朱博：傳見本書卷八三。

[9]【今注】王陽貢公：王吉、貢禹。二人傳見本書卷七二。

[10]【今注】結綬：佩繫印綬。謂出仕爲官。

[11]【今注】彈冠：整理帽冠。喻指準備出仕做官。本書卷七二《王吉傳》作"王陽在位，貢公彈冠"。顏師古注："彈冠者，且入仕也。"

[12]【今注】左曹：漢武帝時置，爲加官，與右曹合稱諸曹，掌平尚書奏事。秩二千石。

[13]【今注】亭長：秦漢之制，每十里一亭，亭有長，掌理捕劾盜賊。《漢書》記述認爲積里爲亭，積亭爲鄉。然當代學人認爲亭不居於鄉下，而直屬於縣。鄉、里是民政機構，亭則與軍事有關。亭和鄉、里當屬兩個不同行政系統。見王毓銓《漢代"亭"與"鄉""里"不同性質不同行政系統説——"十里一亭……十亭一鄉"辨正》（《歷史研究》1954年第2期）。

[14]【顏注】師古曰：援，引也，音"爰"。【今注】案，楊樹達《漢書窺管》以爲本書卷八三《朱博傳》載："大將軍王鳳秉政，奏請陳咸爲長史，咸薦蕭育朱博，除莫府屬，鳳甚奇之。"即是其事。

咸字仲，[1]爲丞相史，[2]舉茂材，[3]好時令，[4]遷淮陽、泗水内史，[5]張掖、弘農、河東太守。[6]所居有迹，數增秩賜金。後免官，復爲越騎校尉、護軍都尉、中郎將，[7]使匈奴，至大司農，終官。[8]

[1]【今注】咸：王先謙《漢書補注》曰："咸，張禹壻，見《禹傳》。"楊樹達《漢書窺管》引李慈銘云："咸字仲君，此脱

君字。"

[2]【今注】丞相史：西漢置，屬丞相。協助丞相處理具體事務，無定員。秩四百石。

[3]【今注】茂材：西漢選舉科目之一，西漢時稱"秀才"，也寫作"茂才"。

[4]【今注】好畤：縣名。秦置，屬内史，西漢屬右扶風。治所在今陝西乾縣東好畤村。錢大昭《漢書辨疑》以爲"好畤令"前當有"爲"字。

[5]【今注】淮陽：諸侯王國名。治陳縣（今河南淮陽縣）。泗水：諸侯王國名。治凌縣（今江蘇宿遷市東南）。 内史：此指王國内史。漢初置，因其爲王國自署，治國如郡太守、都尉職事。秩二千石。

[6]【今注】張掖：郡名。治觻得縣（今甘肅張掖市西北）。弘農：郡名。治弘農縣（今河南靈寶市北）。楊樹達《漢書窺管》："咸由張掖徙弘農，由張禹之請也。"見本書卷八一《張禹傳》。又漢哀帝繼位初，王嘉曾薦蕭咸。見本書卷八六《王嘉傳》。河東：郡名。治安邑縣（今山西夏縣西北）。

[7]【今注】越騎校尉：西漢武帝始置。領内附越人騎士，成衛京師，兼任征伐。爲北軍八校尉之一，西漢俸二千石。 護軍都尉：秦漢都設此官。漢武帝時屬大司馬；成帝時居大司馬府比司直。秩比二千石。

[8]【今注】終官：王先謙《漢書補注》據本書《百官公卿表》，平帝元始元年，咸爲大司農，二年卒。

由字子驕，爲丞相西曹、衛將軍掾，[1]遷謁者，使匈奴副校尉。後舉賢良，[2]爲定陶令，[3]遷太原都尉，[4]安定太守。治郡有聲，多稱薦者。初，哀帝爲定陶王時，由爲定陶令，失王指，[5]頃之，制書免由爲庶人。哀帝崩，爲復土校尉、京輔左輔都尉，[6]遷江夏太守。[7]平江賊成重等有功，增秩爲陳留太守。[8]元始中，[9]作明堂辟雍，[10]大朝諸侯，徵由爲大鴻臚，會病，不及賓贊，[11]還歸故官，病免。復爲中散大夫，[12]終官。家至吏二千石者六七人。

[1]【今注】丞相西曹：漢朝丞相府僚屬諸曹之一，掌署用府吏事，以掾主其事。

[2]【今注】賢良：選舉科目。始於漢文帝，常與方正、文學、能直言極諫者連稱，也稱賢良文學、賢良方正。

[3]【今注】定陶：縣名。治所在今山東菏澤市定陶區西北。

[4]【今注】太原：治晉陽縣（今山西太原市西南）。 都尉：原名郡尉，景帝時郡都尉，佐郡太守典武職甲卒，掌治安，防盜賊。俸比二千石。

[5]【今注】指：意旨。

[6]【今注】復土校尉：漢朝皇帝喪葬時或置，主穿壙起墳等事宜，事訖即罷。 京輔：京兆尹。 左輔：指左馮翊。

[7]【今注】江夏：郡名。治西陵縣（今湖北武漢市新洲區西）。

[8]【今注】增秩：增俸。 陳留：郡名。治陳留縣（今河南開封市東南）。

[9]【今注】元始：漢平帝年號（1—5）。

[10]【今注】明堂：傳爲古代帝王上通天象，下統萬物，宣明政教的地方。凡朝會、祭祀、慶賞、選士、養老、教學等大典，都在此舉行。或參見楊鴻勳《明堂泛論——明堂的考古學研究》（日本京都大學人文科學研究所《東方學報》，1998 年 3 月版）。辟雍：傳爲殷商天子之大學。校址圓形，圍以水池，前門有便橋。《白虎通·辟雍》："天子立辟雍何？辟雍所以行禮樂，宣德化也。

辟者，璧也。象璧圓，又以法天。雍者，雍之以水，象教化流行也。”東漢以後，歷代皆有辟雍，作爲尊儒行禮之所。參見范正娥《論兩漢時期太學與辟雍、明堂的關係》（《文史博覽〈理論〉》2007 年第 6 期）。

[11]【顏注】師古曰：贊導九賓之事。【今注】不及：《漢書考正》宋祁以爲“會病，不及”，當是“會病，行遲，不及賓贊”。顏師古注文“贊導九賓之事”，當云“贊導九賓之禮”。周壽昌《漢書注校補》據《漢雜事》云“入爲鴻臚卿，不任賓贊”，以爲漢代制度，以病不能任贊導九賓之事。此云“不及”，當是“不任”的異文。

[12]【今注】中散大夫：漢平帝始置。《續漢書·百官志》：“中散大夫，六百石。本注曰：無員。”與光禄、太中、諫議大夫及議郎等皆掌顧問應對，無常事，唯詔令所使。

贊曰：蕭望之歷位將相，籍師傅之恩，[1]可謂親昵亡閒。[2]及至謀泄隙開，讒邪構之，[3]卒爲便嬖宦豎所圖，[4]哀哉！不然，望之堂堂，[5]折而不橈，[6]身爲儒宗，有輔佐之能，近古社稷臣也。[7]

[1]【今注】籍：憑藉。

[2]【顏注】師古曰：閒，隙也。

[3]【今注】構：挑撥；離間。

[4]【顏注】師古曰：圖，謀也。【今注】便嬖：君主左右受寵幸的小臣。或邪佞之臣。

[5]【今注】堂堂：志氣宏大貌。

[6]【顏注】師古曰：橈，曲也，音女教反。

[7]【今注】近古：近代。